Susanne Schädlich

Immer wieder Dezember

Susanne Schädlich

Immer wieder Dezember

Der Westen, die Stasi,
der Onkel und ich

Droemer

Besuchen Sie uns im Internet:
www.droemer.de

Die Folie des Schutzumschlags sowie die Einschweißfolie
sind PE-Folien und biologisch abbaubar.
Dieses Buch wurde auf chlor- und säurefreiem Papier gedruckt.

Umschlaggestaltung: ZERO Werbeagentur, München
Umschlagabbildung: FinePic, München
Satz: Adobe InDesign im Verlag
Druck und Bindung: Ebner & Spiegel, Ulm
Printed in Germany
ISBN 978-3-426-27463-7

2 4 5 3

Für meine Schwester
Für meine Mutter
Für meinen Vater

Prolog

Ein Schuss in den Mund, nicht weit von meiner Wohnung, in einem kleinen Park an verkehrsreicher Straße, an einem überaus grauen Dezembersonntag 2007, mitten in Berlin. Ein Mann tot auf einer Bank: Karlheinz Schädlich, der Bruder meines Vaters, unser Onkel. Ja, genau, der mit der Pfeife, die er immer bei sich trug, der aus Pfeifenreinigern Figuren bog, die wir Kinder uns ans Fenster stellten, der mit seinem Tabak den Duft der Ferne in die Wohnung ließ. Der voller Geschichten war und sich Zeit nahm und zuhörte, der ein offenes Ohr hatte, für uns. Und für viele andere. Dem ich vertraut habe, bis 1992.

Damals erreichte mich ein Anruf in Los Angeles. Es war der 29. Januar. Merkwürdig, dass ich das Datum so genau im Kopf habe, aber nicht die Stelle, an der ich mich befand, als das Telefon klingelte. Stand ich am Fenster der Küche mit atemberaubendem Blick über die Stadt? Abends war es. Der Anrufer war die Mutter, sie sagte: »Setz dich. Ich muss dir etwas sagen.«

Ich setzte mich. »Euer Onkel, der Bruder deines Vaters, mein Schwager, hat uns jahrelang ausspioniert. Sein Deckname war IM ›Schäfer‹.«

Ich glaube, ich sagte nichts. Die Mutter sagte: »Auch hinter der Sache mit dir hat er gesteckt.«

Ich glaube, als die Mutter mich informierte, habe ich geweint. Ich glaube, nachdem ich geweint habe, fragte ich, woher sie das wisse. Ob sie sicher sei. Sie war sicher, so sicher wie das Amen.

Danach habe ich nicht wieder mit ihm gesprochen. Ich

habe versucht, ihn aus meinem Bewusstsein zu löschen. Ihn einfach vergessen, weil man vergessen wollte. Aber sosehr man sich auch anstrengte, es funktionierte nicht.

Und dann, ein Jahr vor dem Schuss, Zeitungsartikel, die über den Onkel berichteten. Obwohl wir das, was dort stand, seit langem wussten und weit mehr, war es ein Schrecken, denn jetzt war es öffentlich, für alle Welt zu lesen, wer er war.

Die Aufregung legte sich, zur Ruhe kamen wir nicht. Sechs Monate später schrieb der Onkel an den Vater. Sieben Zeilen nach fünfzehn Jahren Schweigen. Dass er bereue, was er ihm und seinen Nächsten angetan habe, dass er sich schäme. Für Angst und Feigheit, moralische und emotionale Deformierung und weil er mit den Feinden des Bruders konspiriert habe. Aber dann der letzte Satz: »Ich kann mir kaum verzeihen, weil ich alles verspielt habe, was es einmal gab.« Die Wörtchen »ich«, »mir«, »kaum«, das Wissen, dass der Onkel Variationen dieser Zeilen auch an andere geschickt hatte, rückten das Geschriebene in ein anderes Licht.

Am 8. Oktober rief der Onkel den Vater an, sagte, eigentlich wisse er nichts zu sagen, und legte auf.

Am 17. Dezember klingelte mein Handy. Es war 9.23 Uhr. Montag. Ich schaute auf die Uhr, weil ich gerade vor dem Kindergarten stand.

Der Vater: »Ich rufe dich an, weil ich dir etwas sagen muss, es ist etwas Schlimmes passiert. Kannst du jetzt reden?«

Ich sagte, ich riefe sofort zurück.

In Panik schob ich das Kind durch die Tür, dachte, der Schwester sei etwas zugestoßen, der Mutter.

Um 9.31 Uhr rief ich ihn an.

Der Vater: »Heute nacht gegen 2.00 Uhr klingelte die Polizei bei mir, um mir mitzuteilen, dass Karlheinz tot in einem Park aufgefunden wurde. Er hat sich erschossen.«

Ich wusste nichts zu sagen. Auf eine solche Nachricht finden sich nicht gleich Worte.

Der Vater: »Jetzt werde ich deine Schwester anrufen. Aber wie soll ich es ihr sagen?«

Ich sagte: »Nicht so wie mir, sag ihr gleich, was passiert ist.«

Was dann kam, war ein Spießrutenlauf. Anrufe bei der Mutter. Anrufe beim Vater. Er sollte Stellung nehmen.

Vor die Tür gingen wir nicht, wegen der Journalisten.

Am Dienstag waren die Zeitungen voll von dem lauten Tod.

Die Artikel rissen nicht ab. Und nicht nur das! Als Held kam er mir entgegen, mit Pfeife, lächelnd, sympathisch. Der »Gentleman IM« mit den »schlanken Händen eines Pianisten«, der »Tweedjackets liebte«, schrieben sie da, und viele, die es lasen, werden es geglaubt haben. »Ein Schöngeist, hochkultiviert, ein interessanter Gesprächspartner, der sich mit Literatur und Wissenschaft beschäftigte, stets hochdeutsch sprach und sich gewählt ausdrückte. Einer, der Freiräume brauchte und viel Luft zum Atmen.« Uns hat der Onkel die Luft geraubt. Die Harris-Tweed-Jacketts waren sein Schafspelz.

Es gibt kein Ende, das weiß ich jetzt. Nicht in dieser Angelegenheit. Nicht in dieser Zeit. Und noch etwas: Dieser Tod macht nichts ungeschehen. Deshalb werde ich darüber schreiben, weil alles miteinander zusammenhängt, weil ich draußen war und wieder hineingezogen werde. Dabei geht es mir gar nicht darum, etwas richtigzustellen, obwohl das eine oder andere richtiggestellt werden wird. Es geht mir auch nicht um Abrechnung, obgleich es sicher guttäte. Es geht auch nicht nur um die Sache mit dem Onkel. Es geht um Himmelsrichtungen zum Beispiel. Um das Wort WO. Wie auf einem Kompass. Wo gehöre ich hin, wo komme ich her? Darum, wie es ist, wenn man keine Wahl hat. Wie es für die war, die mitgingen mit dem Vater, oder für die, die blieben. Mir geht es um das, *was* war, und darum, *wie* es war. Davor und danach. Was hat das alles aus mir, aus uns gemacht? In zwei Systemen zu leben, erst in der DDR, dann in der Bundesrepublik. Wie ist das einzuordnen?

Gleich am Anfang konnte ich Schlagzeilen lesen wie »An diesem Wochenende hat Hans Joachim Schädlich die DDR verlassen«. Als wäre er alleine gegangen. Wir wurden allenfalls im Halbsatz erwähnt. Der Tross, der mitzog. Ich könnte sagen, um das Fürchten zu lernen. Das Fürchten hätten wir schon in der DDR lernen können. Man konnte sich vor vielem fürchten. Vor Männern zum Beispiel, die nachts an der Gartenpforte klingelten. Davor, dass sich nichts änderte in dem Staat, in dem man lebte und eigentlich leben wollte. Davor, dass immer mehr Freunde gingen. Man konnte sich sogar vor der eigenen Courage fürchten. Das taten wir nicht.

Die Dämonen der Vergangenheit sind wieder da. Dagegen hilft auch die Birke vor meinem Fenster nicht, durch die ein Wind geht. Der Himmel zieht sich zu. Ich betrachte das Schattenspiel der Zweige und muss an den Wald denken, durch den ich als Kind streifte. In Berlin-Köpenick, im Märchenviertel. Im Wald standen Birken. Ich strich um sie herum, besonders im Frühling. Von den Stämmen zog ich das Weiße ab, wie Pergament so dünn, steckte es behutsam in meine Hosentasche, damit es nicht knitterte. Zu Hause fügte ich die Stückchen zu einer Seite, schrieb etwas darauf.

Das Papier wurde braun, die Wörter übertüncht vom Lauf der Natur.

In einem Buch habe ich gelesen, Birken seien die Dichter unter den Bäumen. Der Gedanke gefällt mir besser als der ihrer schützenden Kraft vor bösen Geistern.

Die Orte von früher sollen sich nicht einmischen in mein neues Leben. Abgestreift, ad acta, perdu. Doch wie mit den Dämonen, die im Verborgenen lauern, ist es mit Erinnerungen. Sie kommen unerwartet, wie jemand, der nicht eingeladen ist. Ich frage mich, ob es die Birken in dem Wald vor dem Haus mit dem Rotdornbaum, das wir 1977 verließen, noch gibt.

1977, das Jahr, in dem wir »nach drüben sind«, wie es hieß, als gehe man in Nachbars Garten. Ich war zwölf, schon Thälmannpionier, obwohl ich das Halstuch nach Möglichkeit nicht trug. Und fast schon ein Teenager. Das ist wichtig. Warum? Ich bekam mit, was vor sich ging, weil in unserem Haus offen gesprochen wurde. Über Politik und das, was um uns herum geschah. Dass ich draußen besser darüber schwieg, brauchte man mir nicht zu sagen.

Im Westen dann Sprachlosigkeit. Keine Zeit zu reden. Wir mussten uns zurechtfinden in dem neuen Staat, während die Familie fast zerbrach.

Für uns waren die Ereignisse der Jahre vor allem eine private Sache, für die wir selber kaum Worte fanden.

Jetzt frage ich auch andere, die dabeigewesen sind. Ich lese die Akten, bringe die Erinnerungen in eine Chronologie, in eine Abfolge, damit sie ein Ganzes ergeben und nicht nur Bruchstücke bleiben, die man sich am Familientisch erzählt.

Der Anfang ist nicht schwer zu finden. Es sind nicht die Kindheitstage im Märchenwald nahe der Rotkäppchenstraße in Berlin-Köpenick. Sie schlugen noch keine Wellen. Es ist nicht Amerika. Da hatten die Wellen schon geschlagen. Es sind die Tage im Dezember 1977, die keiner von uns vergisst.

Ich blicke aus dem Fenster meines Arbeitszimmers auf die Birke. Draußen tobt ein Sturm, ein anderer als der in jenen Wintertagen. Der brachte nicht nur Wind und Regen. Der veränderte meine Welt.

1

Es war ein Montag, genauer gesagt, der 5. Dezember. Später Nachmittag. Schon dunkel. Vielleicht verregnet. Sicherlich kalt. Ich kam von der Musikschule. Stieg aus der Straßenbahn, überquerte die Mahlsdorfer Straße in die Genovevastraße. Links der Wald, rechts der Bürgersteig, spärliches Licht von einsamen Laternen. Ich war die einzige dort. Ich weiß nicht, ab wann, aber ab einem bestimmten Zeitpunkt rannte ich das Stück Genovevastraße bis zur Ecke Rotkäppchenstraße. Nicht aus Angst vor Geistern im Birkenwald. Nicht aus Angst vor dem Mörder, von dem wir Kinder uns erzählten. Erst im Herbst hatten zwei Freunde und ich auf dem Bordstein gesessen und uns ausgemalt, was tun, wenn ein Mann käme und uns Kekse anböte. Nicht annehmen natürlich. Ein Mann, der Kekse anbietet, ist ein Mörder.

Ein Mann kam die Straße entlang. Er hatte eine Packung Kekse in der Hand, aß. Wir blickten gierig. Er bot uns welche an. Zögernd schüttelten wir die Köpfe. Der Mann zuckte mit den Schultern und warf die Packung weg. Wir blickten ihm nach. Irgendwann stand ich auf, holte sie, setzte mich wieder zu meinen Freunden. Wir aßen sie alle. Und wir warteten darauf, an einer Vergiftung zu sterben.

Der Mann war kein Mörder.

Und die Männer, die nachts kamen, wenn die Eltern sich mit Freunden trafen? Das geschah in jener Zeit häufiger. Es gab viel zu besprechen.

Ich lag im Bett und wartete auf das Klingeln. Und es kam. Ich lief zum Wohnzimmerfenster, spähte aus der Dunkelheit hinunter auf die Straße. Da standen sie. Immer zu zweit. Trenchcoat und Hut. Sie klingelten noch einmal. Die Pforte war unverschlossen. Sie hätten die Klinke herunterdrücken können. Das taten sie nicht. Sie redeten. Sie sahen zu mir herauf. Lange. Ich wusste, sie wussten, dass wir alleine waren. Ich hielt ihren Blicken in der Dunkelheit stand. Den Eltern sagte ich nichts. Mit den Männern in Trenchcoats wurde ich alleine fertig.

An der Ecke Rotkäppchenstraße hörte ich zu rennen auf. Langsam, als sei nichts, ging ich zum Haus Nummer 5. Ich klingelte wie immer. Ich drückte die Pforte auf wie immer. Ich stieg die Treppe hoch wie immer. Die Mutter öffnete mir die Tür. Nicht wie immer. Wir gingen in ihr Arbeitszimmer, sie sagte: »Setz dich, ich muss dir etwas sagen.« Ich setzte mich auf die weiße Liege mit der blauen Matratze. Die Mutter zog die Tür hinter sich zu: »Wir ziehen um. In den Westen, Samstag.« Sie sagte nicht, warum. Das musste sie nicht. Ich wusste, es hatte mit den Schriftstellern zu tun, die über die letzten Jahre immer wieder zu uns gekommen waren, mit dem, was ein Jahr zuvor mit der Ausbürgerung Biermanns begonnen hatte, mit dem Buch des Vaters, das erst vor ein paar Monaten im anderen Teil Deutschlands erschienen war.

Der Westen! Meine Augen müssen geleuchtet haben. Das, was ich im Fernsehen gesehen hatte, sollte ich mit eigenen Augen sehen. Nicht warten müssen, bis ich Großmutter war. Das waren die ersten Gedanken. Dann: Was soll aus den Freunden werden? Was aus der Schule? Was mit unseren Sachen?

Samstag, das waren nur fünf Tage. Ich muss gefragt haben, ob ich noch zur Schule dürfe? Wie lange sie es schon wüssten? Ob Jan, der Bruder, es wisse? Was mit Großmama sei? Die Mutter wird mir die Fragen beantwortet haben.

Ich fragte noch: »Und unsere Katze?«

»Sie kann nicht mitkommen.«

Ich fing an zu weinen.

»Du wirst wieder ein Kätzchen bekommen, das verspreche ich dir«, sagte die Mutter. »Wenn wir erst drüben sind.«

Ich muss ihr geglaubt haben.

»Jan kommt auch nicht mit.«

Ich weinte mehr. Diesmal versprach die Mutter nichts.

Die Tränen sollte ich mir abwischen. Lächeln, damit der Bruder nichts merke. Er sei traurig genug.

Ich lächelte, als wir in das Arbeitszimmer des Vaters gingen, wo er dem Bruder Büchertitel in die Schreibmaschine diktierte. Es war ungewöhnlich, und doch fragte ich nicht, welchen Sinn es hatte. Das rhythmische Tippen, die sonore Stimme des Vaters beruhigten. Vielleicht verständigten sich Vater und Mutter mit einem Blick, damit die Arbeit nicht unterbrochen wurde. Sie weiß Bescheid, ich habe es ihr gesagt, der Satz in den Augen der Mutter. Vielleicht nickte der Vater, während er weiter Titel, Autor, Verlag, Erscheinungsdatum eines Buches vorlas. Der Bruder blickte nicht auf. Das weiß ich genau. Die Mutter verließ das Zimmer.

Ich blieb vor dem Stadtplan Berlins stehen, der an einem Regal befestigt war und ein paar Reihen Bücher versteckte. Die Hälfte des Plans war ein weißer Fleck. Als ich kleiner war, hatte ich oft davor gestanden und mich gefragt, warum die Stadt dort aufhörte. Ob Schnee dort läge. Bei einem Besuch auf dem Fernsehturm suchte ich das Weiß, das ich auf der Karte gesehen hatte. Ich sah Häuser und Bäume. Das Weiß sah ich nicht. »Das da hinten ist West-

Berlin«, hörte ich. »Dahin dürfen wir nicht.« Das W auf dem Kompass. Dahin würden wir jetzt gehen.

Am Dienstag keine Schule mehr. Auch die nächsten Tage nicht. Ich sei eine Gefahr für die anderen, hieß es. Ich wollte die Freunde noch einmal sehen. Die Mutter rief in der Schule an. Nein, das komme nicht in Frage, sagte der Direktor. Dann ging es doch. Zur Turnstunde sollte ich kommen, in den Umkleideraum, fünf Minuten vor dem Unterricht. Das sollte reichen.

Verwunderung, als ich plötzlich dastand. Die beste Freundin fing an zu weinen. Aufgeregte Fragen von einigen. Feindseliges Schweigen von anderen. Ich verteilte mein Geld, ich brauchte es nicht mehr. Das meiste bekam die beste Freundin. Sie war die ärmste von allen, nicht nur, weil sie oft mit blauen Flecken in die Schule kam. Dafür hatten die Lehrer kein Auge. »Jetzt bin ich ganz allein«, sagte sie. Ich gab zwei Poesiealben ab, eins für die Klassenkameraden, eins für meine Lehrer, für alle die, die noch nichts hineingeschrieben hatten. Das war's. Ich sehe noch die schwarzen Turnhosen, die sie sich anzogen, die weißen Hemden. Der Umkleideraum leerte sich. Der Unterricht ging weiter. Ohne mich.

Ich übte nicht mehr Klarinette, wie ich es sonst jeden Nachmittag getan hatte. Ich lief allein durch die Grimmschen Straßen, wenn ich nicht mit dem Bruder die Bücherlisten schrieb. Er an der Schreibmaschine, weißes Blatt, Kohlepapier, Durchschlagpapier. Ich auf der Leiter. Regal für Regal. Tag für Tag, schweigend bis zum Buch Nr. 3541. Dann hörten wir auf und machten drei Punkte. Das war gegen die Anordnung, aber die sollten uns unsere Zeit nicht mehr stehlen.

Großmama aus Jena kam, kaufte ein, kochte. Sie war der Felsen in der Aufregung. Das gewohnte Leben in Köpenick, im Märchenviertel, war wie durch einen Zauberspruch vorbei. Unwirklich verflog die Zeit der letzten Tage. Jeder bewegte sich wie unter einer Glocke oder wie ferngesteuert.

Der Vater verließ früh das Haus und kam oft erst nachmittags zurück. Behördengänge. Die Mutter organisierte den Umzug vor. Ausmisten, sortieren, überlegen, bevor die Kisten geliefert wurden. Manchmal – wir fragten uns, ob sie wiederkämen – waren beide stundenlang fort.

Abends verwandelte sich die Wohnung in normale Lebhaftigkeit, wenn die Freunde der Eltern kamen und bis in die Nacht blieben, um sich in langen Gesprächen zu verabschieden. Auch der Onkel.

Der Kontakt war in den letzten Monaten sehr eng geworden. Er als Stütze für uns in der Aufbruchzeit und wir als Stütze für ihn, weil sie ihn, wie er glaubhaft versicherte, aus der Partei ausschließen wollten. Ständig Telefonate, viele Besuche, er kümmerte sich wie nie zuvor und erkundigte sich.

Wenn die Freunde kamen, lagen wir längst in unseren Betten. Schlaflos ich, meinen Gedanken überlassen. Das, was ein Zuhause, eine Heimat war, würde ein Zuhause, eine Heimat nicht mehr sein. Heimat. Ich weiß nicht, wie oft und zu wie vielen Anlässen wir als Schüler singen mussten: »Unsere Heimat, das sind nicht nur die Städte und Dörfer, unsere Heimat sind auch all die ... und die Vögel in der Luft.« Ich kann es heute noch singen. »Und wir lieben die Heimat, die schöne, und wir schützen sie, weil sie dem Volke gehört, weil sie unserem Volke gehört.« Was kümmerten mich Städte und Dörfer, Vögel in der Luft, die konnten fliegen, wohin immer sie wollten. Meine Heimat waren die

Eltern und die Schwester, Großmama in Jena. Der Bruder, die Freunde. Dorthin gehörte ich.

Der Bruder war gefragt worden, ob er mitkommen wolle. Er war schon siebzehn, fast erwachsen. Er hatte nein gesagt, er bliebe, bei seiner Mutter, der ersten Frau des Vaters, in der Schule, bei seinen Freunden. Es war gar keine Frage. Das sagt er heute noch.

Ob ich auch hatte gefragt werden wollen, überlegte ich. Auch wenn ich gefragt worden wäre, es gab keine Wahl, weil die Wahl feststand, von vornherein und sowieso: Vater, Mutter, Schwester. Egal, zu welchem Buchstaben auf dem Kompass. Und die Klarinette? Drüben gab es auch Musikschulen. Und Großmama? Die konnte zu uns kommen, durfte reisen. Und die Cousins? Ich käme sie besuchen. Und die Freunde? Ich würde drüben neue finden. Als ob sie wie Pilze und Beeren in einem Märchenwald stünden.

Irgendwann wurden Holzkisten geliefert, die in der Garage gestapelt wurden. Es gibt ein Foto: Der Vater steht vor den noch leeren Kisten, auf denen in kyrillischen Buchstaben steht »Export GDR«. Das Foto hat Roger Melis gemacht.

Es wurden Packer geschickt. Selber packen durften wir nicht. Sie waren in allen Zimmern, sie vergriffen sich an allem, auch am Schreibtisch des Vaters, Ausreisedokumente, Geburtsurkunden, alle wichtigen Papiere verschwunden. Der Vater bemerkte es erst am Abend. Panik. Er fragte die Mutter. Verzweiflung. Er fragte die Packer. Schulterzucken. Schatzsuche zu später Stunde. Kiste für Kiste im Arbeitszimmer, bis alles wieder auf dem Schreibtisch lag. Aufatmen. Großmama bot Kaffee an. Verwickelte die Packer in Gespräche. »Sagen Sie, machen Sie das eigentlich gerne?«

Sie blickten sich um. »Beim Manfred hatten wir noch mehr zu tun.« Sie bot belegte Brote an. »Sagen Sie, machen Sie das eigentlich immer so?« Sie sahen die alte Bauerntruhe. »So einen Schrank haben wir bei der Sarah eingeladen.« Sie sagten nicht Krug, nicht Kirsch, nur die Vornamen, als seien unsere Freunde auch ihre Freunde.

Nicht alles, was in jenen Tagen geschah, ist noch gegenwärtig. Vieles ist verdrängt. Oder vergessen? Beides, denke ich. Ein weißer Fleck auf der Seelenlandkarte, nur die Himmelsrichtung ist eine andere, jetzt liegt der Fleck im Osten.

Am 9., Freitag, muss alles gepackt gewesen sein. Zollbeamte betraten unsere Wohnung. Sie durchkämmten die Zimmer, als bewegten sie sich auf feindlichem Gebiet. Die Bücherliste musste vorgelegt werden, sie war unvollständig. Der Zolloffizier sah sich die Liste an und sagte: »Biermann haben Sie auch?«

Der Vater: »Ja.«

»Na, mit dem haben wir es richtig gemacht.«

Der Vater sah ihn fragend an.

»Er ist raus und vergessen.«

Sie machten Stichproben. Sie fanden ein Notenheft mit einem Stempel der Musikbibliothek Köpenick. Ein Zollbeamter sagte: »Alles auspacken!« Totenstille. Und der Gedanke der Mutter, des Vaters? Das schaffen wir nie. Der Vater ging aus dem Zimmer, die Muter war wie gelähmt. »Zunageln!« sagte der andere Zollbeamte mit einer Armbewegung wie ein zufallender Deckel. Die Kisten wurden verplombt mit einem Bleisiegel an schwarz-rot-goldener Schnur.

Sie notierten Namen, Telefonnummern und Adressen von Postkarten am Spiegel im Flur, von Zetteln auf dem Schreibtisch des Vaters. Sie sahen sich alles an und hatten keine

Angst, gesehen zu werden. Sie kontrollierten sogar das Reisegepäck: 4 Koffer mit persönlicher Garderobe, 1 Koffer mit Schuhen und Hausapotheke, 1 Reisetasche mit Nachtwäsche, 1 Reisetasche mit Geschenken, 1 Reisetasche mit Garderobe, Kofferradio, Kassettenrekorder, 1 Schmuckkassette mit persönlichen Schmucksachen, 1 Schulmappe mit Spielzeug, 1 Puppe, 1 Stoffhund, 2 Handtaschen, 1 Fön, 2 Schlafdecken, 1 Beutel. Auch das Reisegepäck wurde mit Zollverschlüssen verplombt.

Die Liste hatte die Mutter geschrieben, handschriftlich, ich fand sie in den Akten. Im ersten Moment schmunzele ich darüber hinweg. Dieser Grad der Überwachung, die Penibilität hat etwas Groteskes. Ich frage mich, ob es den Beamten nicht peinlich gewesen sein muss, alles zu durchwühlen, sogar das Spielzeug in Augenschein zu nehmen. Das Schmunzeln vergeht mir im zweiten Moment. Eine Umkehrung findet statt. Mir ist es peinlich – schmerzhaft –, wenn ich jetzt, im nachhinein lese, dass diese Leute im Privatesten herumschnüffelten. Dass sie das Negligé der Mutter in der Hand hatten, in dem sie in der Nacht im Westen zu Bett gehen würde, den Schmuck, den Großmama getragen hatte, die Urgroßmama. Dass sie die Puppe, den Stoffhund inspizierten. Diese Finger in unseren Sachen, dieser Raub der Intimität – das ekelt mich an. Immer wieder wird mir durch diese scheinbar kleinen, dokumentierten Ereignisse das Ausmaß der Schamlosigkeit bewusst, der Niedertracht. Der Teufel steckt im Detail, heißt es. Die Details sind es, die besonders verletzen. Eine einzelne Seite in dem Tausende Seiten Blätterwald, ein einziger Satz. Manchmal nur ein Wort.

Wie ging es an dem Abend des 9. Dezember weiter? Nebel. Auch Gespräche lösen ihn manchmal nicht auf.

Der Vater: »Weißt du, was mir nicht klar ist? Wie und wo wir übernachtet haben am 9. abends.«

Die Mutter: »Am 9. Dezember waren wir in der Bogenstraße bei Jan und Reni.«

Der Vater: »An die Atmosphäre erinnere ich mich. Es gab Bouletten.«

Die Mutter: »Daran kannst du dich erinnern!«

Der Vater: »Geschneit hat es nicht.«

Die Mutter: »Die Kisten waren gepackt, aber die Möbel waren noch nicht aufgeladen.«

Der Vater: »Nein, verschneit war es nicht.«

Die Mutter: »Die Mädchen haben in der Bogenstraße übernachtet.«

Der Vater: »Und wir?«

Die Mutter: »Wir haben jedenfalls nicht in der Bogenstraße übernachtet.«

Der Vater: »Wir haben in der Rotkäppchenstraße übernachtet?«

Die Mutter: »Wir haben uns aber von der Bogenstraße auf den Weg gemacht.«

Der Vater: »Weit musste man ja nicht, bis zur Ecke, dann war das Haus in der Bogenstraße verschwunden.«

Die Mutter: »Sag mal, hast du noch Erinnerungen an das Abschiedsfest in der Bogenstraße?«

Der Vater: »Was heißt Abschiedsfest?«

Die Mutter: »Wir haben ein Fest gemacht.«

Der Vater: »Glaube ich nicht. Wo soll das gewesen sein?«

Die Mutter: »Na, in der Bogenstraße.«

Der Vater: »Das soll in der Bogenstraße gewesen sein? Ich erinnere mich an den Besuch verschiedener Leute in der Rotkäppchenstraße, als die Kisten schon gepackt waren. Ist Anna eigentlich noch in den Kindergarten gegangen?«

Die Mutter: »Zu Hause war sie jedenfalls nicht.«

Der Vater: »Wir hatten ein Gespräch mit der Leiterin und haben gesagt, wir möchten Ihnen mitteilen, Anna kommt nicht mehr, wir siedeln in die Bundesrepublik um. Die Leiterin sagte: Schade um das arme Kind.«

Die Mutter: »Wir waren jedenfalls am Abend vor der Ausreise in der Bogenstraße.«

Der Vater: »Wir sind von der Bogenstraße wohl noch mal zurückgefahren.«

Die Mutter: »Wir sind zurückgefahren, denn wir haben in der Rotkäppchenstraße übernachtet.«

Der Vater: »Ja, aber ich weiß nicht, wie.«

Die Mutter: »Auf den weißen Liegen mit den blauen Matratzen. Meine Mutter war auch da. Und deine.«

Der Vater: »Wo? In der Bogenstraße?«

Die Mutter: »Nein, in der Rotkäppchenstraße.«

Der Vater: »Meine Mutter nicht. Die kam am nächsten Tag, aus Bad Saarow. Die war vollkommen fertig.«

Die Mutter: »Die hat Blumen gebracht.«

Der Vater: »Blumen? Abgereist sind wir endgültig aus Köpenick.«

Die Mutter: »Wo war eigentlich unsere Katze?«

Woher soll ich das wissen. Ich war mit der Schwester in der Bogenstraße bei dem Bruder, vielleicht sogar mit Katze, und spielte normal sein. Buletten wird es zum Abendessen gegeben haben. Und Schmalzstullen. Die gab es dort oft. Manchmal auch gebratenen Knoblauch auf Graubrot. Wir sahen im Fernsehen die *Muppet Show.* Einstimmung auf das, was uns erwartete? Wer war noch alles da? Worum drehten sich die Gespräche? Wann sind wir ins Bett gegangen? Konnte irgend jemand schlafen? Wie verlief der nächste Morgen? Haben Mutter und Vater doch nicht auf den weißen Liegen mit den blauen Matratzen geschlafen?

Vielleicht war es so, wie es in dem Beobachtungsbericht steht, den ich in den Akten gefunden habe. Ich lese:

»Beobachtungsbericht zum Objekt 117 Berlin, Rotkäppchenstr. 5, für die Zeit vom 10.12.1977, 7.00 Uhr bis 12.30 Uhr.

6.53 Uhr — Beginn der Beobachtung; Meldung an 59 2812, Gen. Waldow

6.53 Uhr — Die Mutter der Krista Maria Schädlich, Edith Hübner, war im Objekt anwesend; weitere Personen nicht feststellbar

7.27 Uhr — Hans Joachim Schädlich und Krista Maria Schädlich treffen mit PKW IS 98-55 ein. PKW wird vor dem Haus Nr. 1–3 abgestellt.

7.44 Uhr bis 8.10 Uhr — Ankunft der Transportarbeiter des VEB Deutrans (2 PKW, 1 Barkas, 1 Lastzug ohne und ein Lastzug mit Anhänger). Anschließend Beginn der Verladearbeiten.

7.55 Uhr — Drei Genossen der Zollorgane eingetroffen und um 8.00 Uhr Objekt betreten.

10.00 Uhr — Beendigung der Abfertigung und Abfahrtt Deutrans und der Genossen der Zollorgane.

11.20 Uhr — ca. 65jährige weibliche Person, mittelgroß, weißhaarig, korpulent, betritt das Objekt.

11.23 Uhr — ca. 38jährige männliche Person kommt in Begleitung eines ca. 10jährigen Mädchens und eines ca. 67jährigen Paares bis zur Rotkäppchenstr. 7. Während die anderen Personen vorerst vor dem Haus Nr. 7 stehen blieben, betrat sie ca. 2 Minuten das Haus Nr. 5 und begab sich dann ins Haus Nr. 7. Beim Betreten des Hauses Nr. 5 gab sie den drei vor dem Haus Nr. 7 Wartenden einen verdeckten Wink, das Haus Nr. 7 zu betreten. Die vier genannten Personen konnten bei bisherigen Personen nicht festgestellt werden. Die jüngere männliche Person ging gegen 10.00 zweimal am Haus Nr. 5 vorüber.

11.00 Uhr Das Objekt Hans Joachim Schädlich beendete das Beladen seines PKW. Festgestellt wurden 4 Koffer, 3 Reisetaschen, 2 orangefarbene Reiseplaids, 1 Wintermantel – Rauhleder mit Pelzbesatz.

11.45 Uhr H.J. Schädlich, eine schwarze Katze und die alte, weißhaarige Dame verlassen mit Blumenstrauß das Haus Nr. 5. Von der im Parterre wohnenden Familie verabschieden sie sich herzlich und mit mehrfachem Winken und von Edith Hübner und der alten Dame so, als sähen sie sich bald wieder.

11.48 Uhr Abfahrt der beiden Objekte Schädlich ohne Kinder. Aber mit schwarzer Katze mit PKW IS 98-55.

Die alte Dame geht wieder ins Haus Nr. 5, auch die Edith Hübner ist dort verblieben.

12.30 Uhr Abbruch der Beobachtung nach Rücksprache mit Gen. Waldow.

SONJA«

Nach der Lektüre bin ich auf zynische Weise beruhigt. Auf die Stasi ist Verlass, denke ich. Die Ungewissheit darüber, wie es war, weicht dem Glauben, dass es so gewesen sein muss, denn IM »Sonja«, mit Klarnamen Hannelore Hösch, die seit 1953 mit dem MfS zusammenarbeitete und ab 1977 unter anderem für die Beurteilung von Manuskripten monatlich fünfhundert Mark erhielt, war stets gewissenhaft. Für die Bobachtung von Personen eingesetzt, »im Umgang und der Handhabung offener und gedeckter fototechnischer Mittel ausgebildet«, führte sie eigenständige Ermittlungen durch, machte sogar Lagepläne, Skizzen von Wohnungen, von Nebenstraßen und Nachbarhäusern, stellte geeignete Beobachtungspunkte fest, auch vor dem Haus des Bruders in der Bogenstraße.

Von dort sind die Eltern also nach Köpenick gefahren. Sie haben uns nachts nicht allein gelassen. Dafür aber Großmama in der Rotkäppchenstraße.

Aber Gewissheit? Wahr ist, dass der Möbelwagen der Firma Deutrans am 10. Dezember in aller Frühe vorfuhr. Sechsundvierzig Kisten und das restliche Umzugsgut wurden unter peinlichster Kontrolle »auf den Volvo-Zug (Maschinenwagen) IC 82-02 und (Anhänger) IC 82-27 verladen. Die gesamte Ladung wurde mit vier Zollverschlüssen Z 825 versehen. [...] Es wurde bemerkt, dass vor dem Nachbargrundstück (Rotkäppchenstr. 4) auf der Straße ein Herr [...] längere Zeit sich mit Herrn Dr. Schädlich angeregt unterhielt und mit einem PKW Wartburg/Tourist (Farbe rot) polizeiliches Kennzeichen IZ 51-29 entfernte. Herr Schädlich machte einen ruhigen Eindruck, zeigte sich im Gespräch jedoch unkonzentriert bzw. wirkte zerfahren. A., Zollkommissar, Zollamtsleiter.«

Die Eltern waren noch einmal zurückgefahren, weil sie

sichergehen wollten, dass der Möbelwagen auch wirklich abfuhr. Danach holten sie die Schwester und mich vom Bruder ab, das Auto schon vollgepackt mit Katze, Koffern, Provianttasche.

Der Vater: »Ich erinnere mich jetzt an folgendes. Am 10. vormittags, es war Jans Geburtstag, sein siebzehnter, waren wir in der Bogenstraße, um auf Wiedersehen zu sagen. Ich weiß noch genau, dass ich mich von Jan verabschiedet habe und er angefangen hat zu weinen. Dann ist er ins Haus gerannt.«

Fahrt in Richtung Nordwesten, ein Ziel vor Augen, das einen kurzen Aufschub geben sollte, bevor der östliche Landesteil verlassen werden musste. Das Ziel hieß Perleberg. Dort wohnten der Bruder der Mutter, die Tante und die Cousins. Langsames Vorankommen. Das Auto, schwer beladen, kündigte durch Geräusche Hinfälligkeit an. Es nieselte. Die Schwestern schwatzhaft. Die Eltern angespannt. Die Schwestern hungrig. Die Eltern rauchend. Die Katze lugte aus der Tasche. Ablenkung auf der Rückbank, damit die Zeit vergeht, die die Schwestern nicht, wie gehofft, schlafend verbrachten. Im Gegenteil, je länger die Fahrt, desto weniger Ruhe kam auf.

Irgendwann war die Katze unter dem Gaspedal.

Der Vater: »Nimm die Katze weg.«

Die Mutter: »Die muss mal pinkeln.«

Die Schwestern lachten. Pause am Straßenrand. Die Katze wurde rausgesetzt wie ein Hund, die Katze aber hob das Bein nicht wie ein Hund, sondern sprang in den Graben in Richtung Wald. Jetzt bloß nicht noch die Katze verlieren. Die Mutter fing sie ein. Es konnte weitergehen.

In der Dämmerung winkte die Kelle eines Polizisten. Papiere zeigen. Aussteigen. Der Vater stieg aus. Der rechte Scheinwerfer sei defekt.

»Reparieren«, sagte der Polizist.

»Was, jetzt, hier, vor der Ausreise?«

»Reparieren!«

Der Vater wusste nicht, wie. Der Polizist leuchtete mit einem Stab.

Die Mutter wartete mit uns im Auto. Die Temperaturen sanken. Die Zeit rannte auf das Ende des Tages zu, bis 0.00 Uhr mussten wir es geschafft haben.

Der rechte Scheinwerfer blieb dunkel in der Dunkelheit. Der Polizist gab auf, der Scheinwerfer müsse in der nächsten Stadt repariert werden. Dort wohnten der Bruder der Mutter, die Tante und die Cousins.

Sonderbar, welche Begebenheiten klar vor Augen stehen, als wären sie erst gestern passiert. Andere wiederum sind verschollen. Ein Segen manchmal, verstörend aber, wenn man sich erinnern will.

Oft habe ich die Schwester beneidet, die sich kaum an jene Zeit erinnert. Oft klagt sie, ihr fehle ein Stück Biographie. Ich denke, sei froh, dass deine erst später beginnt. Man muss nicht alles wissen.

Seit Stunden überfällig. Der Bruder der Mutter, Tante und Cousins erwartungs- und sorgenvoll. Eine Käsetorte blieb von den Vätern unangerührt, sie reparierten in der Garage bei Licht das Licht am Wagen, während die Mütter von Cousins und Cousinen ihre Teller leer aßen. An Gespräche nicht zu denken, Ablenkung mit der Fertigung von Reiseproviant. »Wer weiß, was euch noch alles erwartet.«

Nach der Reparatur des einen war der andere Scheinwerfer lichtlos und der Tag noch schneller zu Ende. Das Ticken der Uhren wurde mit fortschreitender Stunde lauter, auch die Stimmen der Kinder. Der Abschied dann in nervöser Hast. Das Geld, das der Vater den Cousins schenken wollte, wurde auf Rat für Benzin verbraucht. »Kommt ihr wenigstens vollgetankt drüben an.«

Es ging weiter durch die Nacht. Geräuschvoll näherte sich der Wagen dem Posten. Der Motor wurde ausgestellt. Stille. Der Posten mit eiserner Gesichtsleere kontrollierte schweigend, vorschriftsmäßig, zügig, so, als wollte er, dass alles leise über die Bühne ginge, ohne besondere Vorkommnisse, als fiele gar nichts vor, als existierte dieser Moment nicht.

Mit zu lautem russischen Motorengeräusch fuhren wir langsam über eine Brücke durchs Nichts und tauchten plötzlich in gleißendes Weiß aus Flutlicht.

»Jetzt sind wir im Westen«, sagte der Vater.

Halt. Der Vater musste aussteigen und folgen. Seine lange Abwesenheit weckte auf gedacht sicherem Boden Unsicherheit bei den Wartenden im Wagen. Der Grenzpolizist in grünerer Uniform brachte ihn endlich zurück.

»Warum hast du denn ein Schießgewehr? Sind wir jetzt bei den Indianern?« fragte die Schwester den Mann.

Die Antwort blieb er schuldig.

Was hatten wir erwartet, ein Lächeln, eine Begrüßungsformel? Ein »Willkommen in Ihrem neuen Leben«? Ich sage, was wir erwarteten: bunte Lichter, andere Luft, ein Gefühl der Erleichterung. Jedenfalls keinen wortkargen Grenzpolizisten, der uns nicht weniger bedrohlich erschien als der von der anderen Seite.

Eingeschüchtert fuhren wir weiter. Vor uns eine lange Landstraße. Dunkel war es. Der Vater, den Blick starr nach vorne gerichtet, lenkte. Er kannte die Wege nicht. Die Mutter blickte nach vorn, zu ihm, nach rechts, zu uns. Wir blickten aus dem Fenster und sahen uns die Augen wund. Es hatte der Schwester und mir die Sprache nun doch verschlagen.

2

Jetzt waren wir also da, wo wir hinmussten.

Warum? Jahrelang hatte sich der Vater vergeblich bemüht, seine Prosa in DDR-Verlagen zu publizieren. Statt dessen 1975 die zynische Empfehlung, es einmal mit der Arbeit auf dem Feld zu versuchen, vielleicht auf einem Mähdrescher. Dann ein Hoffnungsschimmer. 1976 stellte man ihm für den April 1977 einen Fördervertrag in Aussicht, das bedeutete soviel wie einen Vorvertrag. Doch am 20. Dezember teilte der Lektor des Verlages Neues Leben mit, die Hauptabteilung Verlage und Buchhandel im Ministerium für Kultur habe den Abschluss eines Fördervertrages untersagt, weil der Vater wegen seiner Unterschrift unter den Protest gegen die Ausbürgerung von Wolf Biermann nicht förderungswürdig sei.

Am 4. Januar 1977 sagte der stellvertretende Direktor des Akademie-Instituts, für das der Vater seit 1976 wegen seiner schriftstellerischen Arbeit als freier Mitarbeiter tätig war, er hätte die Zusammenarbeit mit dem Institut rückwirkend zum 31. Dezember 1976 als beendet zu betrachten. Da auch die Übersetzungsaufträge für den Verlag Volk & Welt ausblieben, war guter Rat teuer. Keine Arbeit, keine Möglichkeit der Veröffentlichung in der DDR. Was blieb, war eine Publikation in der Bundesrepublik. Das Manuskript wurde in den Westen geschmuggelt, und der Erzählungsband *Versuchte Nähe* erschien im August 1977 im

Rowohlt Verlag. Kurz nach der Veröffentlichung gab Klaus Höpcke, damals stellvertretender Kulturminister, am 2. September laut Bericht eines GMS »Karlheinz« zu verstehen, »daß es auch Erscheinungen wie Rudolph* Bahro oder Hans-Joachim Schädlich gibt, deren Arbeiten vom Klassengegner bewußt im ideologischen Kampf zu einer massiven Hetze gegen die DDR genutzt werden und denen man höchstes Lob zollt«. Die beste Freundin der Mutter, damals Lektorin im Aufbau Verlag, war dabei und berichtete den Eltern.

Am 4. September 1977 stellte der Vater den ersten Antrag auf Übersiedlung in die Bundesrepublik. Am 21. September, als noch immer keine Antwort auf den Ausreiseantrag gekommen war, bekräftigte der Vater das Ersuchen schriftlich. Am 29. September äußerte jemand auf einer Mitgliederversammlung der Berliner Abteilung des DDR-Schriftstellerverbandes, das Buch *Versuchte Nähe* erfülle den Tatbestand der »staatsfeindlichen Hetze«, was nach § 106 des Strafgesetzbuches mit bis zu zehn Jahren Freiheitsentzug bestraft werden konnte. Ein anderer sagte, dass der Vater noch nicht verhaftet sei, sei der Großzügigkeit der Staatsorgane zuzuschreiben, und stellte die Frage, wann man den Autor aus dem Schriftstellerverband, in den er dank einer Bürgschaft von Sarah Kirsch und Roland Links, damals Cheflektor des Verlages Volk & Welt, als Kandidat aufgenommen worden war, ausschließen werde. Klaus Schlesinger berichtete den Eltern. Am selben Tag wurde dem Vater in der Abteilung Innere Angelegenheiten des Stadtbezirks Köpenick mitgeteilt, der rechtswidrige Über-

* Rechtschreibung und Zeichensetzung der Zitate aus den Dokumenten folgen dem Original

siedlungsantrag sei abgelehnt worden. Die Schlinge zog sich zu.

Dass tatsächlich ein Strafverfahren nach § 100 des Strafgesetzbuches wegen »staatsfeindlicher Verbindungen« – Anlass war die Freundschaft zu dem Schriftsteller Uwe Johnson – geprüft und von einer eigenen Untersuchungsabteilung des MfS auch eines nach § 106 gegen den Vater vorbereitet wurde, wussten wir damals nicht, erst später, aus den Akten. Während der Untersuchung für einen möglichen Prozess kam man zu dem Schluss, dass es besser sei, von einem Verfahren abzusehen, weil befürchtet wurde, dass Westautoren wie zum Beispiel Günter Grass, Uwe Johnson, Nicolas Born oder Max Frisch es nicht schweigend hinnähmen, wenn der Vater eingesperrt würde. Außerdem hatte es Interviews gegeben. Eines von Karl Corino für den Hessischen Rundfunk, eines von Dirk Sager für das ZDF. Der Schaden, der durch einen Prozess der DDR entstünde, wäre größer als der, den der Vater mit der Veröffentlichung seines Buches angerichtet hätte.

In der Zwischenzeit wurde auf die Mutter Druck ausgeübt. Von verantwortlichen Leuten an der Humboldt-Universität, sie schrieb noch an ihrer Dissertation, wurde ihr nahegelegt, sich von ihrem Mann zu distanzieren. Man stellte ihr eine glänzende berufliche Laufbahn in Aussicht, man machte ihr Vorhaltungen, »daß sie, die hier gearbeitet hat und auch viel Arbeit investiert hat, jetzt praktisch bei fertiger Arbeit einen solchen Schritt tun wolle, der natürlich grundsätzlich nur unserem Gegner in die Hände spielen kann, in welcher Form auch immer, daß es im Grunde genommen ein Schritt ist in ein Land, das uns todfeindlich gegenübersteht«. Sie sollte es sich gut überlegen, eine Scheidung in Erwägung ziehen. Das sei das Beste. Sie wurde gefragt, wie sie persönlich zu der Entwicklung, zu der Entscheidung ihres Mannes stehe. Die Mutter glänzte dialektisch und sagte, »daß ein objektiver Prozeß, eine objektive Situation entstanden ist, die über ihre subjektiven Entscheidungen, über ihre subjektiven Meinungen, über ihre subjektiven Wünsche regiere, daß ihre subjektive Meinung und ihre Haltung möglicherweise ihre persönlichen Interessensbedürfnisse von dieser subjektiven Situation gleichsam überfahren werde, oder bereits schon überfahren worden sei«.

Man hatte ihr schon nach einer Versammlung, in der eine positive Haltung zur Ausbürgerung von Biermann erwartet wurde und sie »negativ« aufgefallen war, vorgeschlagen, sich in die Psychiatrie einweisen zu lassen. Dort wäre sie vor Zugriffen sicher. Jetzt wurde sie gefragt, ob sie wüsste, was es bedeutete, wenn sie sich nicht distanzierte? Die Folgen, nicht auszumalen für sie und ihre Kinder.

Durch Vermittlung von Günter Grass hatte der Vater seinen Fall Günter Gaus in der Ständigen Vertretung der Bundesrepublik in der DDR vortragen können, der Unterstützung versprach. Am 10. Oktober nahm Wolfgang Vogel das Anliegen zur Kenntnis. Vogel war in der DDR offiziell Anwalt und zugleich Unterhändler beim sogenannten Häftlingsfreikauf, der Abwicklung von Ausreisewilligen und dem Austausch von Spionen. Am 7. November sagte Vogel, es sei noch nichts entschieden. Am 28. November sollte der Vater zu einer Aussprache im Schriftstellerverband erscheinen, zu der er Klaus Schlesinger als Zeugen mitnehmen wollte. Das wurde abgelehnt. So ging er allein. Einen Tag später berichtete Paul Wiens, IMB »Dichter«: »Schädlich kam pünktlich um 10.00 Uhr zu diesem Gespräch. Er erklärte in einer äußerst arroganten und provozierenden Weise, daß er, bevor etwas besprochen werde, eine Forderung zu stellen habe: ›Ich verlange, daß die Verleumdungen und Denunziationen gegen meine Person durch den Vorstand zurückgezogen werden.‹«

Jemand erklärte dem Vater, »daß erstens seine Darstellung nicht den Tatsachen entspreche und daß zweitens er Schädlichs Buch gelesen habe und zu seiner Meinung stehe, daß es sich um eine antisozialistische Lektüre handele«.

Daraufhin entwickelte sich eine heftige Diskussion, die »darauf hinauslief, eine Kritik an seinem Buch und seiner Person zu unterbinden, da er mit einer solchen Diskussion zum Feind der DDR abgestempelt werde, der er in Wirklichkeit nicht sei«.

Der Vater vertrat »folgende feindliche Auffassungen:

- Es ist die Aufgabe des Schriftstellers, die Wahrheit ans Licht zu bringen
- Bei uns gibt es viele Tabus, durch die so manches verdeckt wird, damit muß sich der Schriftsteller auseinandersetzen und die Öffentlichkeit darüber informieren
- Sein Buch ist daher ein kritisches Buch, aber kein feindliches.«

Der Vater bekräftigte seine Forderungen noch einmal, das Gespräch wurde beendet.

»Ich fühlte mich wie ein Delinquent vor Gericht, es war sehr unangenehm. Die haben sich Macht angemaßt und ausgeübt«, erzählt der Vater.

Am 1. Dezember rief Gaus an. Er könne unverbindlich sagen, dass sich eine positive Lösung einzustellen scheine. In den nächsten Tagen käme ein Anruf. Er sagte nicht, von wem. Der Anruf kam noch am selben Tag. Es war Wolfgang Vogel, der dem Vater sagte, er solle ihn am 2. Dezember in Teupitz anrufen. Er könnte dem Vater dann vielleicht eine günstige Nachricht übermitteln. Am 2. Dezember um 10.15 Uhr rief der Vater an. Vogel sagte, der Vater bekäme in den nächsten Tagen einen Anruf. Man werde sagen, das Ausreiseverfahren werde eingeleitet. Man werde sagen, die Sache sei noch nicht endgültig entschieden. Vogel sagte, der Vater solle es so nehmen, wie er es ihm sage. Der Vater solle sich weiterhin ruhig verhalten. Es werde relativ schnell gehen. Der Vater solle auf alles, was verlangt werde, eingehen.

Um 10.50 Uhr desselben Tages meldete sich die Abteilung Innere Angelegenheiten des Stadtbezirks Köpenick, eine Frau aus Zimmer 207 war am Apparat. Die Eltern sollten sofort kommen.

Ich lese: »Am 2.12.1977 um 11.30 Uhr sprach das Ehepaar Schädlich aufgrund unseres telefonischen Anrufes in unserer Dienststelle vor. Entsprechend der gegebenen Weisung wurde ihnen gesagt, daß wir das Ersuchen auf Übersiedlung nochmals geprüft haben und jetzt entschieden hätten, dieses Ersuchen zu genehmigen. […] Wir haben der Fam. Schädlich zugesagt uns am Montag, dem 5.12.77 mit dem VEB Autotrans in Verbindung zu setzen und dafür zu sorgen, daß entsprechend seiner Bitte umgehend Packer geschickt werden. Sie wurden aufgefordert, über das Wochenende Aufstellung über das Umzugsgut sowie über die mitzunehmenden Bücher zu fertigen. Am Montag, dem 5.12.77 um 14.00 Uhr wird Dr. Schädlich wieder bei uns vorsprechen und berichten wie weit er mit der Listenfertigung ist, gleichzeitig wird er die fehlenden Unterlagen, wie Schuldenfreiheitserklärung der Sparkasse, Lebensläufe, Urkunden und Passbilder abgeben.«

Das war der Montag, an dem ich es erfuhr.

Und nun fuhren wir schweigend durch die Dunkelheit. Wie oft haben wir uns in der Familie die Frage gestellt, was wäre gewesen, wenn der Vater nicht 1977 sein Buch bei Rowohlt veröffentlicht hätte? Was wäre gewesen, wenn wir nicht 1977 aus der DDR ausgereist wären, trotz der Veröffentlichung des Buches? Nichts ist so uneindeutig wie der Konjunktiv, besonders, wenn er das Leben betrifft. Wir beantworteten uns die Fragen immer wieder, als müssten wir uns gegenseitig versichern, dass es die richtige Entscheidung war. Dabei kann es gar keinen Zweifel geben. In der DDR konnte der Vater nicht mehr arbeiten. Er hatte sich sogar um Arbeit als Chauffeur oder Taxifahrer bemüht, vergeblich, weil er dafür eine zu hohe Qualifikation habe, hieß es. Der Ausreiseantrag war eine Folge der Existenzentziehung, eine logische Konsequenz, damit die Familie weiterleben konnte. Man hatte keine Wahl, höchstens die Wahl des Zeitpunktes.

Je näher wir Hamburg kamen, desto hinfälliger wurde der Wagen. Laut wie ein Traktor fuhr er mit vier Ostdeutschen in die Stadt ein, und sie bewunderten die Reklamen, die Helligkeit der Nacht. Der Glanz der Fremde spiegelte sich im Nass der Straßen. An roten Ampeln neugierige Blicke, manchmal ein mitleidiges Lächeln. Das Gefühl der Minderwertigkeit konnte in jener Nacht nicht größer sein. Auf einer Kreuzung seufzte der Wagen und blieb stehen. Die Verzweiflung unbeschreiblich. Die Erschöpfung. Die Ratlosigkeit. Vier Ostdeutsche, ortsunkundig, mit einem russischen Pannenwagen im Regen noch immer nicht am Ziel ihrer Reise. Der Nachtverkehr raste vorbei, Gehupe, der Vater stieg aus, lief um den Wagen, beugte sich und sah, es ergoss sich dampfendes Wasser auf den Asphalt. Kurzes Umblicken. An der Ecke ein Taxistand. Frau und Kinder wie gelähmt. Der Taxifahrer und der Vater schoben den Wagen an den Straßenrand, die Mutter am Steuer. Die Schwester mit dem Stoffhund im Arm und ich mit meiner Puppe standen auf dem Bürgersteig, Hand in Hand, betäubt und ängstlich zugleich.

Der Taxifahrer muss sich gefagt haben, woher wir kämen. Ob er Antwort erhalten hat, kann ich nicht sagen. Auf jeden Fall erfuhr er, wohin wir wollten. Nach Wewelsfleth, nördlich von Hamburg, in ein altes Haus. Er sollte uns fahren. Das Gepäck sollte lieber nicht bei dem geschädigten Auto bleiben, nur das im Kofferraum, nicht das auf dem Dachgepäckträger. 2 Koffer mit persönlicher Garderobe, 1 Reisetasche mit Nachtwäsche, 1 Schmuckkassette mit persönlichen Schmucksachen, 1 Schulmappe mit Spielzeug, 1 Fön, 2 Schlafdecken, 1 Beutel wechselten die Fahrzeuge. Eineinhalb Stunden nach Mitternacht ging es aus der Stadt aufs Land. Auf dieser Fahrt schliefen die Schwester und ich endlich ein.

Als das Taxi hielt, hatten die Leute, die im Haus auf uns gewartet hatten, gerade die Tür abgeschlossen. Nachts halb drei glaubten sie, man hätte uns nicht durchgelassen. Dass es »nur« das Auto war, daran hatte keiner gedacht.

Nun waren wir also da. Die Tür wurde wieder aufgeschlossen.

Die Schwester und ich wurden aus dem Taxi in ein Zimmer neben der Küche getragen. Die Eltern saßen mit den Leuten um den Tisch in der Küche bis zum Morgengrauen, redeten, tranken und rauchten. Beide aufgedreht und erschöpft zugleich.

Ich wachte am nächsten Morgen auf und wusste nicht, wo

ich war. Ein Haus wie dieses hatte ich noch nie gesehen, ein Vorraum, der eine alte Apotheke war, viele Zimmer, wie ein Puppenhaus, mit Alkoven, in denen wir uns verstecken konnten.

Noch im Sommer hatte ein Fachwerkhaus fernab von Berlin, irgendwo in Mecklenburg, wo man sich unbeobachtet dachte, sicherer, den Eltern und Sarah Kirsch eine Bleibe versprochen. Ein Haus mit Grundstück und kleinem Wäldchen, einem Bienenstock und funkelnden Seen rundherum, eingerichtet mit alten Bauernmöbeln, die Küche voller Zwiebelmuster. Die Mutter hatte sich schon auf der verfallenen Bank vor dem Haus sitzen sehen, aus einer Aluminiumschüssel Erbsen auspalen, sie sagte auspalen, und Hühner um sie herum. Der Vater sah die Pilze von der Dekke wachsen. Sarah Kirsch sah alles morsch und brüchig und meinte nicht nur den Fußboden und die Wände. Der Traum vom unbehelligten Dasein war ausgeträumt. Die Nadel auf dem Kompass hatte längst auf W gezeigt.

Im Norden war erst einmal Sonntag. Noch vor dem Frühstück liefen die Schwester und ich aus dem Haus auf die Dorfstraße: Unterschiede suchen. Dass wir uns unterschieden, wussten wir noch nicht, auch wenn jemand gesagt hatte, »Leute aus der DDR riechen anders«. Für uns waren die Unterschiede der Kaugummiautomat an der Ecke, die metalleneren Autos, die vielen Straßenlaternen, die Farben der Häuser. Es gab eine Menge zu sehen, was anders war. Bekannte Gesichter, Günter Grass, Nicolas Born, verliehen Vertrauen in unvertrauter Umgebung. Es war wie Urlaub. Große Ferien mitten im Winter. Ausnahmezustand. Fort war die Bedrückung, die Beschwertheit. Dafür Tatendrang. Bis zum ersten Einkauf. Die Mutter kam mit leeren Taschen zurück. Sagte: »Komm mit, du musst mir helfen. Ich weiß nicht, was ich nehmen soll.« Das Warten vor dem Wurststand. Eine Frau vor uns, die fragte: »Was haben Sie heute im Angebot?« Für uns eine rhetorische Frage bei dem, was wir sahen. Für die Frau eine konkrete. Plötzlich wussten wir, dass der Unterschied nicht nur im Geruch lag, dass man sich nicht auskannte, dass alles anders war. Das Viele, das Farbige weckte den Zustand der Verwirrung. Die Warenauslage wurde zum Abbild der Gegensätze, und es beschlich uns das Gefühl, dass es nicht nur die Aneignung des täglich Praktischen sein würde, was uns ankommen ließe. Es war nicht so: gleiche Sprache, gleiches Land. Der Satz: »Leute aus der DDR riechen anders«, zuerst als Beleidigung aufgefasst, brauchte nur eine andere Interpretation, dann stimmte er. Der Spürsinn war es. Die andere Sensibilität, die Möglichkeit des Vergleichs, das genaue Hinschauen und dabei das ständige Hinterfragen.

Der Einkauf war eine Irritation. Die Mutter telefonierte mit dem Onkel. Das MfS hörte mit. Auch sein Apparat wurde überwacht. Die Protokolle füllen Bände.

Die Mutter: Heute habe ich versucht, in einem Lebensmitteladen einzukaufen. Für ein bisschen Aufschnitt zweiundzwanzig Mark. Das ist ja irre.

Andere Ereignisse überwogen: Die Fahrt nach Hamburg, wo die Eltern die Ausbürgerungsurkunde abgaben. Wo sie die Ausweise erhielten, die uns zu Bundesbürgern machten. Es muss ein überwältigender Moment gewesen sein. Endlich wieder vollwertig, in Sicherheit.

Sicherheit, davon konnte keine Rede sein. Damit meine ich nicht, dass ich mich in Gefahr wähnte. Ich meine den sicheren Boden unter den Füßen. Gut, wir hatten nicht wie Tausende andere zuvor in einem Notaufnahmelager auf den Neubeginn im Westen warten müssen, auf Genehmigungen, auf Arbeit, auf Wohnung, auf Geld. Für uns gab es keine Enge in vielbelegten Zimmern mit Doppelstockbetten. Wir waren gut aufgehoben, es ging weiter, das wussten wir. Die auf der anderen Seite wussten es auch, vom Onkel:

»Schädlich wohnt seit seiner Übersiedlung in die BRD am 10.12. 77 in Wewelsfleth bei Hamburg in einem Haus, welches er durch die Vermittlung des Westberliner Schriftstellers Günter Grass bewohnen darf. In der Woche vor Weihnachten wird Schädlich nach Hamburg in eine bereits möblierte Wohnung ziehen, die er von der Stadt Hamburg erhielt. Diese Wohnung befindet sich in der Nähe des Hamburger Hauptbahnhofes am Berliner Tor. Sylvester wird Schädlich mit dem Leiter der Ständigen Vertretung der BRD in der DDR Günter Gaus feiern.«

Aber es gab niemanden in der Nähe, der unsere Empfindungen teilte. Die, die man kannte von Dort, hatten woanders mit sich zu tun. Und wir selber traten unbekümmert auf. In Hamburg fiel kaum auf, dass die Bundesrepublik ein fremdes Land für uns war, wir andere Deutsche waren und Deutsch anders verstanden, dieses Schlingern, das Ungefestigtsein, das Nichtwissen, wohin. Jedenfalls ging es mir so. Lange dieses mangelnde Selbstvertrauen, weil man das Gefühl hatte, nicht so weltgewandt zu sein wie die anderen im Westen, weil man so vieles nicht kannte, weil es in der DDR verboten war. Weil man befürchtete, immer »der blöde Ossi« zu bleiben. Diese gottverdammte Lähmung, die einen befiel, dieses Starrsein vor Schreck und die aufgesetzte Munterkeit, mit der wir es uns selber schwermachten.

Ich erinnere mich an einen Besuch mit den Eltern und

Nicolas Born bei einem mit ihm befreundeten Ärzteehepaar. Ein Haus im Grünen, wie in Köpenick, nur sehr viel komfortabler. Bei Kaffee und Kuchen im Garten wollten der Mann und die Frau wissen, wie es uns ginge, aber mehr noch, wie es jetzt dort wäre, woher wir gekommen waren. Vor zwanzig Jahren waren sie aus Ost-Berlin geflohen und hierher gezogen. Sie fragten und fragten. Die Mutter war wortkarg. Später sagte sie: »Zwanzig Jahre schon hier, und immer noch nicht angekommen, das darf uns nicht passieren.«

Der Wunsch, in der Bundesrepublik anzukommen, war ein Wettlauf mit der Zeit. Für die drüben war sie, als wir gegangen waren, wie stehengeblieben. »Hallo, Ihr treulosen Tomaten! So wie der umseitige Herr sah ich ungefähr aus, als ich heute nach einem Blick in meinen Kalender merkte, daß Ihr mich schon drei Wochen lang nicht angerufen habt. Dein letzter Brief, Paps, ist jetzt zwei Monate alt! Habt Ihr Eure Hinterbliebenen ganz vergessen? In der Hoffnung mal wieder ein Lebenszeichen zu empfangen: Jani«

Diese Postkarte vom Bruder fand ich in den Akten.

Durch Telefonate, in denen wir versuchten, denen auf der anderen Seite den Teil des Landes begreiflich zu machen, den wir selber noch nicht begriffen, stellten wir Nähe her. Auch ich.

Ich lese: »[…] ist bekannt, dass die Tochter seines Bruders, Susanne, Anpassungsprobleme hat. Sie ruft immerzu ihre Freundin in der DDR an.«

Meine Telefonate mit Freunden wurden irgendwann seltener. Sie reagierten immer zurückhaltender. Manchmal bekam ich sie gar nicht an den Apparat. So riss der Kontakt langsam ab. Briefe haben mich erst gar nicht erreicht.

»Hallo Meine Liebe Susi!

Ich habe Deinen netten Brief erhalten. Ich danke Dir sehr. Mir geht es sehr gut. Du fehlst mir auch sehr. Das Wetter ist mal kalt mal warm. In unserer Klasse ist was los. P. hat G. als Freundin, und J. hat sich mit S. verzangt weil J. mit uns Schlafen wollte (bei der Klassenfahrt). Aber wir schlafen mit S.. Wir machen vom 5.5. bis 7.5. eine Klassenfahrt nach Rostock. Das wird toll sage ich Dir. D. geht es sehr gut, aber er muß öfters brechen. In Deutsch machen wir zur Zeit gar nichts. Unsere Klassenlehrerin ist krank und fährt zur Kuhr. Wir haben eine ganze menge an Stundenausfall zum Beispiel viel Deutsch, Mathemathik und Werken.«

Auch den fand ich in den Akten. Wenn der Brief mich erreicht hätte, hätte ich geschrieben, dass ich viel zu lange nach Wewelsfleth in Hamburg nicht zur Schule gegangen war. Dass ich nun in eine Schule ging, nicht weit vom Nagelsweg in das Gymnasium Klosterschule, dass dies aber nichts mit Gott zu tun hätte, dass die U-Bahn rot-silbern war und nicht gelb und dass ich auch gerne mit nach Rostock käme. Wie nah das wäre von Hamburg. Ich hätte geschrieben, dass die Schülerin aus der DDR, die kein Englisch konnte, sondern Russisch, die noch kein Physik, kein Chemie gehabt hatte, sondern Werken und Unterricht in Staatsbürgerkunde, sich aufmachte, Englisch zu lernen. Und ich hätte von der Schwester geschrieben, die von einem Kindergarten in den nächsten wechselte. Erst einer gleich um die Ecke, bis die eine Kindergärtnerin sagte, die kommen aus der Zone. Der nächste in der obersten Etage eines Hochhauses, der Garten die Dachterrasse, an den Wänden gemalte Bäume. Soweit kommt es noch, dass sie im Westen keinen Baum mehr sehen konnte, dachten wir. Dann ein katholischer Kindergarten, dort musste sie beten.

Das passte ihr nicht, auch nicht nach nur vier Jahren DDR. Von Gott noch nie etwas gehört und ständig die Frage: Wer ist dieser Mann?

Um Englisch aufzuholen, ging ich dreimal die Woche nachmittags zu einer Nachhilfelehrerin. Anfangs brachte mich die Mutter. Eines Tages kamen wir an einem Geschäft für Schreib- und Spielwaren vorbei. Die Mutter schrie auf: »Das ist doch Betty.« Sie ließ meine Hand los, rannte in den Laden, der Frau hinterher, die in einem Büro verschwunden war. Die Verkäuferinnen wollten sie zurückhalten. »Das ist Betty, mein Kindermädchen«, rechtfertigte sich die Mutter. Sieben Jahre war sie alt gewesen, als sie Betty zuletzt gesehen hatte. Jetzt trafen sich die beiden hier in einem Laden wieder, und ich musste denken: »Wenn einer eine Reise tut, so kann er was erzählen.«

Ich holte nicht nur Physik, Chemie und Englisch nach, sondern lernte auch neue Kinder kennen. Langsam nur, scheu. In der Klasse waren Kinder von griechischen Eltern, von italienischen. Die Kinder unterhielten sich über Fernsehserien, Stars, Musikbands. Mein Liedrepertoire beschränkte sich auf Pionierlieder. Nicht Pierre Brice war der Star gewesen, sondern Gojko Mitić. Nicht Lex Barker mit schmetternder Hand, sondern Dean Reed mit kommunistischer Gitarre. Die Kinder kleideten sich in Jeans und coolen Turnschuhen, ich war froh, dass ich gerade das Pionierhalstuch für immer hatte ablegen können, hatte es in der DDR gelassen, wo es hingehörte. Die Fragen stellte ich. Nach den Stars, den Fernsehserien, den Bands. Ich hatte so viel nachzuholen, nicht nur Schulstoff. Keiner fragte nach der DDR, die lag so weit weg, dass sie für viele gar nicht existierte. Wenn die DDR aber nicht existierte, wo kam ich dann her? Von nirgendwo. Vom Himmel hoch. Nicht Weihnachtsengel, sondern Jahresendflügelfigur. Ich, wir waren hinzugekommen in diesen anderen Teil Deutschlands, wir mussten hinzulernen, nicht die, die schon da waren. Und weil ich Deutsch sprach, fiel ich nicht auf. Dann eine Vier, die erste in meinem Leben, in einem Deutschaufsatz, Thema verfehlt. Ich verstand die Welt nicht mehr. Die Mutter las den Aufsatz, sie konnte es auch nicht begreifen. Sie bat um ein Gespräch mit der Lehrerin, so wie früher in der Mittelheide, weil ich mich dort geweigert hatte, neben einem Mädchen zu sitzen, das Läuse hatte. Ich bekam einen Eintrag: Susanne verhält sich nicht sozialistisch. Der Eintrag wurde nicht zurückgenommen, und ich musste mich entschuldigen. In Hamburg entschuldigte sich die Lehrerin bei der Mutter. Sie hätte mich behandelt wie eine Schülerin aus einem anderen Bundesland. Auf einen griechischen Jungen hätte sie mehr Rücksicht genommen, aber ich spräche ja nicht einmal einen Dialekt.

Ich fühlte mich als Halbmensch. Die eine Hälfte war in der DDR, die andere in der Bundesrepublik. Darüber redete ich nicht. Niemand redete darüber. Es war ein Kampf gegen die Sehnsucht nach dem vertrauten Leben, nach dem Einfach-mal-rum-Kommen, nach dem Klingeln nur so an der Tür, nach dem Blick in den Kühlschrank, ob man aus Resten noch ein Essen kochen konnte, nach unangemeldeten Besuchen. Wie oft musste ich mit der Mutter in Köpenick in der kleinen Küche stehen und schnell beim Broteschmieren oder Kartoffelschälen helfen. Hier musste man angemeldet sein, pünktlich erscheinen, nicht zu früh, nicht zu spät, entsprechend angezogen. Fast nie privat, sondern in Restaurants, und man wusste nicht zu bestellen, weil man die Gerichte nicht kannte.

Gleich im Frühjahr, zu Ostern, machten der Vater und ich eine Reise nach Polen, den Onkel wiederzusehen, den Bruder.

Vorher Telefonate mit dem Onkel.

Der Vater: Ich wollte mich noch mal bei dir melden und dir noch einmal sagen, dass wir am Freitag um 15 Uhr landen. Leider sind wir an ein bestimmtes Hotel gebunden.

Der Onkel: Wir holen euch auf jeden Fall vom Flugplatz ab. Wir wissen allerdings noch nicht, wo wir übernachten werden, das ist auch eine Frage des Geldes. Du hast ja gesagt, du würdest einen Hunderter schmeißen, das ist für Warschau eine ungeheure Summe.

Der Vater: Ich bezahle für eine Nacht in dem Hotel hundertfünfzig D-Mark.

Der Onkel: Das kann nicht sein, das ist ja mehr, als bei der Interconti-Kette in Westeuropa geläufig ist. Ich werde versuchen, dass wir im Forum unterkommen. Für deinen Hunderter können wir dort drei Tage bleiben. Soll ich dir was mitbringen?

Der Vater: Nein, das brauchst du nicht. Soll ich dir etwas mitbringen?

Der Onkel: Nein, ich habe gerade keine Wünsche. Ich sage dir, in Warschau kannst du in den Genex-Kaufhäusern für deine Westmark billiger kaufen als in Hamburg. Du kriegst eine Flasche polnischen Whiskey für siebzig Cents.

Der Vater: Ich hoffe wirklich, dass es schöne Stunden des Wiedersehens werden.

Der Onkel: Ja, das hoffe ich auch.

Ich lese:

»Der IM wurde von seinem Neffen, Jan, gebeten, zu Ostern mit ihm nach Prag bzw. Warschau zu reisen, um sich dort mit Hans-Joachim Schädlich zu treffen. Der IM äußerte Unlust zu einer Fahrt nach Warschau, da er für die Ostertage anderes vorhätte. Er wäre aber bereit, die Verbindung mit seinem Bruder zum Zwecke der Informationsabschöpfung und Einflußnahme in Prag oder Warschau aufzunehmen.«

Die erste Reise allein mit dem Vater und meine erste in einem Flugzeug. Mutter und Schwester waren nicht mitgekommen. Die Schwester, weil sie zu klein war, die Mutter, weil sie die Abschiedswiederholung fürchtete.

Es war ein unruhiger Flug. Nicht nur des Wetters wegen.

In Warschau saßen wir zusammen. Stundenlang im Hotelzimmer. Es war ein Familientreffen als Urlaub nach vier Monaten Westen. Es gab viel zu erzählen. In Warschau lachten wir. Es gab viel zu lachen. Dem Bruder hatte ich eine Langspielplatte von Cat Stevens mitgebracht, und die wollte er hören. Im Hotel, in dem der Vater und ich wohnten, in dem nur Westler wohnen durften, und wir dachten, jetzt ist alles möglich, riefen wir bei der Rezeption an. Baten, halb englisch, halb polnisch, um einen Plattenspieler. Als es klopfte, stand ein Angestellter des Hotels mit einem Strommessgerät vor der Tür.

In Warschau gab es viel zu sehen. Wir schlenderten durch das, was einmal das Jüdische Ghetto gewesen war. Ich suchte die Häuser, die einmal gestanden hatten. Ich suchte eine Gedenktafel, die ich nicht fand. Ich dachte, die Erinnerung ist kurz. Wir tauschten Zloty gegen D-Mark auf der Straße. Der Onkel wusste, wie. Wir bekamen einen guten Kurs. Wir aßen gegen Devisen in teuren Hotels Fleisch. In den Fleischereien dagegen weißgeflieste Leere, Farbtupfer nur durch eine Wurst im Schaufenster. In Warschau alberten wir darüber hinweg.

Zurück in Hamburg verfiel der Vater manchmal schon in Schweigen, während draußen die Dampframme hämmerte.

Die Mutter schrieb in einem Brief an die beste Freundin: »Wir versuchen noch immer etwas verzweifelt mit dem hiesigen Leben zurechtzukommen. Es ist schwieriger, als wir dachten, und manchmal waren wir auch schon recht mutlos. Dann sind solche Informationen, wie z. B. die über Karlheinz von Wichtigkeit, die einen die DDR doch wieder ins rechte Licht rücken. Der Arme hat viel auszuhalten. Es ist ruchbar geworden, daß er sich mit Jochen in Warschau getroffen hat. Todsünde in Potenz! Nun wird er nach seiner Ansicht wohl nicht mehr zu halten sein. Uns macht das alles große Sorgen, vor allem, weil wir so weit weg vom Schuß sind.«

Dann zogen die Eltern mit der Schwester mehrere Autostunden weit weg in eine Kleinstadt in der Lüneburger Heide, nach Dahlenburg.

Das war einer dieser Irrtümer kurz nach der Ausreise. Das Wohnen dort war billiger, redeten sie sich ein, denn sie rechneten noch um zum Kurs von eins zu sieben. Alles wurde mit sieben multipliziert. Achthundert D-Mark für Miete – mal sieben wären das fünftausendsechshundert Ost-Mark gewesen – standen gegen dreiundneunzig Mark für drei Zimmer mit Bad, Küche, Veranda und Blick auf Garten und Rotdornbaum.

Jetzt also ein Haus. Großer Garten voller Obst und Gemüse, wo im Sommer Waschschüsseln voll Erdbeeren gepflückt wurden. Für jeden ein Zimmer. Endlich wieder die eigenen Sachen. Aber die Möbel, die aus dem Umzugswagen gehoben wurden, wurden in Einzelteilen vor das Haus gelegt – Stuhlbeine wie abgesägt, der ramponierte

Sekretär, der Nähtisch von Großmama gebrochen, die blauen Füße der Bauerntruhe im grünen Rasen. Wir fühlten uns selber wie zerlegt. Irgendwann kam ein Mann, der Tischler sein sollte, mit einem Traktor und lud alles auf den Anhänger, Abfahrt zur Reparatur auf dem Lande.

Zwei- bis dreimal in der Woche fuhr die Mutter nach Reinbek zum Rowohlt Verlag, wo sie arbeitete. Da die Aussicht bestand, dass Bettina Wegner aus der DDR die Einreise erlaubt wurde, um in West-Berlin im Rahmen der Literaturtage, die im Künstlerhaus Bethanien stattfanden, aufzutreten, machte sie eine Dienstreise.

Die Mutter erzählt: »Ich fuhr dorthin, um mir die Lyriker anzuhören. Ich wohnte bei einem Freund, einem in der DDR akkreditierten Korrespondenten des ZDF. Dort kam mir die Idee, die Einreise zu probieren. Eine aufsteigende Idee, hätte Großmama gesagt.«

Der Freund nahm sie in seinem Pkw mit, über die GÜSt. Heinrich-Heine-Straße. Die Kontrolle dauerte nur circa sechs Minuten. Die Mutter reiste ohne Rückfrage ein. Ein Versehen? Eine Panne der Grenzbeamten?

Ich lese:

»Fahndungsergebnis zum Fahndungsobjekt Nr.: 320-469 – zum Vergleich

Name: Schädlich Vorname: Krista-Maria geb.: 18.02.44

Das F.-Objekt erschien am 21.06.78 zur Ein-/~~Durch~~reise

Das F.-Objekt wurde nach Entscheid der Leitstelle nicht zurückgewiesen.

Sch. war in Begleitung des F.-Objektes 500208. Als das F.-Objekt die Pässe wieder in Empfang nahm, fasste es die Sch. um und sagte zu ihr in fröhlichem Ton: ›Siehst Du, es hat doch geklappt!‹«

Nun stand die Mutter mitten in der anderen Hälfte der Stadt. Telefonzelle suchen. Anrufen. Nein, doch lieber in das Hotel Unter den Linden gehen. Von dort ist das Telefonieren einfacher. Hektisches Wählen verschiedener Nummern. Sie in der Hauptstadt und nirgendwo irgend jemand da. Anruf bei der Schwester des Vaters. Endlich jemand zu erreichen, es ist schon später Nachmittag. Als der Onkel wenig später bei der Schwester anruft, teilt sie ihm mit, dass die Frau des Bruders in der Stadt sei, dass man sich treffen wolle. Sie werde die Frau des Bruders im Hotel Unter den Linden abholen, dann wollten sie zusammen zu ihm fahren. In seiner Wohnung wolle man sich treffen. Es gebe so viel zu erzählen, sie sei ganz aufgeregt, dass das geklappt habe. Mensch, das sei doch wirklich ein Ding, dass sie einfach so durchgekommen sei. Wirklich schade, dass sie allein sei, ohne den Bruder. Aber sie habe es ja nicht wissen können.

Der Onkel sagte ja.

Major Salatzki, der Führungsoffizier des Onkels, fasste in einem Bericht vom 26. Juli 1978 zusammen: »Betrifft den Besuch vom 21.6.78: Die Schwägerin des IM erschien gegen 19.00 Uhr in der Wohnung des IM zusammen mit der Schwester des IM. Weiter erschien der Neffe des IM, [...] und eine Frau [...] mit ihrem Mann. Die vorgenannten Personen waren von der Schwägerin des IM vom Hotel ›Unter den Linden‹ aus angerufen worden, wo diese nach der Einreise in die Hauptstadt der DDR sich mehrere Stunden lang aufgehalten hatte.«

Ich kann mir vorstellen, wie sie da saßen, in der kleinen Bude, in dem Wohnklo, wie der Onkel seine Wohnung immer nannte, gedrängt in dem einen Zimmer, in dem auch sein Bett stand und der Schreibtisch, rauchend, trinkend, redend.

Ich lese weiter:

»Im Mittelpunkt des Gesprächs an diesem Abend in der Wohnung des IM standen die Ausführungen der Schwägerin des IM über die Lage der Familie seines Bruders in der BRD. [...] Die Schwägerin des IM nahm (einen) Brief der [...] zum Anlaß, um alle Informationen über Schwierigkeiten der Familie nach der Übersiedelung in die BRD als völlig unbegründet und falsch zu erklären. Dabei habe sie auch den IM angegriffen und behauptet, dieser hätte angeblich falsche Informationen verbreitet.« Die Mutter hätte »3 Stunden lang versucht zu beweisen, daß es ihnen in der BRD gut gehe, dabei aber lediglich bewiesen [...], daß es ihnen doch nicht so gut gehe. Nach Ansicht des IM waren die gesamten Ausführungen seiner Schwägerin sehr widersprüchlich. Sie spiegelten keinesfalls die Lage seines Bruders wider und waren auch nicht auf dessen Initiative entstanden.

Mit dem IM wurde nochmals beraten, unter welchen Voraussetzungen es möglich ist, weitgehend die Probleme seines Bruders in der BRD in Erfahrung zu bringen und dabei ständig mögliche Ansatzpunkte für eine spätere Rückkehr zu erkunden. In dieser Richtung kann eingeschätzt werden, daß sich der IM voll hinter diese Orientierung stellt.«

Nochmals beraten? Mögliche Ansatzpunkte für eine spätere Rückkehr erkunden? Nur ein halbes Jahr nach unserer Ausreise? Ich kann es nicht glauben.

Während die Eltern und die Schwester versuchten, auf dem Land heimisch zu werden, blieb ich in Hamburg bei Tante Betty, dem ehemaligen Kindermädchen. Sie hatte die Mutter jahrelang gehütet. Jetzt hütete sie mich. Sie war eine tüchtige Frau, resolut und doch herzlich. Ihr Mann war fünf Jahre in russischer Kriegsgefangenschaft gewesen. Kam als einer der letzten nach Deutschland zurück. Sie lernten sich kennen, flohen über die noch offene Grenze und heirateten. Sie eröffneten ein Geschäft und adoptierten Kinder. Sie hatten kaum Zeit für sich, geschweige denn für mich, die ich bis zum Ende des Schuljahres bei ihnen wohnen würde.

»Das Persönliche haben wir zur Seite geschoben, jeder hatte zu tun. Es war alles eine große Anstrengung und auch viel Sorge, du warst ja gerade erst angekommen, und schon waren die Eltern weg. Es war zwar nur bis zum Sommer, aber dennoch. Du kanntest uns nicht, wir kannten dich nicht«, erzählt Betty.

Ich lief mit im Alltag, oder im Garten um das Haus herum, nachmittags, Runde um Runde, und lernte für die Schule. Ansonsten? »Du warst da, mehr erinnere ich nicht. Hast wenig gesprochen, immer nur gelesen und durch die große Brille geschaut. Und mittags war eine Zugehfrau da, die hat das Essen gekocht.«

An den Wochenenden fuhr ich zu den Eltern und der Schwester aufs Land. Dort gab es auch wieder ein Kätzchen, das nicht miaute, immer auf die höchste Tanne kletterte, nicht allein wieder herunterkam und eines Tages ganz verschwand. Dort konnte ich der Mutter zeigen, was ich in der DDR im Fach »Schulgarten« gelernt hatte. Wir knieten in den Beeten, gruben, hackten, jäteten. Die Mutter schrieb an die beste Freundin: »Ein Beet mit Küchenkräutern, Mohrrüben, Bohnen, Salat, Spinat, Gurken, Radieschen und weiß der Teufel nicht, alles haben Susanne und ich auch schon angelegt. Ich habe herausbekommen, daß wir bestimmt 10 Apfelbäume haben, 5 Sauerkirschbäume, 2 x

Süßkirschen, 5 x Haselnüsse, Wein am Haus entlang und einen kleinen Privatwald.«

Dorthin kam im Juli 1978 Uwe Johnson. Die letzte Begegnung war in Ost-Berlin auf dem ersten Treffen der ost- und westdeutschen Schriftsteller 1974 gewesen. Aber es gab Briefe. Am 29. November 1977, nur zwölf Tage vor unserer Ausreise aus der DDR, hatte er an den Vater geschrieben: »Über Ihre Umstände aber war ich fast immer unterrichtet. Denn als ich Günter Grass im April in New York traf, haben wir eine Stunde in einer Teestube an der Madison Avenue fast nur von Ihnen gesprochen, so auch im Sommer, und wiederum bei seinem fünfzigsten Geburtstag. Auch die Rauriser Nachricht *[Johnson bezieht sich auf den Rauriser Literaturpreis, den der Vater 1977 erhalten hat]* hatte ich an dem Tag, an dem sie fällig wurde, und erwartete, dass Sie sich die Sache da selber abholen.

So habe ich auch angenommen, die zuständigen Behörden würden Sie, auf Weisung der Behörde für die Überwachung der Behörden, um das Verlassen der D.D.R. ersuchen, spätestens nach dem Erscheinen des Buches; sprach mit meinen Freunden und war mir einer Arbeit für Sie ziemlich sicher. Als dann wahrscheinlich wurde, dass man Ihren Anblick nicht entbehren wollte, kam mir die Vermutung, die ich gleichzeitig für absurd und möglich halte: nach so viel verabschiedeten Schriftstellern will man wenigstens diesen behalten, vielleicht ist er eines gewünschten Besserns fähig, und es müsse nicht an Ihnen liegen, wenn Sie das Argument von den konterrevolutionären Umtrieben nicht verstehen, da Sie sich doch aus beruflichen Gründen fragen müssen, wo denn die Revolution sei.«

Den Brief fand ich in den Akten.

Uwe Johnson wollte den Vater sehen, reden, von Schriftsteller zu Schriftsteller, von Leidgenosse zu Leidgenosse, fragen, wie es ihm auf dem Lande ergehe, wie er die Freiheit finde, in die er hineingekommen sei und die dann so anders sei, als man sie sich gedacht habe. Dem Vater gab er den Rat, die ländliche Umgebung zu verlassen. Es sei für einen noch relativ »jungen« Schriftsteller kein Ort zum Wohnen oder Arbeiten, sondern ein Ort für Leute, die sich nach getaner Lebensarbeit zur Ruhe setzten, wie ein Kapitän in seinem Kapitänshäuschen in Oevelgönne in Hamburg. Das hat er gesagt und sprach sich und dem Vater aus der Seele.

Aber auf dem Lande waren die alten Freunde: Nicolas Born, Hans Christoph Buch und ihre Familien. Es kamen neue hinzu. Die Maler von der Werkstatt Rixdorfer Drucke wie Uwe Bremer, Albert Schindehütte, Arno Waldschmidt. Sie waren 1974 von West-Berlin in den Landkreis Lüchow-Dannenberg gezogen. Hermann Peter Piwitt kam aus Hamburg zu Besuch, Kai Hermann legte mir eines Tages *Wir Kinder vom Bahnhof Zoo* vor die Tür. Man traf sich spontan zum Lamm beim befreundeten Gastwirt, zum Grappa-Trinken in der italienischen Trattoria, zum Grillen am See auf irgendeiner Wiese oder einfach nur so. Plötzlich waren wir nicht die aus dem Osten, wir gehörten dazu, zu dieser Seite, nicht zu der, die wir auf den Spaziergängen auf dem Deich entlang der Elbe sehen konnten. Die Häuser offen, es war ein Kommen und Gehen, beinahe wie früher. Und doch war es anders. Jetzt waren wir nicht verborgen im Kämmerlein, wir konnten zusammen die Gegend erkunden, der Tag nahm kein Ende, und das Fremdsein verlor sich ein wenig.

3

In Köpenick waren die Tage, an denen sie gekommen waren, die Schriftsteller aus dem Osten und dem Westen, sich bei uns im Märchenviertel Geschichten vorgelesen und die Wohnung verraucht hatten, immer viel zu schnell zu Ende. Bevor sie eintrafen, verging die Zeit ungleich langsamer. Jedenfalls für mich. Nicht weil ich auf die Schriftsteller wartete, auf die auch, mehr noch aber wartete ich auf deren Kinder. Wir durften dann, während im Wohnzimmer gelesen wurde, am Schreibtisch des Vaters sitzen. In seinem Zimmer. Wir malten Bilder, stundenlang. Erzählten. Ich vom Osten, sie vom Westen. Fragten. Sie nach dem Osten, ich nach dem Westen. Wir schwiegen auch. Oder wir versuchten, die Kritzeleien auf der Lederdecke, die auf dem Schreibtisch lag, zu entziffern. Kryptische Zeichen, und wir dem Schriftsteller auf der Spur. Und jedesmal viel zu früh der Abschied. Ob es den Erwachsenen auch so ging? Ich weiß es nicht. Aber mir ging es so. Weil diese Begegnungen etwas Ungewöhnliches waren, Außergewöhnliches, weil niemand meiner Klassenkameraden Ähnliches erlebte.

Wie war es überhaupt dazu gekommen?

Die Mutter, der Vater erzählen:

»Bernd Jentzsch hatte ein Visum für zwei Tage nach West-Berlin erhalten. Er gab damals die Lyrikreihe ›Poesiealbum‹ heraus und wollte mit Enzensberger die Auswahl besprechen. Wenn es ihm gelänge, so sagte er, wolle er Günter Grass aufsuchen. Er hatte Glück, Günter Grass war in West-Berlin, und Bernd machte ihm den Vorschlag, ihn umgekehrt doch einmal in Berlin-Wilhelmshagen zu besuchen. Eines Tages war es soweit: Bernd rief uns abends an, ob wir nicht vorbeikommen wollten, wir wohnten ja nur um die

Ecke. Es waren noch andere Leute da, der Philosoph Wolfgang Heise, Sarah Kirsch, Reiner Kunze ganz sicher, vielleicht Sibylle Hentschke. An jenem Abend machte Günter Grass den Vorschlag, sich öfter zu sehen, um sich einander Texte vorzulesen. Nicht unbedingt nur literarische.«

Das war der Startschuss für die Schriftstellertreffen, die über drei Jahre dauerten. Auch der Vater war eingeladen worden, von dem nur noch Bernd Jentzsch wusste, dass er Erzählungen schrieb.

Die Realisierung der Zusammenkünfte indes war schwierig. Ich stelle mir eine Geheimloge vor, Eingeweihte kamen zu bestimmter Zeit und mussten zu bestimmter Zeit gehen. Das Losungswort war Literatur. Wer diese Eingeweihten sein durften, wurde sehr genau überlegt, denn nicht jedem konnte man vertrauen. Die Einladungen erfolgten stets kurzfristig, manche lehnten ihre Teilnahme ab. Sie wollten sich nicht in Gefahr bringen.

Während auf der Ostseite der Mauer die Vorbereitungen liefen, sprach Günter Grass auf der Westseite Schriftstellerkollegen an.

Ich will die Hintergründe wissen, die Motivation verstehen, das Ganze noch einmal ins Licht der Zeitumstände rücken, lasse mir von Hans Christoph Buch erzählen: Er sei durch Günter Grass und Nicolas Born dazugekommen. Grass habe herumgefragt, Mitstreiter gesucht. Auch auf westlicher Seite sei vorsichtig ausgewählt worden. »Man achtete darauf, weder ›kalte Krieger‹ noch Kommunisten einzuladen. Man wollte keine eindeutigen Befürworter oder Lobredner der DDR dabeihaben, genausowenig wollte man entschiedene Gegner der DDR, darin lag auch ein Stück Selbstzensur.«

Das erste Werkstattgespräch, zu dem Günter Grass, Uwe

Johnson, Bernd Jentzsch, Karl Mickel, Hans Christoph Buch, Nicolas Born, Heinz Czechowski und Hans Joachim Schädlich in die Wohnung von Bernd Jentzsch in Berlin-Wilhelmshagen kamen, fand am 1. Mai 1974 statt. Unsicherheit, Aufregung auf beiden Seiten, denn es war etwas Neues, etwas noch nie Dagewesenes, besonders für die aus dem Osten. Eine Gruppe mit einem Zahlendreher, so etwas wie eine Neuauflage der Gruppe 47, auch eine Art von Literaturbörse, wo weniger bekannte Autoren Aufmerksamkeit finden und sich einen Namen machen konnten. Um die Treffen nicht zu gefährden, war vereinbart worden, Gespräche über politische Fragen auszusparen, ein Erbe der Gruppe 47. Hans Werner Richter hatte damals solche Diskussionen verboten, weil die Gruppe sonst auseinanderfiele.

Es gab ein strenges Ritual. Waren alle da, wurden Zettel mit den Namen der Teilnehmer geschrieben, die aus einem Hut gezogen werden mussten. Fünfzehn Minuten lesen, fünfzehn Minuten Diskussion. Auch der Vater las an jenem Abend zwei literarische Texte, *Lebenszeichen* und *Unter den achtzehn Türmen der Maria von dem Teyn.*

Nach der Lesung war es still, bis Uwe Johnson sagte, ihm sei seit langer Zeit nichts mehr von solcher Kraft von innen heraus beschrieben zu Ohren gekommen. Die Geschichten seien mit einer Sorgfalt geschrieben, die man sich in der Bundesrepublik nicht mehr leisten könne. Er forderte den Vater auf, binnen eines Jahres einen Band vorzulegen.

Als alle gelesen hatten, wurde gegessen und geplaudert, im verrauchten Wohnzimmer, stehend in der Küche. Immer auch mit dem Blick auf die Zeit, denn bis Mitternacht mussten die Besucher aus dem Westen zurück über die Grenze. Spät in der Nacht ging man auseinander. Voller

Geschichten von hier und da. Vor den Augen neue Gesichter, im Ohr die Stimmen. Und vor allem mit dem Gefühl, dass es nicht das letzte Mal gewesen ist.

Hans Christoph Buch erzählt: »Die Sache war spannend, weil man Einblicke in den Alltag bekam. Wir waren ein Freundeskreis, keine politische Partei oder Verschwörung von Gesinnungsgenossen. Die sich da zusammenfanden, waren Schriftsteller aus beiden Deutschlands, die sich für Literatur interessierten und diese möglichst frei halten wollten von Ideologie. Dennoch war es gleichzeitig doch das, was die Stasi dahinter vermutete, ein Abtasten, eine erste Kontaktaufnahme im Sinn von: Gibt es noch Gemeinsamkeiten? Das interessierte Günter Grass. Schließlich hatte er schon zu einer Zeit, als das noch nicht Mode war, immer betont: Es gibt nur eine deutsche Literatur. In diesem Punkt war er kompromisslos. Er meinte, staatliche Restriktionen und Sprachregelungen, die den DDR-Autoren aufgezwungen wurden, ja selbst die ideologische Vereinnahmung der Literatur hätten nicht dazu geführt, dass es zwei Literaturen gab. Die ernstzunehmende Literatur – Literatur großgeschrieben –, die sich nicht in den Dienst des Staates stellte, sprach dieselbe Sprache auf beiden Seiten.

Ich war neugierig auf die Literatur, die von drüben kam. Diese Neugier war auf beiden Seiten ausgeprägt, bezog sich auf Texte und Personen, was machen die da, wie leben die, was können wir tun, um ihnen zu helfen, was wird gebraucht? Die Neugier verband sich mit einem gewissen Wohlwollen, auch DDR-Bonus genannt. Ostdeutsche Autoren wurden im Westen bevorzugt behandelt, waren der Aufmerksamkeit sicher, die Westautoren so nicht bekamen. Man war bereit, zwischen den Zeilen zu lesen, und vermutete Oppositionssignale auch da, wo es gar keine gab.

Diejenigen, die ihr gutes Einvernehmen mit dem Staat nicht aufs Spiel setzen wollten, wurden zu den Treffen gar nicht erst eingeladen. Vielleicht wollten sie auch nicht. Es war eine Zwischenlage zwischen Opposition und Dissidenz auf der einen und geduldeter Kritik auf der anderen Seite, im Westen gekoppelt mit Neugier im Zeichen der Entspannungspolitik, die Hoffnungen geweckt hatte. Biermann war ja noch nicht ausgewiesen. Andererseits hatten wir keine Illusionen über die Diktatur, den totalitären Staat und die Zensur, davon haben wir auch einiges mitgekriegt, besonders, wenn es um die Texte deines Vaters ging. Politisch gesehen gab es eine fatale Tendenz zur Gleichsetzung beider deutscher Staaten mit dem Argument, auch die Bundesrepublik sei ein repressiver Staat. Dass in Wahrheit Welten, Abgründe klafften zwischen einer institutionalisierten Diktatur und einer unperfekten Demokratie, in der es soziale Mißstände und politische Übergriffe gab, wurde weitgehend verdrängt. Die Konvergenztheorie war damals Mode, man meinte, beide deutsche Staaten, ja Staaten überhaupt, seien repressiv, maßten sich ein Gewaltmonopol gegen die Bürger an. Das war nicht logisch durchdacht, aber psychologisch verständlich, denn in Westdeutschland lief die Terrorismusfahndung auf Hochtouren. Überall hingen Fahndungsplakate, und man wurde manchmal schikanös kontrolliert. Es lag nahe zu sagen, die da drüben schützen sich auch gegen Staatsfeinde, die Repression ist nur etwas plumper und ungeschickter als im Westen. Solche Illusionen waren damals weitverbreitet und vertrugen sich durchaus mit dem Wissen, dass es gleichwohl fundamentale Unterschiede gab.«

Schon im August fand das nächste Werkstattgespräch statt, und zwar bei uns in Köpenick, wohin wir umgezogen waren. In der Wohnung in der Rotkäppchenstraße waren die Schriftsteller viermal.

Kamen die Schriftsteller zu uns, wurde überlegt, was es diesmal zu essen geben sollte. Die Petersilie kam aus Bad Saarow, das Fleisch aus Jena, das Gemüse aus Perleberg. Im Besorgen war man erfinderisch. Jede Zusammenkunft war auch ein Fest, auf das man sich ein Vierteljahr vorher freute.

Mut, an diesen Runden teilzunehmen, die in einem Turnus von einem Vierteljahr stattfanden, gehörte dazu, besonders für diejenigen, die nicht privilegiert waren. Da es aber private Zusammenkünfte waren, konnten sie von seiten der DDR nicht einfach unterbunden werden, ohne eine Öffentlichkeit in den Westmedien heraufzubeschwören. Dafür war der Kreis zu prominent besetzt, von beiden Seiten. Für die, die aus dem Westen kamen, bestand keine Gefahr. Sie konnten höchstens beim nächsten Mal an der Grenze zurückgewiesen werden, Schikane genug. Die Westschriftsteller, allen voran Günter Grass, waren für die aus dem Osten auch ein Schutz vor der Gefahr, die lauerte. Zum Beispiel in einem grauen Bauwagen vor unserer Gartenpforte, der dort wochenlang geparkt war, und keine Baustelle weit und breit. Gefahr forderte die Teilnehmer aber auch heraus, der Gefahr etwas entgegenzusetzen. Ein Zeichen, dass man sich nicht einschüchtern ließ.

1976 gab es eine Anweisung, es ist ein handgeschriebener Zettel, unterzeichnet von »Gen. Buhl«, den ich in den Akten fand. »Aufklärung der Wohnung des Bruders des IM wo Literar.-kreis tagt.« Erleichterung fast, als ich das lese, dass die Mutter nicht unter Verfolgungswahn litt, wenn sie sagte, sie glaube, dass unser Telefon abgehört werde. Auch das ist festgehalten. »Die Sch., Maria äußerte einmal in einer Diskussion, daß sie vermute, daß der Telefonanschluß des Sch. von der Staatssicherheit überwacht würde. Sie begründete dies mit einer Überprüfung des Telefons durch Fernmeldemonteure.« Gewissheit, als ich ein Vernichtungsprotokoll in den Akten des Vaters fand. »Am 17. 8. 1983 wurden die Informationen des Auftrages 26/7/A 459/77, Nr. 1–297 vernichtet.« (Abteilung 26 war zuständig für akustische Raumüberwachung, A steht für Telefonüberwachung.)

Dass strengste Geheimhaltung und Vorsicht geboten waren, war eigentlich klar, und doch passierte auch so etwas: Juni 1975, Treffen in der Wohnung von Sibylle Hentschke am Ostkreuz, im Friedrichshain. Noch heute, obwohl die Häuser saniert sind und der S-Bahnhof langsam umgebaut wird, kann man an manchem Überbleibsel erahnen, dass es zu DDR-Zeiten eine verlassene, finstere Ecke war. Ortskundige fanden den Weg leicht, die von der anderen Seite irrten umher, suchten, Telefon gab es nicht. Als die ersten Gäste eintrafen, verschwand einer aus dem Westen ohne ein Wort und pinnte Zettel an die Bäume mit der Wegbeschreibung für die, die ortsunkundig waren. Die nächsten kamen an und lobten die Hinweise auf der Straße. Sofort stürzte jemand runter und riss die Zettel ab. Allzu leicht wollte man es der Stasi auch nicht machen.

Dass sie Bescheid wusste, lese ich in den Akten. Das Interesse der Stasi für diese Ost-West-Lesungen wuchs von Jahr zu Jahr. Dem MfS war zu Ohren gekommen, dass an einem Treffen bei Sarah Kirsch 1976 voraussichtlich folgende Personen teilnehmen sollten: »Günter Grass (BRD), Nikolas Born (BRD/WB), Christian Buch (?), Gert-Friedrich Jonke (Österreich), Peter Schneider (?), Christoph Meckel (WB?), Sarah Kirsch DDR, Günter Kunert DDR, Rainer

Kirsch DDR.« Der Onkel berichtete »auftragsgemäß«, er sollte »den Kontakt zum Bruder festigen, um eine Einladung zu einer Diskussionsrunde zu erhalten«, den »Kontakt zu S. Kirsch ausbauen«. Der Onkel sollte sich anstrengen.

Deshalb machte er seinem Führungsoffizier vor, er stehe kurz vor der Teilnahme an einem der privaten Ost-West-Schriftstellergespräche.

Ich lese: »Im Zusammenhang mit einem Gespräch über familiäre Probleme, bei denen der IM seinem Bruder Dr. Sch. Hilfe anbot, stellte der IM die Frage, ob für ihn nicht einmal die Möglichkeit besteht, an einer Diskussion mit den BRD-Schriftstellern und vor allem mit G. Grass teilzunehmen. Der Bruder des IM antwortete erst mit der Bemerkung: ›Ich kann doch dorthin nicht irgend jemanden mitnehmen, stell dir das nicht so einfach vor.‹ Erst nach der Bemerkung der Ehefrau: ›Der (IM) ist doch nicht irgend jemand und außerdem ist man in diesem Kreis doch über Dr. Sch. (den IM) informiert, da du ja schon über ihn gesprochen hast‹, erklärte sich der Bruder (Dr. Sch.) des IM bereit, diesen zu der am 27.2.76 in der Wohnung der DDR-Schriftstellerin Sarah Kirsch stattfindenden Zusammenkunft mitzunehmen.«

Das war eine Lüge. In Wahrheit hat sich der Vater nie angeboten, ihn mitzunehmen, und er hat ihn auch nie mitgenommen.

Ich lese weiter: »Der IM erklärte sich bereit, alle Möglichkeiten zu nutzen, um in Gesprächen von seinem Bruder in Erfahrung zu bringen, welche Probleme bei vergangenen Zusammenkünften diskutiert wurden und welche Rolle einzelne DDR- und BRD-Schriftsteller dabei gespielt haben. Er will dafür vor allem die gemeinsame Fahrt mit seinem Bruder nach Warschau nutzen. Der IM versucht außerdem, rechtzeitig die Termine weiterer Zusammenkünfte in Erfahrung zu bringen, wobei er dafür die Mitteilsamkeit seiner Schwägerin nutzen will. Außerdem will der IM mit der Begründung, Grass u. a. BRD-Schriftsteller gern einmal näher persönlich kennenzulernen, über seinen Bruder eine Einladung zur nächsten Zusammenkunft zu erwirken.

Der IM teilte jedoch mit, daß er für die Realisierung dieses Vorhabens eine gewisse Zeit benötigt, damit sein Interesse für diese ›literarischen Diskussionen‹ nicht so plötzlich kommt, da er sich in der Vergangenheit für das literarische Schaffen seines Bruders kaum interessiert hat. Es gab in einem Fall sogar einen Streit zwischen beiden wegen einer vom Bruder verfaßten Erzählung, in der der IM eine bestimmte Rolle spielte.«

Um Informationen über die Treffen zu bekommen, wurde vom MfS sogar erwogen, den Vater zur Mitarbeit zu gewinnen.

»Auf die Frage an den IM, wie die Reaktion seines Bruders wäre, wenn dieser durch das MfS wegen der genannten Zusammenkünfte angesprochen und zu einer Mitarbeit aufgefordert würde, antwortete er, daß sein Bruder ›auf keinen Fall einer Zusammenarbeit mit dem MfS seine Zustimmung‹ geben würde. Er fügte hinzu, ›so unterschiedlich können Brüder auf ein und dasselbe Problem reagieren‹.«

Tatsächlich kamen am 27. Februar 1976 in die kleine Zweizimmerwohnung auf der Fischerinsel in Ost-Berlin: Günter Grass, Hans Christoph Buch, Rolf Haufs, Helmut Eisendle, Christoph Meckel, Jürgen Theobaldy, Gert Friedrich Jonke aus dem Westen und Heinz Czechowski, Hans Joachim Schädlich, Sibylle Hentschke und Elke Erb aus dem Osten. Im Gegensatz zu den anderen Örtlichkeiten konnte hier nicht gekocht werden. Also ging es am Abend ins feine und neuerrichtete Ermeler-Haus ganz in der Nähe, wo für Gäste aus dem Westen immer Platz war, es aber Bier nur in Verbindung mit Sekt gab. »Herrenfrühstück« hieß das dort. Am Ende standen in der Mitte des großen Tisches Dutzende ungeöffnete kleine Sektflaschen. Die Kellner, ein wenig abseits, beäugten empört die laute und »dekadente« Gesellschaft.

Insgesamt gab es bis zu unserer Ausreise fünfzehn Schriftstellertreffen an wechselnden Orten, immer in Privatwohnungen in Ost-Berlin mit einem Stamm von Autoren, der immer oder fast immer dabei war: Günter Grass, Hans Christoph Buch, Nicolas Born, Rolf Haufs aus dem Westen, Sarah Kirsch, Günter Kunert, Rainer Kirsch, Kurt Bartsch, Bernd Jentzsch, Hans Joachim Schädlich, Klaus Schlesinger, Bettina Wegner und Elke Erb aus dem Osten. In den Jahren, in denen man zusammenkam, sich gegenseitig vorlas und diskutierte, sind die Romane *Der Butt* von Günter Grass, *Die erdabgewandte Seite der Geschichte* von Nicolas Born und der Erzählungsband *Versuchte Nähe* von Hans Joachim Schädlich entstanden. Nach der zweiten Zusammenkunft im August 1974 bei uns trafen sich die Schriftsteller bei Sarah Kirsch, dann bei Günter Kunert, Sibylle Hentschke, Hans Joachim Schädlich, Sarah Kirsch, Adolf Endler, Hans Joachim Schädlich, Edda Bauer, Günter Kunert, Klaus Schlesinger, Edda Bauer, Hans Joachim Schädlich und ein letztes Mal bei Erich Arendt.

Obwohl jedes dieser Treffen ein Ereignis war, gibt es solche, die herausfallen. Zum Beispiel das bei Günter Kunert am 12. November 1976. Es war das elfte. Es war besonders, weil Max Frisch erwartet wurde.

Die Mutter und der Vater holten ihn, Marianne Frisch, Günter Grass, Rolf Haufs und Jeanette Lander vom Grenzübergang Friedrichstraße ab, um gemeinsam mit ihnen nach Berlin-Buch zu Kunerts zu fahren. Sie mussten lange warten. Frisch kam und kam nicht. Weil er Bücher von sich dabeihatte, die er verschenken wollte, war er an der Grenze aufgehalten worden.

Ein Dialog zwischen Grenzpolizist und Max Frisch, etwa so:

Der Grenzpolizist auf sächsisch: »Die Einfuhr von Druckerzeugnissen in die DDR ist verboten.«

Frisch: »Mein Herr, diese Bücher habe ich selbst geschrieben. Sie erscheinen bald auch in der DDR, im Verlag Volk & Welt. Man könnte also sagen, dass sie nicht verboten sind.«

Der Grenzpolizist: »Dann sind Sie wohl so etwas Ähnliches wie ein Schriftsteller?«

So erzählte es Max Frisch, als er aus dem Bahnhof kam, und lachte.

In Berlin-Buch angekommen, warteten bereits Kurt Bartsch, Rainer Kirsch, Friedrich Dieckmann und Sibylle Hentschke. Kaffee trinken, Kuchen essen, Zettel in den Hut, Beginn der Lesungen. Zuerst Kurt Bartsch, dann Max Frisch, Jeanette Lander und Günter Grass. Während der Lesungen trafen Nachzügler ein: Jurek Becker und seine Frau, Klaus Schlesinger, Bettina Wegner, Günter de Bruyn, Stefan Heym mit Frau, Christa und Gerhard Wolf, Heiner Müller. Sie kamen, weil Frisch da war.

»Es war plötzlich eine sonderbare Befangenheit zu spüren. Die einen saßen in einer Gruppe an einem Tisch, abseits von den anderen«, erzählt die Mutter.

Nach dem Eintreffen der Nachzügler wurde das Weiterlesen abgebrochen. Es sollte, so wurde gesagt, lieber ein Fest gefeiert werden. Unverfänglich. Günter Grass gab der Kuttelsuppe den letzten Schliff, Marianne Kunert hatte Gulasch- und Lammsuppe gekocht. Es wurde über den Ausschluss von Reiner Kunze aus dem Schriftstellerverband gesprochen, aber politischer wurde es nicht, es war nicht der vertraute Kreis. Dass einen Tag später die Klänge einer Gitarre und die Stimme eines Mannes vieles ändern würden, konnte an jenem Abend keiner ahnen.

Am 13. November trat Wolf Biermann in Köln auf. Drei Tage danach die Ausbürgerung, in unmittelbarer Folge die Unterschriften auf der Protestresolution gegen den Beschluss der DDR-Führung, zu deren Initiatoren auch die gehörten, die gerade noch in dem Haus von Kunert zusammengesessen hatten.

Am 18. November unterschrieb der Vater. »Ich bin zu Sarah Kirsch gegangen, weil ich dort die Liste vermutete und unterschreiben wollte. Kurt Bartsch war auch da. Aber die Liste hatte Klaus Schlesinger, und der war zusammen mit Ulrich Plenzdorf unterwegs, um Leute zu bitten, sich einzutragen. Irgendwann rief Sarah Klaus an oder er sie, und wir sagten: ›Hör zu, wir wollen unterschreiben.‹

›Okay‹, sagte Klaus, ›ich setz eure Namen auf die Liste.‹ Das war alles«, erzählt der Vater.

Er kam erst am späten Abend nach Hause. Die Mutter wartete schon.

Der Vater sagte: »Ich bin drauf.«

»Ich bin fast ohnmächtig geworden, denn ich wusste, von nun an würde das Leben nicht mehr so sein, wie es war. Es war richtig, dass er unterschrieben hatte, aber dass das Konsequenzen haben würde, und nicht nur für ihn, war mir sofort klar«, erzählt die Mutter.

Nur fünf Tage später wurde der Vater vom zuständigen Forschungsbereichsleiter des Akademieinstituts »entsprechend der Auflage durch die Kulturabteilung des ZK der SED« aufgefordert, seine Unterschrift zurückzuziehen, und am 14. Dezember 1976 berichtete IM »Ernst«, dass der Vater, wie schon in einer Aussprache in der Akademie der Wissenschaften, sich bei einem Gespräch im Verlag Volk & Welt, für den er als Übersetzer aus dem Niederländischen tätig war, »auch gegenüber Gen. Küchler als absolut verbohrt und unzugänglich« zeigte.

Auch bei den Schriftstellertreffen gab es ein Davor und Danach. Einen Bruch, auf der Ost- und auf der Westseite. Die Frage war, ob die Zusammenkünfte überhaupt noch Sinn hätten. »Aber die Leute in der DDR wollten gerne gerade jetzt, dass wir weitermachten, wir durften sie nicht im Stich lassen, weil die Treffen für sie existentielle Bedeutung hatten«, erzählt Hans Christoph Buch.

Die erste Veranstaltung nach der Ausbürgerung Biermanns war in der Wohnung von Klaus Schlesinger und seiner Frau Bettina Wegner am 4. Februar 1977. »Die Beteiligung von DDR-Seite war schwach. Es kamen Sarah Kirsch, Adolf Endler, Elke Erb, Hans Joachim Schädlich, Dieter Schubert aus dem Osten und Günter Grass, Hans Christoph Buch, Hermann Peter Piwitt und Peter Schneider aus dem Westen. Nachdem Adolf Endler und Elke Erb gelesen hatten, sang Bettina Wegner zur Gitarre. Niemand hatte damit gerechnet, aber schon nach den Liedern ›Kinder‹ und ›Ach wenn ich doch als Mann auf diese Welt gekommen wär‹ hatte sie die Zuhörer fasziniert. Als sie noch ›Magdalena‹ sang, ein Lied über das Stasi-Untersuchungsgefängnis in der Magdalenenstraße, herrschte Bedrücktheit, weil Unzählige, die in

Berlin verhaftet worden waren, dort verhört wurden und noch niemand wusste, was als nächstes passierte«, erzählt die Mutter. „Nach der Ausbürgerung und der Unterschriftenaktion gab es eine verschärfte ideologische Konfrontation. Mit der Welle des Protestes hatte die DDR-Regierung nicht gerechnet. Die, die unterschrieben hatten, sollten ihre Unterschrift zurückziehen, andere, die die Ausbürgerung guthießen, Namhafte und Unbekannte, sich öffentlich bekennen, Unzählige waren verhaftet worden.«

Es war das Ende der Phase, in der die Hoffnung bestanden hatte, Honecker werde liberalisieren, auch wenn in den folgenden Monaten die Kulturpolitik der DDR den Weg verfolgte, keine »neuen Biermänner« zu schaffen. Großzügig wurden Stipendien an arrivierte Schriftsteller vergeben, Reisen ins westliche Ausland wurden häufiger erlaubt. Für die, die nicht dazugehörten, wurde der Graben tiefer, die Zukunft aussichtsloser.

Nicht so für den Onkel. Der erhielt plötzlich im März ein Dienstvisum nach West-Berlin für zwanzig Aufenthaltstage. Er hatte sich bereit erklärt, »während seines Aufenthaltes in Westberlin Aufträge zu erfüllen«. Er meldete sich telefonisch bei Günter Grass an, der den Onkel empfing, weil er dessen Bruder gut kannte. Ich lese: »Der IM wurde von Grass sehr freundlich begrüßt. Das Gespräch drehte sich vor allem um Probleme des literarischen Schaffens von Grass.«

Später kam noch ein Professor für Geschichte hinzu, mit dem sich der Onkel angeregt unterhielt, von Fachmann zu Fachmann sozusagen. Der Professor bot dem Onkel schließlich an, ihn zu Kongressen und anderen wissenschaftlichen Veranstaltungen einzuladen. »Es wäre ihm eine Freude, den IM bei solchen Gelegenheiten mit den Spitzen der Gesellschaft bekannt zu machen.«

Es war nicht der letzte Besuch des Onkels in West-Berlin. Uns sagte er, dass er in Rechercheangelegenheiten reise. Das entsprach der Wahrheit, er war Historiker, er musste Archive aufsuchen. Aber es war eben nur ein Teil der Wahrheit. Und der Name Hans Joachim Schädlich war ein »Sesam-öffne-dich«. Auch, als er – da waren wir schon ausgereist – eine Lesung von Günter Grass in Ost-Berlin lancierte.

Der Vater telefonierte mit dem Onkel, im Juni 1978. Geplauder, wie es dem einen und uns gehe. Geplauder, dass die Bundesrepublik noch fremd sei. Geplauder, dass West-Berlin vielleicht ein besserer Wohnort sei als Hamburg und dass der Vater und die Mutter nächste Woche dorthin reisten, um nach einer Arbeitsstelle für sie zu suchen. Dann verschlüsselt.

Der Onkel: Da wird auch noch etwas anderes sein.

Der Vater: Was denn?

Der Onkel: In Buch sind einige Kinderchirurgen von diesem »Fischkopf-Buch« begeistert und hatten die Idee, sich mit diesem »Fischhändler« zu unterhalten. Sie sind an mich herangetreten.

Der Vater: Mich hatten sie ja auch schon gefragt, ob der »Fischhändler« bereit wäre, an so einer Unterhaltung teilzunehmen.

Der Onkel: Ich habe gesagt, ich könnte bloß als »Briefträger« behilflich sein. Ich hab ihn angerufen und ihn gefragt, ob er es machen will.

Der Vater: Was hat er gesagt?

Der Onkel: Er hat sich gefreut. Der »Fischhändler« kommt am 16. Juni. Die Sache findet in einer großen privaten Gemäldegalerie statt, ein intelligent gewählter Ort.

Der Vater: Beteilige dich lieber nicht an der Sache.

Der Onkel: Nein, keine Sorge, ich werde nicht vorkommen.

Er hätte sagen sollen, ich werde nicht hervorkommen. Denn diese Lesung vor ostdeutschen Ärzten wurde von ihm organisiert, das MfS wollte Details über Grass' Aktivitäten in der DDR erfahren. Ich lese: »Allein die Tatsache der Verbindung zu Hans-Joachim Schädlich hätte für Grass die Gewähr geboten, daß diese Sache in Ordnung wäre.«

Da es dem Onkel nicht gelang, zu den Ost-West-Schriftstellergesprächen eingeladen zu werden, war er auch beim dreizehnten Treffen nicht dabei, im Mai 1977 bei Edda Bauer, der besten Freundin, die alles mitmachte und sich in Gefahr begab.

Schon die zehnte Zusammenkunft am 28. August 1976 war bei ihr gewesen. Günter Grass habe aus dem *Butt* das Kapitel »Henkersmahlzeit« gelesen, Nicolas Born neue Passagen aus *Die erdabgewandte Seite der Geschichte,* Günter Kunert Gedichte, Sarah Kirsch einen Reisebericht, Thomas Brasch einen Prosatext, der Vater *Schwer leserlicher Brief,* Rainer Kirsch ein Nachwort zu Karl Mickel, erzählt die Mutter.

Von da an war die beste Freundin ins Visier des Staatssicherheitsdienstes geraten. Im Haus sollte ein Stützpunkt eingerichtet werden, aber das Vorhaben wurde nicht realisiert, weil die Treffpunkte zu oft wechselten. Abgehört haben sie trotzdem, die Fenster waren immer offen.

Jetzt, neun Monate später, kamen in die kleine Wohnung in Friedrichshagen, das Wohnzimmer mit Stühlen vollgestellt, Jurek Becker, Elke Erb, Günter Grass, Rolf Haufs, Hans Joachim Schädlich, Christoph Meckel, Hans Christoph Buch, Klaus Schlesinger, Sarah Kirsch, Klaus Poche,

Marianne Frisch, Nicole Casanova, Sibylle Hentschke, Johannes Schenk, Natascha Ungeheuer und Manfred Krug, der von seinem Freund Jurek Becker mitgebracht wurde.

»Manfred Krug hatte vier Wochen zuvor seinen Ausreiseantrag gestellt und las an jenem Abend aus seinem Tagebuchmanuskript vor, das seine Erlebnisse seither schilderte. Danach entbrannte eine heftige Diskussion darüber, was Kunst ist und was sie leisten muss, und es herrschte große Aufregung«, erzählt die Mutter.

In einem schmalen orangefarbenen Hefter von vor dreißig Jahren befinden sich noch ein paar wenige Notizen aus jener Zeit.

»Haufs und Meckel gehen gegen 8 und 9 Uhr → hätten lieber über Probleme diskutiert, statt weiterzulesen.

Essen: mittags: chinesisches Huhn auf Porree
nachmittags Vanillekipfel, Apfeltaschen
abends Pizza, griechischer Hering

Nachbemerkung: Nach Aufbruch um 11 Uhr bekommen wir Anruf von Klaus Schlesinger um 1 Uhr – meinte: zu viel sei nicht zu Ende angesprochen, er hätte vor allem Jochens Geschichte nicht verstanden, sei ungerecht gewesen, man müsse sich treffen.

Anruf von Rolf Haufs am 9. Mai um ½ 2 Uhr nachts: Der Krug-Text habe ihn kaputtgemacht, man hätte über Kunstprobleme reden müssen innerhalb der Gesellschaftsordnung und welche Mittel die richtigen seien. Er befürchte die Tendenz zur Kunstlosigkeit, zum Naturalismus. Man müsse sich treffen, Ende Mai, Anfang Juni.

Am 17. Mai – Anruf von Günter – er gehe zu Krug, ob Jochen mitwolle – treffen sich um 15 Uhr Friedrichstraße – Krug liest Neues vor – Gespräch mit Lamberz – er habe in die offene Mündung gesehen – Vorschlag von L. – Du bist überarbeitet, mach doch mal Ferien, wie wär es denn mit einem Land wie Kuba oder Mosambique – Krug soll Antwort in einer Woche bekommen – Woche ist vorbei – keine Antwort.«

In den Notizen der Mutter lese ich noch: »Um 19.30 sind Jochen und Günter hier, Günter schenkt uns ein Leseexemplar von ›Der Butt‹ – wir essen Butterreis und Fleisch à la Käte Reichel und Salat – reden über Kunst in dem und dem Land und über die Folgen. Große Depression bei Jochen, meint, Schuld zu haben an allem, was kommt, wir reden nicht mehr weiter, arbeiten. G. ist nach Wewelsfleth gefahren am Montag, 23.5. kommt er zurück wegen Pfingsten.«

Verwirrende, aufreibende Zeiten waren es, die Besuche bei den anderen, die im selben Boot saßen, ein Fischen nach Sicherheit, ein Festhalten, ein Sich-Vergewissern vom Zusammenhalt der anderen. Auch der Verbundenheit des Onkels. Alleine konnte man es nicht schaffen, und so hatte er eiligst, nachdem ihm Manfred Krug, sie kannten sich von früher, über den Vater Grüße hatte bestellen lassen, »wieder persönlichen Kontakt aufgenommen«. Vielleicht rief er Manfred Krug gar an dem Tag an, an dem auch der Vater und Günter Grass ihn besuchten. Na, alter Junge, wie geht es dir, könnte der eine zum anderen gesagt haben. Der andere zum einen: Mensch, wir haben ja schon ewig nichts mehr voneinander gehört. Das muss sich ändern. Und dann wurde der Onkel von Krug herzlich eingeladen. Ich lese: »Er brauchte sich lediglich einen Tag vorher anmelden und einem Besuch stände nichts im Wege (außer Dienstags – da hätte er seinen Behördentag). Auf die Frage des IM, wie viel denn noch Zeit wäre zu einem Besuch, antwortete Krug

3–4 Wochen oder auch länger. Der IM wurde beauftragt, die Einladung anzunehmen.«

Es kamen die Sommermonate. Unbeschwert waren die Wochen auf Hiddensee sicher nicht, aber doch eine Abwechslung, eine Erholung, Kraft schöpfen.

Nach dem Urlaub versammelten sich die Schriftsteller noch einmal in unserer Wohnung, am 5. August 1977, nur einige Monate vor unserer Ausreise. Vielleicht war es da, dass mir die Mutter einen Wischeimer voller Kartoffeln hinstellte und mich bat, beim Schälen zu helfen. Kartoffelsalat in Unmengen. Dazu Kassler aus Jena. Aber nicht darum erwähne ich das Treffen bei uns in Köpenick. Sondern deshalb, weil es auch wieder unter einem Stern stand. Sarah Kirsch warf in die Runde, dass sie beabsichtige, die DDR zu verlassen. Ich lese: »Sarah Kirsch berichtete über ihr Vorhaben, aus der DDR auszureisen und legte die Gründe dafür dar. Sie erläuterte, daß ihr an den Generalsekretär des ZK der SED und Vorsitzenden des Staatsrates der DDR, Genossen Erich Honecker, gerichtetes Schreiben betreffs ihrer Ausreise aus der DDR wohlwollend mit den besten Empfehlungen an die zuständigen Staatsorgane weitergeleitet wurde. Die Kirsch führte weiter aus, daß sie in der Aussprache bei den staatlichen Stellen anständig und zuvorkommend behandelt wurde und ihre Wünsche weitestgehend Berücksichtigung fanden.« Wie mögen Günter Kunert, Adolf Endler, Elke Erb, Dieter Schubert, Bettina Wegner, Klaus Schlesinger, Klaus Poche, Brigitte Struzyk, Rainer Kirsch und Erich Arendt von der östlichen und Günter Grass, Christoph Meckel, Hans Christoph Buch, Rolf Haufs, Nicolas Born, Wolfgang Werth und Fred Viebahn von der westlichen Seite das aufgenommen haben? Sicher kein Gerede über das Dableiben, sonst ändere sich nichts, das auch unter Westlern verbreitet war. Es gab Verständnis für jeden, der wegging, wenn auch immer noch die Frage im Raum stand, was denn mit denen sei, die blieben.

Immer mehr DDR-Schriftsteller und Künstler verließen das Land, was als Verlust und als Schwächung der Reihen empfunden wurde, besonders von denen, die die DDR nicht verlassen konnten oder wollten. Fast wöchentlich gab es Verabschiedungsszenen am »Tränenpalast«, wie der Grenzübergang Friedrichstraße im Volksmund hieß, wo die, die blieben, mit einer Blume standen für die, die gingen.

Ob vor Sarah Kirschs Mitteilung gelesen wurde oder danach? Dass gelesen wurde, ist sicher. Ich lese: »Im Verlauf der Zusammenkunft wurde aus literarischen Arbeiten einiger anwesender Schriftsteller gelesen und anschließend literaturtheoretische Diskussionen darüber geführt. So las Grass aus seinem neuen Roman ›Der Butt‹ und Schädlich aus einem im Herbst 1977 im Rowohlt-Verlag Reinbek, b. Hamburg erscheinenden Prosaband ›Versuchte Nähe‹.«

Danach gab es nur noch eine Zusammenkunft von Schriftstellern aus Ost und West, am 18. November 1977 bei Erich Arendt in Prenzlauer Berg. Dieses Treffen war das letzte seiner Art. Nach unserer Ausreise im Dezember 1977 wurden zwar Anstrengungen unternommen, die Begegnungen aufrechtzuerhalten, aber viele hatten die DDR bereits verlassen oder standen kurz davor.

Bernd Jentzsch hatte sich im Oktober 1976 mit einem Arbeitsstipendium in der Schweiz befunden. Nachdem er nach der Ausbürgerung Biermanns am 21. November 1976 einen in der FAZ veröffentlichten Protestbrief an Erich Honecker geschrieben hatte, wurde ihm von seiten der

DDR ein Strafverfahren angekündigt. Er stand auf der Fahndungsliste, woraufhin er sich im Januar 1977 entschloss, in der Schweiz zu bleiben. Auf seine Frau wurde Druck ausgeübt, sich von ihm zu distanzieren und sich scheiden zu lassen, aber schließlich durfte sie zusammen mit dem gemeinsamen Sohn im März 1977 die DDR verlassen. Im Dezember 1976 waren auch Thomas Brasch und seine Lebensgefährtin Katharina Thalbach nach West-Berlin übergesiedelt. Im Juni 1977 wurde dem Ausreisebegehren von Manfred Krug stattgegeben, und am 28. August hatte Sarah Kirsch die DDR verlassen. Jürgen Fuchs, Gerulf Pannach und Christian Kunert waren nur zwei Tage vorher abgeschoben worden. Im Dezember 1977 verließen wir die DDR. Mit mehrjährigen Visa, die ihnen einen Aufenthalt in der Bundesrepublik erlaubten, änderten Jurek Becker im Dezember 1977, Günter Kunert im Oktober 1979, Klaus Poche Ende 1979, Klaus Schlesinger im Februar 1980, Kurt Bartsch im November 1980 ihren Wohnsitz – allesamt Schriftsteller, die regelmäßig oder von Zeit zu Zeit Teilnehmer der Gespräche gewesen waren.

Zu Arendt kamen noch einmal: Peter Schneider, Reinhard Lettau, Dawn Teborski, Günter Grass, Klaus Tragelehn, Heinz Czechowski, Jürgen Rennert, Jurek Becker, Klaus Schlesinger, Hans Joachim Schädlich.

Wie verlief der Tag? So. Ich lese:

»13.00 Uhr wurde die Beobachtung an der bekannten Anlaufstelle Berlin – Prenzlauerberg [...] aufgenommen.

13.30 Uhr betrat die bekannte Verbindung ›Text‹ die Anlaufstelle.« Das war Erich Arendt, er kam nach Hause, bald würden die Gäste kommen. Der erste war Klaus Schlesinger.

»14.00 Uhr wurde festgestellt, dass die bekannte Verbindung ›Haken‹ die Anlaufstelle betrat. Er hatte eine gefüllte schwarze Aktentasche bei sich.«

Nur wenige Minuten später folgte Jurek Becker.

»14.12 Uhr betrat die bekannte Verbindung ›Reifen‹ und 14.20 Uhr die bekannte Verbindung ›Silbe‹ die Anlaufstelle.«

Der Vater fuhr unterdessen mit dem Auto in Richtung S-Bahnhof Friedrichstraße. Dort wollte er Günter Grass abholen, so wie er es schon häufiger getan hatte.

»14.10 Uhr wurde festgestellt, daß die bekannte Verbindung ›Fahrer‹ mit seinem Pkw vom Typ: Shiguli 2101, Farbe: grün, pol. Kennzeichen IS 98-55, aus Richtung Unter den Linden kommend, zum Schiffbauer Damm fuhr und diesen in Höhe der Gaststätte ›Trichter‹ abparkte. Anschließend begab er sich zu Buchhandlung unter der Bahnbrücke Friedrichstraße.«

Vielleicht war er zu früh da, vielleicht war ihm kalt, vielleicht wollte er nicht als wartend auffallen. Bald trat er vor die Tür. Er begrüßte Dawn Teborski und Reinhard Lettau, sie waren verabredet. Noch jemand gesellte sich hinzu.

»14.20 Uhr wurde festgestellt, daß sich ›Fahrer‹ von der Buchhandlung mit einer weiblichen Person, die im weiteren Bericht ›Sprache‹ und zwei männlichen Personen, die die Decknamen ›Staat‹ und ›Sack‹ erhalten, unterhielt.«

Sie sprachen nicht lange, da kam auch schon Günter Grass.

»14.25 Uhr wurde ›224135‹ in der Georgenstraße, aus Richtung GÜSt Bahnhof Friedrichstraße kommend, zur Beobachtung aufgenommen. Auf diesem Weg drehte er sich eine Zigarette und zündete diese an. An der Buchhandlung begrüßte die zu beobachtende Person ›Fahrer‹, ›Staat‹,

›Sack‹ und ›Sprache‹ mit Handschlag. Das Objekt hatte einen grünen, leicht gefüllten Stoffbeutel bei sich. Nach der Begrüßung gingen die fünf Personen die Friedrichstraße in Richtung Weidendammbrücke, wobei sie sich wechselseitig unterhielten. Auf diesem Weg gingen ›224135‹ und ›Staat‹ mit ›Fahrer‹, sowie ›Sprache‹ mit ›Sack‹ zusammen. Alle Personen begaben sich zu dem abgeparkten Pkw von ›Fahrer‹ und stiegen ein. Zuvor hatte ›Fahrer‹ kurz den Kofferraum geöffnet und wieder geschlossen. ›Sprache‹, ›Staat‹ und ›Sack‹ nahmen auf den Rücksitzen und das Objekt auf dem Beifahrersitz des Pkw Platz.

14.31 Uhr fuhren sie über Schiffbauer Damm, Albrechtstraße, Reinhardtstraße, Friedrichstraße, Wilhelm-Pieck-Straße, Chorinerstr., Schönhauser Allee, Pappelallee zur Raumestraße.

14.45 Uhr parkte ›Fahrer‹ den Pkw gegenüber Haus Nr. [...] ab. Alle Personen stiegen aus und betraten die Anlaufstelle.«

Langsam fanden sich alle ein, manch einer kam später. Es wurde gelesen, diskutiert, gegessen, weiter gelesen.

»In den Abendstunden wurde durch das offenstehende Wohnungsfenster gesehen, daß sich ca. 15 Personen in der Wohnung aufhielten. Diese saßen an einer Tafel, tranken Kaffee, rauchten sehr stark und unterhielten sich angeregt. Weiterhin wurde festgestellt, daß mehrere Personen von Schriftstücken etwas vorlasen. Die bekannte Verbindung ›Reifen‹ las über einen längeren Zeitraum aus einem Buch Format A5. Des weiteren fanden sich mehre Schnapsflaschen und Gläser auf dem Tisch.«

Das Treffen dauerte bis nach 11 Uhr nachts. Dann wie immer hastige Verabschiedungen. Schneller Aufbruch.

Die Schriftsteller, die Freunde wurden und einfach nur so zu uns nach Köpenick kamen, besonders die aus West-Berlin – war ja nicht weit –, erwartete ich immer besonders ungeduldig. Nicht, weil sie Schokolade mitbrachten oder Kaugummis, die ich nachts in einen Eierbecher mit Wasser legte, damit ich sie am nächsten Tag und am übernächsten auch noch kauen konnte, sondern weil es die waren, die mit ihren Kindern kamen. Es waren meine Freunde geworden. Meine unsichtbaren Freunde, von allen Kindern aus dem Märchenviertel konnte nur ich sie sehen. Einmal, als die Freunde kamen, flüsterte die Mutter bei der Begrüßung einer Frau uns zu: »Ich glaube, die kenne ich.« Sie unterhielten sich, über Urlaube, von Hiddensee war die Rede. Die Frau kannte die Insel, sie hätte dort gelebt, sagte sie. Und dann war es plötzlich ein Spiel. Frage kam auf Frage. Die Frau kannte die Tante der Mutter, die die Lieblingslehrerin der Frau gewesen war. Die Mutter sah die Frau als junges Mädchen mit einem langen Zopf zur Dorfkirche in Kloster fahren, wo sie Orgel übte. »Sind Sie das kleine Mädchen, das immer mit der Tante zu meinem Vater in die Praxis kam und einen Knicks machte?« soll die Frau gefragt haben.

In Wewelsfleth, gleich nach unserer Ausreise, machte ich den Knicks, so wie Großmama es mir beigebracht hatte. Auch hier gab es Feste, wenn auch ein wenig anders. Jetzt war der Gastgeber Günter Grass, und wir waren die Gäste. Hier kochte er, zum Beispiel Aal. Ich kannte Aal, frisch aus dem Rauch, von Hiddensee. Wenn es ihn gab, liefen wir kilometerweit über die Insel und aßen ihn noch warm aus dem Papier.

Die Aale in Wewelsfleth schwammen im Spülbecken in der Küche. Immer wieder warf ich einen Blick in das Wasser und auf die Tiere, die sich wanden und deren Aufpasserin ich nicht sein wollte. Ich sehe noch, wie der Hauseigentümer, die Schürze blutbefleckt, am späten Nachmittag emsig das Gericht bereitete und der Vater dabei half. Zwei Schriftsteller in norddeutscher Manier.

4

In Hamburg hätte ich Tante Betty, wenn Schule war und das Haus auf dem Land fern, gerne von all meinen Erlebnissen, die mich bewegten, erzählt. Statt dessen erzählte sie mir ihre. Von ihrem Stiefvater, der, als der Lehrer aus dem Dorf empfahl, Betty solle in Bergen weiter zur Schule gehen, Abitur machen, nein sagte. Da war es wieder, das rollende »R«, wie das von Großmama.

»Ich musste mein Pflichtjahr beginnen. Ich kam auf ein Gut in Liddow.« Die Hausherrin, Dora, war die Schwester von Großpapa, sie hatte einen Chemieprofessor geheiratet, mit dem sie nach der Oktoberrevolution nach Russland gegangen war, für einige Jahre. Nach seiner Rückkehr kaufte er sich dieses Gut, das der Bruder von Großmama bewirtschaftete, und zog sich als Privatgelehrter zurück. Von Landwirtschaft verstand er nichts. Sie nahmen das siebzehnjährige Mädchen in die Familie auf. Tante Dora schloss Betty ins Herz, und Betty blieb gerne.

»Seit der Stiefvater das Abitur verboten hatte, seit ich auf das Gut Liddow gekommen war, habe ich selbständig gedacht, habe die Eltern nicht mehr um Rat gebeten. Auf dem Lande bist du verkauft, wenn du dich nicht selber aufmachst. Ich machte, wie ich es mir dachte. Ich hätte es aber auch nicht anders gemacht, wenn ich vorher gefragt hätte.«

Das Pflichtjahr war noch nicht zu Ende, als das Hausmädchen eine Hauswirtschaftslehre begann, auch das wurde von der Gemeinde bestimmt. 1944. Während über den Städten der Luftkrieg wütete, herrschte Ruhe auf dem Lande. Betty arbeitete im Haus und in der Küche. Nach Liddow kamen auch die Großeltern, nachdem sie in Stettin ausgebombt worden waren.

»Als deine Großeltern kamen, wurde das Esszimmer geräumt, und die Familie, vier Kinder und die Eltern, zog ein. Es war eine enge Gemeinschaft, denn es waren auch noch andere Verwandte aufgenommen worden, die in Köln ausgebombt worden waren. Auf dem Dachboden waren Flüchtlinge aus Pommern. Ich hatte ein kleines Zimmer im Parterre.«

Als immer mehr Flüchtlinge kamen, musste Betty das Zimmer räumen. Von da an schlief sie im Arbeitszimmer des Gutsbesitzers auf einer Liege. Bis zum Ende des Krieges, bis die Russen kamen.

»Ich wachte eines Tages auf. Noch heute höre ich dieses Getrampel. So ist mir das in die Glieder gefahren. Ich war wie versteinert. Ich wusste nicht, was ich machen sollte. Ich hörte das Trampeln und Reden. Sie legten sich überall hin zum Schlafen. In einer Kammer lagen frische Federbetten. Sie holten alles raus und schliefen sich aus. Und es waren nicht nur Offiziere, auch Soldaten.«

Sie zogen weiter. Und die nächsten kamen.

»Wir hatten einen Späher, der aufpassen sollte. Wenn er Russen sah, läutete er die Glocke, mit der normalerweise zum Mittagessen gerufen wurde. Wir ließen alles stehen und liegen und gingen in unser Versteck. Wir sind immer geflüchtet, ich war damals erst siebzehn Jahre.«

Das Versteck war der Heuboden. Die Leiter wurde hochgezogen, und es gab einen Ausguck. Vor dort sahen sie alles, was sich auf dem Hofgelände abspielte.

»Einmal wurden alle Männer in den Keller gesperrt, und dann suchten sie nach den Frauen. An dem Tag wurde die Schwester deines Großvaters, Tante Dora, vergewaltigt. Danach hat der Russe ihr eine tote Schwalbe in die Hand gelegt.«

Als Betty es einmal nicht mehr auf den Heuboden schaffte, liefen sie und ein anderes Mädchen ins Schilf. Hockten stundenlang im kalten Wasser. Von da an wurden sie von den Männern in der Dämmerung zum Schlafen auf einen Kahn gebracht, auf dem Stoffe lagerten. Kleider- und Mantelstoffe aus feinstem Zwirn. »Dora wusste ja, was passierte, wenn die Russen in der Nacht kamen.«

Auf dem Gut waren auch russische Kriegsgefangene als Zwangsarbeiter gewesen. »Die Gefangenen waren mit uns vertraut, sie hätten uns nie etwas angetan. Sie waren gut behandelt worden, nicht so wie auf anderen Gütern. Der Russe, der die Wirtschaft machte für die Gefangenen, der, der kochte, holte Lebensmittel, Mehl, Zucker, Brot, Zwiebeln. Er kam zu mir in die Küche und sagte: ›Zwiebola‹.

Ich sagte: ›Gut, aber erst holst du mir Wasser.‹

›Da.‹ Und er holte Wasser.

›Jetzt noch nicht Zwiebola. Jetzt erst Holz, klotzo.‹

Er holte die schweren Sachen für mich in die Küche, und danach bekam er reichlich Zwiebola.«

Als Großpapa nach dem Krieg als Landrat auf Rügen eingesetzt wurde und die Familie nach Bergen zog, fragte Großmama Betty, ob sie mitkäme. Betty sagte: Ja, das mache ich.

»In Bergen war ich bis 1948, dann ging es nach Schwerin. Schwerin war Landeshauptstadt, und es kamen oft Geschäftsleute und wollten Genehmigungen. Dafür brachten sie Schnaps oder Zigarren. Peter, der Bruder deiner Mutter, und ich haben manchmal Zigarren geraucht. Mit Peter konnte ich alles machen, der war ein echter Kumpel. Nach fünf Jahren musste ich selber etwas auf die Beine stellen. Ich habe dann eine kaufmännische Lehre begonnen.«

Betty nahm mich mit in ihre Welt, in die von Großmama. Die neue Welt erkundete ich allein. Im Bus und in der Bahn, auf dem Weg zur Schule, im Umgang mit Kindern, in Kaufhäusern und Einkaufspassagen.

Dann plötzlich eine Kurskorrektur. Das Haus in Dahlenburg wurde aufgegeben. Die Eltern und die Schwester kamen zurück in die Stadt. Noch einmal eine Senatswohnung mit fremden Möbeln, mitten im Hamburger Speicherviertel, zwischen den Häusern Wasser zum Greifen nah. Für die Schwester und mich war das Haus ein Schiff, die Wohnung das Zwischendeck mit den Kabinen.

In einem Brief, den ich in den Akten fand, lese ich:

»So wäre alles eigentlich ganz gut, wenn nur nicht immer noch die endgültige Bleibe in Hamburg fehlte. Die Suche nach ausreichend Wohnraum macht einen wirklich müde und ärgerlich. Es gehört wohl mit zu dem Schlimmsten, dass die Notwendigkeit zu wohnen mit unter die kapitalistischen Marktgesetze fällt. Im Moment bewohnen wir eine sehr komfortable Senatswohnung, zwar mitten in der Stadt, aber sie liegt in einem sanierten Speichergebäude, so daß der eine Blick auf eine schmale, gebogene, frühere Handelsgasse geht, der andere zum Fleet. Wenn man Zeit hat, kann man die Fleetdampfer besichtigen der Hafen- und Kanalrundfahrt und anderen Schiffsverkehr. Das ist schon lustig. Für die Kinder, besonders für Anna, gibt es zwar keine

Spielmöglichkeit vor dem Haus, aber so etwas findet man in dieser Stadt sowieso nur in Gegenden, die man nicht bezahlen kann. Überall stehen die parkenden Autos oder der Verkehr braust nur so vorbei. Die Wohnung in der Deichstraße könnten wir, nachdem sich höchste Beamte dafür eingesetzt haben, behalten. Doch jetzt, wo wir eigentlich froh sein müßten, stellen wir fest, daß wir natürlich unsere Sachen nicht hineinbekommen. Die Wohnung besteht im Moment aus zwei Zimmern, ca. 40 qm je, die durch Holzpfeiler und Balken optisch voneinander getrennt sind. [...] Jochen macht das Unbehaustsein sehr zu schaffen, aber wir hoffen doch alle, in kürzester Zeit eine Lösung zu finden, damit wenigstens ein Jahr danach nun alles in Ordnung ist.«

Worüber beklagen die sich eigentlich, müssen die Freunde in der DDR, diejenigen, die diese Briefe bekamen, gedacht haben. Im Osten entschied die staatliche Behörde für Wohnraumlenkung darüber, in welcher Gegend und in wie vielen Zimmern man wohnen durfte. Die meisten wohnten in viel zu kleinen Unterkünften, noch dazu mit Kohleöfen; im Badezimmer, wenn es eines gab, Heizboiler für Warmwasser; an Komfort nicht zu denken. Wir hatten in Köpenick besser als viele andere gewohnt, in einer Dreizimmerwohnung, den Garten durften wir mitbenutzen. Im Grünen. Im Westen war alles größer, schöner hergerichtet. Schnell gab es ein Fünfzimmerhaus in Dahlenburg mit großem Garten, Obstbäumen und kleinem Wald, dann die Deichstraße in Hamburg. Ungekannter Luxus. Beinahe aberwitzig erscheinen die Beschwerden. Eine Erklärung kann nur sein: die Maßstäbe, ein festes Gerüst, alles war aus den Fugen geraten. Wir waren überwältigt, und wir waren überwältigt worden, wir waren schon hier und immer noch dort. Wie in der Geschichte, die ich in Amerika gehört habe: Ein Indianer steht an der Straße und will von einem Ort zum anderen. Ein Wagen hält, der Indianer steigt ein. Auf halber Strecke bittet der Indianer den Fahrer anzuhalten, er wolle aussteigen. Der Fahrer fragt, warum? Und der Indianer sagt, er müsse warten, bis seine Seele nachgekommen sei.

So ging es uns. Vom Land zurück hatte der Vater gewollt, weil er dort nicht arbeiten konnte. »Zu still«, hatte er gesagt. Doch in Hamburg konnte er es auch nicht. Zu laut. Am Abend tobte das Leben in den Restaurants und Kneipen. Vielleicht doch lieber nach West-Berlin. Jeden Tag eine neue Situation. Keine Aussicht auf Ufer. Nach einem Dreivierteljahr im Westen wieder richtungsloses Treiben auf offenem Meer. Das Schwanken des Vaters brachte uns alle ins Taumeln. Bis die Mutter dann doch eine Anlegestelle fand. Ganz in der Nähe vom Elbufer, in Blankenese, eine Wohnung in einer ruhigen Straße, erste Etage von zweien, mit zwei blauen Balkonen, wenn auch ohne Rotdornbaum. Dafür umgeben von Birken. Fast ein Jahr nach der Ausreise wieder jedes Buch im Regal, jedes Bild an der Wand, jede Lampe an der Decke. Ein Zuhause. Das hatte die Schwester gesagt: »Wenn die Lampen wieder hängen, dann sind wir zu Hause.« Doch hier wurde dem Vater das Licht der größte Feind, er verdunkelte das Zimmer, und darin verdunkelte sich seine Seele.

Das war ein Geheimnis. So wie ich Geheimnisse in Köpenick für mich behalten hatte, behielt ich dieses in Hamburg, ich konnte schweigen. Ich spürte, dass es der Vater so wollte, dass das Spiel »heile Welt« hieß. Dass es kein Spiel war, wusste ich auch. Das hatte man nun davon, davongekommen zu sein, ohne davonzukommen.

Wann hatte es eigentlich angefangen? In der zweiten Senatswohnung im Speicherviertel? In der ersten Senatswohnung im Nagelsweg, als die Möbel noch eingelagert waren bei einer Spedition? Weihnachten haben wir trotzdem gefeiert. Bloß wie? Einen Baum hatten wir nicht. Oder doch? Vielleicht ein paar Zweige. Was gab es noch? 1 Reisetasche mit Geschenken. Die Mutter hatte vorgesorgt.

Kurz nach der Bescherung hielt uns nichts in der fremden kalten Stadt mit den gefrorenen Seen in der Mitte. Wir fuhren zu Freunden weiter nach Norden, blieben ein paar Tage. Als wir zurück waren, klingelte es ständig. Keine Männer in Trenchcoats, sondern wie von Geisterhand immer wieder ein anderer Korb. In die Küche getragen und ausgepackt, andächtig, Büchse um Büchse, Schachtel um Schachtel, Flasche um Flasche eine Reise in die neue Welt, die uns umgab. Es klingelten auch Freunde. Mit einem machten sich die Eltern in einer kalten Nacht auf zur heißesten Meile. Das hat mir die Mutter erzählt. Er wollte ihnen zeigen, was es zu sehen gab in Hamburg, dort, wo Männer für Frauen zahlen. Die Mutter musste draußen bleiben. »Wir sind gleich zurück«, sagten die Männer. Sie stand und zog sich feindselige Blicke zu, eine Rivalin in fremder Frauen Revier. »Ich friere, und was machst du?« fragte die Mutter den Vater, als die beiden Männer wiederkamen. »Ich sammle Dialoge«, war die Antwort des Vaters. Ich frage mich, ob er sie je verwendet hat. Nun wollte die Mutter auch in ein Etablissement. Ein Striplokal. Eine Animierdame empfing sie, begleitete sie zum Tisch. Sie ging als Ukrainerin, mit folkloristischem Kranzschmuck auf dem Kopf, die Brüste schon gezeichnet von der Zeit. Ich sehe es vor mir, die Eltern, FKK-erprobt und DDR-prüde, neugierigen und schamhaften Blicks in rötlich-rauchigem Raum, laut lachend die Unsicherheit überspielend und auf den

Tanz des Russen wartend, den die falsche Ukrainerin als Igor Peniskowski angekündigt hatte.

Ich glaube nach solchen Erlebnissen war selbst die Dampframme vor dem Fenster tags und die Schotterstampfmaschine nachts zu ignorieren. Der Westen war eben laut.

Nein, im Nagelsweg hatte der Vater nicht die Vorhänge zugezogen. Er beteiligte sich am »Literaturtrubel«, einer Veranstaltung mit Lesungen und Straßendiskussionen mit den verschiedensten Schriftstellern, verteilt in der ganzen Stadt. Ich lese: »Wie zuverlässig aus Hamburger Senatskreisen bekannt wurde, [...] sind 1978 darunter auch linke Autoren vertreten. Der Hamburger Senat hat die Schirmherrschaft über diesen ›Literaturtrubel‹. Dem Senat ist bekannt, daß 1978 geschlossen eine Gruppe ehemaliger DDR-Autoren auf dem Rathausmarkt auftreten wird. Darunter werden sich befinden: Biermann, Schädlich, Fuchs, Kunze u.a. Es wird angenommen, daß es zu einer bewußten Demonstration gegen die DDR kommt. Der Hamburger Senat will die Veranstaltung gestatten, aber nicht aktiv fördern.«

Vom Nagelsweg fuhr der Vater auf Lesereisen in noch unbekannte Städte, Salzburg, Göttingen, München. Manchmal fuhr die Mutter mit, zum Beispiel unbedingt nach West-Berlin zur Veranstaltung im Buchhändlerkeller. »Am 17. 2. waren wir bei Günter versammelt, haben dort Sarah, Bernd, Wolf B. und Bunge und viele, viele andere getroffen. Es war ein ziemlich wehmütiges Wiedersehen, und Günter hatte die ganze Zeit Angst, daß Wolf seine Gitarre schlägt, und wir uns alle weinend in den Armen liegen«, schrieb die Mutter an die beste Freundin.

Am nächsten Tag besuchten die Mutter und der Vater noch andere Freunde. »Berlin ist mir doch sehr aufs Gemüt gegangen. Alles sieht dort aus wie Köpenick, Grünau oder Schönhauser Allee, nur etwas bunter und greller. Aber sonst ist alles erkennbar. Wo gibt es sonst noch Kiefern in der Stadt?« schrieb die Mutter weiter.

Vielleicht hatte es auf dem Land angefangen, dass sich der Vater zurückzog, nachdem es ihn dorthin gezogen hatte, »wo die Kneipen zu war'n und die Straßen leer«.

Oder waren es die Anrufe gewesen, diese ewigen Anrufe? Vor allem vom Onkel, in denen er von einem »Hexenkessel« berichtete, der gegen ihn veranstaltet werde; dass er niemanden habe, der ihn halte, dass er gar nicht zu fragen wage, ob nicht auch einmal die Möglichkeit bestehe, dass der Vater und die Mutter in die DDR einreisen dürften. Ob sich nicht in Budapest einmal eine Möglichkeit finden ließe, sich wiederzusehen. Dass der Brief, den er geschrieben habe, doch gar nicht so traurig gemeint gewesen sei, der Vater brauche doch keine Schuldgefühle ihm gegenüber zu haben, dazu bestehe kein Anlass.

Auch andere riefen unablässig an, die Mutter sei schuld an allem, der Vater habe nicht in den Westen gewollt, bis er es irgendwann glaubte.

Für mich war die Hauptsache, dass wir wieder zusammen waren. Dass das Leben endlich eine Richtung bekam, einen Hauch von Normalität. Schule. Jeden Tag mit der S-Bahn von Blankenese bis Hauptbahnhof, umsteigen, dann bis Berliner Tor. Morgens eine Dreiviertelstunde hin, und nachmittags eine Dreiviertelstunde zurück. Ich hatte viel Zeit zum Sehen. Ich fand mich ein. In der Schule; das alte Backsteinhaus, davor der baumbewachsene Schulhof mit Tischtennisplatten, so anders als der fünfstöckige Plattenbau in der Mittelheide. In die neuen Fächer; in den Fächern, die ich auch schon in Köpenick gehabt hatte, war ich sowieso weiter als die Mitschüler. In die neue Art des Schulbetriebs. Keine Morgenappelle am Fahnenmast, kein »Seid bereit – Immer bereit«. Keine Gruppenratsvorsitzende, bei der man aufpassen musste, weil man wusste, bei der zu Hause gab es kein Westfernsehen. Kein Ärger, weil ich das Pionierhalstuch nicht trug oder wenn ich dem Pionier im Kunstunterricht geringelte Strümpfe anzog und darum wegen antisozialistischer Gesinnung einen Eintrag ins Klassenbuch bekam. Kein Ärger, wenn mein Banknachbar aus Versehen dem Weihnachtsmann den Bart abschnitt und sich deshalb wegen Verunglimpfung Walter Ulbrichts zu verantworten hatte. Keinen vorauseilend gehorsamen Klassenkameraden, der mich mit »Schädling« hänselte.

Welch bittere Ironie, dachte ich, als ich die Akten in die Hand bekam. Der Vater wurde jahrelang unter dem Decknamen »Schädling« als operativer Vorgang vom MfS geführt. Der Vater ein Ungeziefer, das vernichtet werden musste.

Im Oktober 1978 schrieb die Mutter an die beste Freundin: »Susanne geht fleißig in die Schule. In Englisch macht sie gute Fortschritte, jetzt lernt sie noch Latein dazu, was ihr Spaß macht und mir auch. Weißt Du eigentlich, daß Susanne neulich in Berlin war? Es war ihr dringender Wunsch, Jan zu sehen, und da hat sie eine Freundin rübergebracht. Ob es gut war für sie, bezweifle ich stark. Sie waren im Plänterwald, und natürlich wollte Susanne gar nicht wieder her. Anfangs war sie sehr aggressiv zu uns. K. hat sie natürlich auch gesehen, der ihr eine Platte von den Puhdys mitgab und dafür Hosenverlängerungen haben wollte. Die Kinder tun einem schon manchmal leid. Anna spricht so viel von Rotkäppchen.«

Die Ungebundenheit in der westlichen Schule erleichterte.

Ich war für mich und unbehelligt. Nur manchmal sehnte ich mich nach den Gruppennachmittagen in Köpenick. Nicht, weil wir in Pionierkluft erscheinen mussten und das »Lied vom kleinen Trompeter« sangen oder uns mit der Frage »Wer war Teddy?« das Thälmann-Bild nähergebracht wurde. Sondern ich vermisste die Freunde, die an diesen Pflichtnachmittagen zusammen waren und nur darauf warteten, endlich gehen zu können. Den einen, mit dem ich nach den Nachmittagen im Wald auf unserem Baum saß, den anderen, der erst nach den Gruppennachmittagen dazukam, weil er, wir beneideten ihn, befreit war, denn seine Eltern waren in der Kirche. Meine Freundinnen, die den Firlefanz mitmachten, weil die Eltern es wollten, die aber lieber Tischtennis spielten oder Gummitwist, während wir uns über Gruppenleiter, Halstücher, Wimpel und Handgruß über dem Scheitel mokierten. Ich vermisste dieses Gefühl der Verbundenheit, unsere kindliche Rebellion, die uns zusammengeschweißt hatte und unverbrüchlich war. Zumindest in der Zeit vor der Ausreise. Danach stand eine Mauer zwischen uns.

Erst in Amerika habe ich wieder so eine Nähe gefunden und das Vertrauen. In der DDR musste man sich gegen das System stemmen, wenn man nicht ganz vereinnahmt werden wollte, in Amerika stemmten wir das Leben. Ein paar »Ausländer« in Los Angeles, ein paar »Ausreißer« in Berlin-Köpenick.

Dort riss ich in die Musikschule aus, das war ein Trick. Weil Musik als gesellschaftliche Arbeit galt, musste ich nicht zu den Großveranstaltungen, nicht Lumpen sammeln, Altpapier oder Buntmetall. Statt dessen spielte ich vor russischen Offizieren Mozart oder Telemann und bekam dafür Schnittblumen, die ich der Mutter mitbrachte.

In Hamburg gab es solche Gegensätze nicht, kein klares Dafür oder Dagegen. Es war befreiend, aber auch gewöhnungsbedürftig, dass ich nicht schweigen musste über das, was die Eltern zu Hause sagten. Ich musste nicht »in Wort und Tat immer und überall Partei für unseren Arbeiter- und Bauernstaat« ergreifen, »das rote Halstuch als äußeres Zeichen unserer engen Verbundenheit zur Sache der Arbeiterklasse und ihrer Partei, der Sozialistischen Einheitspartei Deutschlands, zu tragen« musste mir keine Ehre mehr sein. Ich musste nicht so tun, als sei die Freundschaft zur Sowjetunion meine Herzenssache und als wären die Leninpioniere meine besten Freunde. Der Tag, an dem ich Thälmannpionier wurde, war dennoch ein besonderer Tag gewesen. In der vierten Klasse, in der Aula der Schule, legte ich das Gelöbnis ab: »Ernst Thälmann ist mein Vorbild. Ich gelobe zu lernen, zu arbeiten und zu kämpfen, wie es Ernst Thälmann lehrt. Ich will nach den Gesetzen der Thälmannpioniere handeln. Getreu unserem Gruß bin ich für Frieden und Sozialismus immer bereit.« Danach wurden mir das Mitgliedsbuch und das rote Pionierhalstuch überreicht. Ich hatte die Gebote auswendig gelernt, nicht befolgt, und trotzdem, es fehlte mir.

Ich schwebte durch die Monate und ließ Alltag Alltag sein. Verlag für die Mutter, Kindergarten für die Schwester, der Vater am Schreibtisch, wenn auch immer mühsamer. Ich nahm es kaum wahr, wollte es nicht sehen. Warum auch? Was konnte schon geschehen, außer dass der Winter kam. Einer der kältesten, den Hamburg gesehen hatte. Unser Auto, der froschgrüne Shiguli, blieb bis zum Frühling unter einer Schneeschicht verborgen. Die Schule fiel aus, weil die S-Bahn-Weichen eingefroren waren, unmöglich, Sylvester aufs Land zu den Freunden zu fahren. Wir blieben in Blankenese, luden die Nachbarin ein, sahen, was die Kühlschränke hergaben, und warteten besinnlich auf das neue Jahr.

Ruhe stellte sich ein, endlich. Nachts einschlafen, ohne sich vor dem nächsten Tag ängstigen zu müssen. Morgens weggehen und wissen, abends sind die Mutter da, die Schwester, der Vater. Großmama kam und blieb für eine Weile. Es wurde warm. Und es versammelten sich wieder Schriftsteller bei uns und lasen und rauchten und tranken und aßen.

Wer konnte ahnen, dass es die Ruhe vor dem nächsten Sturm war. Die Anrufe ließen nicht ab. Die Verwandten von der anderen Seite drängten, der Vater müsse in eine Klinik, in West-Berlin. Es reichte ihnen nicht, dass er in Hamburg in ärztlicher Betreuung war. Der Vater zögerte, bis die Großmutter eines Tages mitten im Winter – vielleicht im Dezember – unangemeldet anreiste. Sie ging an der Mutter vorbei, nahm einen Koffer aus einer Kammer, klappte ihre Tasche auf, holte einen schwarzrot gestreiften Frotteebademantel und braune Igelitpantoffeln heraus, packte beides in den Koffer und sagte: »Wir fahren morgen nach Berlin, ins Krankenhaus.«

Einer Mutter widerspricht man nicht, einer Großmutter auch nicht, der Schwiegermutter vielleicht. Doch gegen die hatten wir noch nie eine Chance gehabt. Ich fürchtete mich vor ihr. Auch mit dreizehn. Das letzte Mal, als sie bei uns war, kurz nach der Ausreise, als der Vater zu einer Lesung fuhr und die Mutter ihn begleitete, hatte sie in mein Ohr geflüstert, mir würde Schlimmes passieren, wenn ich es sagen würde. »Deine Mutter vergiftet deinen Vater, sie kocht zwei Sorten Kaffee, eine für ihn und eine für sich. Langsam geht das.« So sprach sie tagelang, eindringlich, und zeigte es mir beim Kaffeekochen, Tag für Tag, bis die Eltern wiederkamen. Ich sagte nichts, aber dann hatte ich es doch gesagt.

Vielleicht war sie nicht nur gekommen, um den Vater zu holen. Vielleicht holte sie mich jetzt auch.

Die Mutter fuhr mit nach Berlin, im Zug. Die Großmutter saß in einem andern Waggon. West-Berlin, Bahnhof Zoo, Endstation für die Großmutter, zurück in die DDR, das hatte die Mutter verlangt. Den Rest des Weges machte die Mutter mit dem Vater alleine.

5

Als der Vater noch bei uns war, war es schon still gewesen, jetzt war es noch stiller. Und es geschahen geheimnisvolle Dinge.

»Ich kümmerte mich viel um DDR-Literatur. Mit etlichen Schriftstellern, darunter Kurt Bartsch, Adolf Endler, Elke Erb, Bettina Wegner, hatte ich noch in der DDR gesprochen. Mir wurden auch viele Manuskripte über einen westlichen Kurier zugeschickt. Ich ließ sie nicht im Verlag, das hatte etwas mit der DDR-Prägung zu tun. Ich nahm sie mit nach Hause, legte sie in ein Regal. Ich hatte eine enorme Ordnung, weil es wichtige Manuskripte waren. Im Dustern wusste ich, wo was liegt. Eines Tages lag ein Manuskript an einer vollkommen anderen Stelle. Man könnte sagen, na ja, hast es woanders hingelegt. Gleichzeitig schoss mir der Gedanke durch den Kopf, hier war jemand. Aber das vergisst du schnell, man gibt sich doch selber die Schuld, hatte ja auch viel um die Ohren«, erzählt die Mutter.

Wenn wir nach Berlin zum Vater fuhren, wenn wir nicht da waren, kam Bewegung in die Wohnung. Wir hörten es von der Mieterin unter uns, denn sie fragte eines Tages, ob wir die Wohnung Freunden überließen, wenn wir wegführen. Sie hörte nachts immer Schritte. Verunsicherung zuerst. Abwinken dann. Das konnte nicht sein. Und selbst wenn, wem sagen? Man würde uns für verrückt erklären. Man würde sagen, die Spinner aus der DDR, die sehen überall Stasi. Dass wir nicht verrückt waren, geht aus den Akten hervor. Doch diese Fakten hatten wir damals nicht.

Ich lese:

»Krista-Maria Schädlichs feindliche Haltung zur DDR und den in ihr herrschenden gesellschaftlichen Verhältnissen hat sich seit ihrer Übersiedlung in die BRD nicht geändert. Sie reihte sich sofort in den aktiven Kampf gegen die DDR ein und gehört bis heute zu den äußeren feindlichen Kräften, die in erster Linie versuchen, feindlich-negative, oppositionelle sogenannte Nachwuchsautoren der DDR zu ungesetzlichen literarischen Veröffentlichungen in der BRD und West-Berlin zu verleiten. Durch gezielte massive Einflußnahme versuchte die Schädlich, die Gesamtaussage der schriftlichen Ausarbeitungen der DDR-›Nachwuchsautoren‹ gegen die sozialistischen gesellschaftlichen Verhältnisse zu orientieren. Ziel ihrer feindlichen Aktivitäten war, die so von ihr beeinflußten Personen als Vertreter der ›neuen literarischen Opposition in der DDR‹ aufzuwerten und oppositionelle Kräfte auf einer gemeinsamen Plattform zusammenzuführen.«

Der Winter ging, der Frühling. Der Sommer kam. Als eine Freundin sagte, sie habe einen Freund, der habe ein Haus, es koste nichts, wie wäre es mit einer Pause vom Leben, sagten wir ja zu einem Urlaub auf Sardinien. Der erste im Westen, 1979. Die Mutter hatte an den Direktor der Schule geschrieben: »Wir haben in diesem Jahr nur die Möglichkeit vom 21. 5. 79 bis zum 15. 6. 79 Urlaub zu nehmen. Ich wäre Ihnen sehr verbunden, wenn Sie Susanne erlaubten, die Schule vom 28. 5. bis 15. 6. zu versäumen. Da wir nach unserem Wechsel noch keine Chance hatten zu verreisen, möchte ich nicht gerne Susanne in Hamburg allein lassen, ich glaube auch, ihr täte eine Erholung und ein Erlebnis gut.«

Und wieder war alles neu. Nun sahen auch wir mit eigenen Augen die Alpen. Jeder Gipfel wurde zur Sensation. Wir aßen zum ersten Mal Bündner Fleisch in einer Beiz in der Schweiz. Wir hörten Elvis-Songs und sangen mit. Übernachtung in Mailand. Milano. Musik in unseren Ohren. Als alle noch schliefen, liefen wir am nächsten Morgen durch die Straßen und sahen uns hungrig und trauten uns nicht, einen Kaffee zu bestellen, weil wir uns sagten, wir sprechen doch kein Italienisch.

Weiterfahrt nach Genua. Ich habe noch immer das Bild vom Hafen vor mir, ein mediterranes Gemälde. Wir kamen aus dem Sehen nicht mehr heraus, und der Freund der Freundin sagte, er sehe mit uns alles wie wir. Der Blick der Fremden, unsere Begeisterung, erneuerte den Blick des Freundes auf das Bekannte. Das hatte uns auch noch keiner gesagt.

Von Genua aus sollte es mit der Fähre weitergehen. Aber es ging nicht weiter. Streik! Der Mutter fiel gleich die erste Zeile von dem Arbeiterlied »Bandiera rossa« ein: »Voran du Arbeitsvolk, du darfst nicht weichen …«, weiter wusste sie nicht. Stundenlang mussten wir warten, schließlich fuhr doch noch ein Schiff durch die Nacht. Überfüllt. Kein Platz zum Sitzen, geschweige denn Schlafen. Die Erwachsenen tranken an der Bar Sambuca gegen die Kälte, und für uns schob die Mutter Stühle zusammen und deckte uns mit Zeitungen zu. Zeitungen wärmen. Das wusste sie von Großmama.

Und auf der Insel der erste Einkauf. Die Mutter könnte doch Latein, sagte ihr die Freundin. Das würde schon gehen. In einer Bäckerei verlangte die Mutter Brot. Die Verkäuferin starrte sie verständnislos an.

Die Mutter: »Habe ich es denn so falsch ausgesprochen?«

Wir: »Du hast russisch gesprochen.« Sie hatte es gar nicht gemerkt.

Sardinien, die ganze Reise war auch so ein Anfang der neuen Zeitrechnung für uns. Weil eben alles zum ersten Mal war. Auch das erste Mal Palmen, Mittelmeer, Krabben. Das hatte es auf Hiddensee nicht gegeben. Auf unserer Insel, Sommer für Sommer, im Dorf in Kloster in einem gemieteten Keller. Die Waschgelegenheit eine Plastikschüssel, vier Mann hoch in einem Zimmer, wenn es regnete, die Ratten auf dem Treppengeländer. Egal. Hauptsache Hiddensee. Der Leuchtturm, die Vogelwarte, die alte Frau Petri, wenn man Gemüse brauchte, das Museum am Strand, in dem der Bruder arbeitete und wir freien Eintritt hatten. Die langen Wege zum Strand hinter der Mole. Die eingeschworene Gemeinde am FKK-Strand in den Sandburgen, wo mittags gegrillt wurde, jeder etwas mitbrachte. Theaterleute, Schriftsteller, Musiker, Kinder. Und der Onkel mit seiner Pfeife, am Strand und auf den grünen Hügeln, von denen wir einen verregneten Sommer lang täglich die weißen Champignons pflückten, man brauchte sich nur zu bücken, die Wiesen waren weiß gesprenkelt, und wir konnten Rühreier mit Pilzen bald nicht mehr sehen. Oder abends in die Inselbar, ich durfte mit zum alten Paul, der, wenn er hinter dem Tresen stand, seinen Stumpf auf den Barhocker legte und sich das Holzbein anschnallte, wenn er mit Zigarre im Mund Bier und Bauernfrühstück an die Leute in der verrauchten Stube verteilte – ich war der blinde Passagier auf einem Piratenschiff und lauschte dem Seemannsgarn oder dem Nebelhorn in stürmischen Nächten, das einem im Traum in der Koje Geisterschiffe an Land spülte. Bunt und unbeschwert die Sommermonate, meistens sonnig.

Ich kletterte mit dem Vater die Stufen an der Steilküste hoch zum Ausblick. Bei klarem Wetter konnte man Mön sehen. »Da drüben ist Dänemark. Da dürfen wir nicht hin.«

Draußen im Meer die Patrouillenboote, abends kontrollierten Grenzer mit Maschinenpistolen die Strandkörbe. Bis zur dänischen Insel Mön circa fünfzig Kilometer, mit einer Luftmatratze bei ruhiger See war es zu schaffen, die hielt das Radargerät nicht fest. Viele haben es probiert, manche geschafft, manch einen kostete es das Leben.

Aber was war Dänemark gegen Sardinien. Fahrt durch drei Länder! Nichts konnte uns aufhalten. Ich würde mitreden können mit den Klassenkameraden. Hatte jetzt auch windgesurft, Cappuccino, Pizza, Pasta gekostet und eine Disco besucht. Eine echte, nicht die Schuldisco in der Mittelheide: Jungenwahl, Mädchenwahl. Mit mir tanzte nur der, mit dem ich tanzen wollte, wenn Mädchenwahl war. In Sardinien wurde ich pausenlos gefragt. Ich war die Prinzessin, auch ohne Märchenviertel.

Zurück in Hamburg, lagen im Wohnzimmer die Bücher

am Boden. Die Hitze, war der erste Gedanke. Aber das DDR-Regal hatte nicht aufgegeben unter der Last. Als wir sahen, dass in meinem Zimmer die Poster nicht mehr an der Wand hingen, sondern sauber zusammengefaltet auf dem Bett lagen, gaben wir erst recht nicht mehr der Sonne die Schuld. In der Küche lag ein Schlüssel auf dem Tisch. Und wieder die Frage der Mieterin unter uns, ob wir die Wohnung Freunden überlassen hätten. Sie höre nachts immer Schritte oder Geräusche wie Möbelrücken.

»Dass da etwas nicht stimmte, war mir jetzt klar. Ich rief Günter Gaus an, der mir schon zu DDR-Zeiten gesagt hatte, ich dürfe ihn in der Ständigen Vertretung anrufen, wenn einmal etwas sein sollte. Er sagte, morgen um zwölf im Kempinski«, erzählt die Mutter.

Die Mutter flog nach Berlin und schilderte, was vorgefallen war, Schritte in der Wohnung, Bücher am Boden im Wohnzimmer, Poster von der Wand und zusammengefaltet auf dem Bett. Vertauschte Manuskripte. Schlüssel auf dem Küchentisch.

Das sei die Stasi, die hinterlasse Spuren, das wüssten sie inzwischen, sagte Günter Gaus der Mutter.

Das Misstrauen, dieses Gefühl, man wird beobachtet, die Unsicherheit, alles wieder da. In Hamburg hatte man gedacht, bis hierhin kommen die nicht. In Köpenick waren sie gekommen und hatten sich gezeigt. Auch mir. Jetzt kamen sie und zeigten sich nicht. Sie brauchten sich nicht zu zeigen. Sie waren im Westen viel näher dran, als wir ahnten, und nicht nur durch den Onkel.

Ich lese:

»Berlin, den 6. Februar 1978

Der IM erhielt folgende Aufträge:

1. Ständige Berichterstattung über alle Probleme, die mit

der Übersiedlung von Dr. H.-Joachim Schädlich im Zusammenhang stehen.«

oder

»Berlin, den 16. November 1978

[…] Die Ehefrau von Schädlich hat als Lektorin beim Rohwoldt-Verlag ein erstes Buch von Rainer Kirsch herausgegeben. Gegenwärtig bereitet sie die Herausgabe von Büchern von Endler, Erb und Bettina Wegner (Lieder und Gedichte) vor.«

oder

»Berlin, 16. 5. 1979

[…] In diesem Zusammenhang wurde bekannt, daß alle anwesenden Schriftsteller – Schlesinger, Endler, Erb, Kurt Bartsch und auch Bettina Wegner in der nächsten Zeit im Rowohlt-Verlag Bücher herausgeben werden.«

Und: »Es wurde festgelegt, daß der IM Schlesinger nach dessen Rückkehr aus der BRD besucht, um Einzelheiten über H.-J. Schädlich in Erfahrung zu bringen und Informationen über die in West-Berlin und der BRD lebenden ehemaligen DDR-Bürger zu erarbeiten.«

Es gibt Tage, an denen es leichter fällt, sich mit all diesen Dingen zu beschäftigen. Die Verfassung wechselt, je nachdem, inwieweit ich mich als Chronistin fühle oder inwieweit als Beteiligte. Beteiligt war ich, sollte es jetzt nicht sein, wenn ich schreibe, ich sollte abstrahieren, darüberstehen, kühl und sachlich. Das gelingt nicht immer. Mit Menschen zu sprechen, die ähnliches erlebt haben, hilft, mit Lilo Fuchs zum Beispiel: »Ich war vierundzwanzig damals, und plötzlich war man im Westen. Auf unsere Familien wurde Zwang ausgeübt, ansonsten wäret ihr nicht weggegangen und wir auch nicht. Als es deutlich wurde, dass wir in Jena sehr bedrängt wurden und dass Verhaftungsgefahr bestand, Jürgen hatte schon eigene Texte auf kleinen Lesungen vorgetragen, schlugen Havemanns vor, wir sollten nach Grünheide kommen. Wir suchten einen Weg, die Texte zu veröffentlichen, wenn nicht im Osten, dann im Westen, damit Jürgen in den öffentlichen Blick käme. Dann wurde Jürgen verhaftet, das geschah an einem Freitag, ein paar Tage nach der Biermann-Ausbürgerung. Pannach, Kunert, Jürgen und Havemann wollten zum Spiegel-Büro in Ost-Berlin. Unterschriften waren gesammelt. Sie fuhren im Auto und wurden in Erkner an der Schranke gestoppt. ›Klärung eines Sachverhalts.‹ Jürgen musste gleich mit. Pannach und Kunert haben sie am Sonntag gekascht. In der Nähe der Weltzeituhr. Abends fuhren in Grünheide Fahrzeuge vor, Lampen wurden installiert, Zäune aufgebaut. Das ganze Grundstück abgetrennt und beleuchtet, die Straße abgesperrt, und ein Haus am Ende der Straße als Stützpunkt in Beschlag genommen. Das sollte uns einschüchtern und abschotten. Nur noch wenige Personen konnten zu uns. Manche wurden zurückgewiesen. Andere wurden abgefangen und verhört. Den Menschen wurde Angst gemacht. Die Bewachung war rund um die Uhr und auf Schritt und Tritt. Wenn ich mit dem Fahrrad unterwegs war, fuhren sie auf Klapprädern hinterher, das waren die humoristischen Einlagen. In Fürstenwalde in der Behinderteneinrichtung, wo ich arbeitete, standen sie an allen Toren. Ich habe es ein Jahr erlebt. Ich dachte, ich muss es ertragen, nicht in Konflikt kommen, ich hatte auch die Verantwortung für unser Kind, das ich schließlich zu meinen Eltern nach Jena brachte. Man wusste nicht, wie weit die gehen würden. Die Überwachung dauerte vom 19. November 76 bis 1. September 77, bis ich ausreiste, ununterbrochen und überall.

Bei jedem, der auf meinen Wegen mich grüßte oder stehenblieb, wurde der Ausweis kontrolliert. Es war die absolute Abschirmung. Wir sagten uns aber, wir bleiben. Die Bedingungen der Verhöre und Haft konnte ich mir nicht ausmalen. Ich hatte zwar Besuche, sogenannte Sprecher, aber man konnte nicht detailliert sprechen, das Ausmaß der Methoden war mir nicht klar. Nach neun Monaten der Verhöre wurden alle drei Künstler im August 1977 ohne Prozess aus dem Gefängnis aus der Staatsbürgerschaft der DDR entlassen und nach West-Berlin ausgewiesen. Bei Jürgen war es der 26. August. Es war ein heißer Tag. Vogels Frau hat die drei Männer gefahren, sie wurden Invalidenstraße durchgewunken. Ich wartete auf einen Anruf von ihm, um sicher zu sein, ob er wirklich im Westen angekommen war. Man musste mit allem rechnen. Eine Woche nach seiner Freilassung, am 1. September 1977, folgte ich ihm mit unserer kleinen Tochter in den Westen über den Kontrollpunkt Friedrichstraße. Einen kleinen DDR-Kinderwagen und einen kleinen Koffer, mehr hatte ich nicht. Ende des Sommers 77, wenige Wochen vor euch.«

Mit wem ich auch rede, diese Sache mit der DDR sitzt tief, die Verletzungen, die Wut, der Schmerz.

Lilo sagt: »Wir dachten uns, so kommen die nicht davon, wir müssen jetzt ein paar Dinge versuchen, Leuten Bücher rüberbringen. Es kann nicht sein, dass der Staat sich weiter so aufspielt, es war eine schwere Kränkung, das wollte man nicht auf sich sitzen lassen. Wir haben die Jahre intensiv genutzt, um Sand ins Getriebe zu streuen, oder zumindest, um über die Machenschaften aufzuklären.«

Das sind alles Geschichten, die erzählt werden müssen. Damit man beteiligt bleibt. Damit der Schlußstrich nicht gezogen wird. Aufgebracht zu sein ist nicht der schlechteste Weg. Trotzdem, dieses Einlassen auf die Erinnerungen, das Hochholen, es ist eine kolossale Kraftanstrengung. Sie macht müde und mürbe zuweilen.

Zum Beispiel in der Wohnung des Onkels, in die ich noch einmal gegangen bin. Eintritt in den schmalen Flur. Dumpfer Geruch aus kaltem Tabakqualm und Staub. An der Garderobe Mäntel, Baskenmützen in verschiedenen Farben, Schuhe in einem kleinen Regal. Rechts das einzige Zimmer. Ein Bett, Schreibtisch, Regale mit Büchern. Ein Plastikklappstuhl mit Wolldecke, der als Sessel diente. Auf dem Bett der zusammengelegte Schlafanzug und ein Buch, die letzte Nachtlektüre. Ich lese den Titel: *Scherwitz. Der jüdische SS-Offizier.*

Ein Aschenbecher mit drei Zigarettenstummeln auf dem Schreibtisch und Papiere, der kleine Fernseher, ein altes Radio auf dem Fensterbrett. Auf einem Regal seine Pfeifen. Alles liegt da, als sei der Raum gerade erst verlassen worden. Man kann ihn noch spüren, den lieben Onkel, der die großformatigen Schwarzweißfotos von mir gemacht hat. Er war auch ein guter Fotograf.

Jetzt gehe ich an den Regalen entlang. Titel lesen. Wie heißt es? Sag mir, was du liest, und ich sage dir, wer du bist. Ich sehe Brecht, Max Frischs Tagebücher, historische Werke über den Zweiten Weltkrieg, den Spanischen Bürgerkrieg, Atlanten. Wörterbücher, Englisch, Ungarisch. Sybille-Modehefte. Biographien über Kim Philby, Erich Mielke, Markus Wolf, ein Buch über die Mechanismen und Arbeitsweisen des Staatssicherheitsdienstes, eine Art Handbuch noch aus DDR-Zeiten. Von solchen Schriften gibt es nicht nur eine. Ein Buch des Vaters gibt es nicht.

Die paar Möbel angeschlagen. Die Buchrücken abgerissen. Der Boden – beigefarbenes Linoleum – angeschmutzt. Kein Teppich. Kalt und trostlos. Hier hat er gelebt, hier habe ich mit ihm gesessen. Es ist kaum vorstellbar. Früher sah es nur ein wenig wohnlicher aus. Eine Junggesellenbude war es schon immer gewesen. In der Küche haben wir gekocht, wenn ich zu Besuch kam aus dem Westen. Und dann kümmerte er sich. Über Jahre. Im einzigen Zimmer haben wir gesessen, vor dem Schreibtisch, andere Sitzmöglichkeiten gab es nicht. Stundenlang geredet. Er war der einzige männliche, erwachsene Gesprächspartner, den ich hatte. Er war für mich wie ein zweiter Vater.

Ich nehme aus Verlegenheit das eine oder andere Buch aus dem Regal, stelle es wieder zurück. Dringe ein in die Wohnung des Eindringlings. Wieder so eine Umkehrung, nichts stimmt mehr in diesem Gefüge aus Vertrauen und Verrat. Liebe und Hass. Fassungslosigkeit. Kopfschütteln. Sprachlosigkeit. Wut.

Ich wollte die Wohnung noch einmal sehen. Warum eigentlich? Mich vergewissern, ob ich richtig erinnere, wie es aussah, als ich mit ihm hier saß und redete. Noch einmal sehen, wie er gelebt hat, dieser Mann, den wir geliebt hatten all die Jahre. Entzauberung. Stille.

Genugtuung empfinde ich nicht. Ich gehe durch den schmalen, kurzen Flur. Auf dem halbhohen Schuhregal neben einem Buch, Zeitungsartikeln, einem Adressbuch und anderem Krimskrams sehe ich eine offene Tabakdose mit Münzen darin. Genau so hat der Vater sein Kleingeld gesammelt, als er noch rauchte. Ich erschrecke sofort. Nur nicht vergleichen. Alles unterscheidet den Vater von diesem Mann, der sein Bruder war. Ich betrachte die Schuhe aus edelstem Leder. Die Jacketts und Mäntel aus teuersten englischen Stoffen an der Garderobe. Ich bekomme Kopfschmerzen. Was bleibt zu sagen, denke ich und wende mich zum Gehen.

Nach Tagen wie diesem fange ich an zu schwanken in meinem Entschluss. Denn wie das erzählen, was erzählt werden sollte, ich aber nicht weiß, ob ich es verkraften kann. Ob es andere etwas angeht.

»Es ist gut, dass du das aufschreibst«, sagt der Vater. »Es ist die Geschichte unserer Familie, deine Geschichte.«

Eigentlich hätte er alles aufschreiben müssen, oder die Mutter, aber sie könnten das nicht bewältigen. Sie seien zu nah dran. Ich könne das, sagt er mir.

Dann denke ich an meine Kinder. Ich schreibe auch für sie. Sie sollen es wissen, später. Bald ist der eine Sohn so alt, wie ich damals war, als es hieß, es gehe in den Westen. Die Mutter war jünger als die Schwester heute. Der Vater war so alt wie ich. Im Vergleich mache ich mir erst klar, was es bedeutet haben muss. Bei der Bewältigung kann eigentlich nur geholfen haben, dass die Eltern die Dimensionen nicht wissen konnten. Es ging über die Vorstellungskraft. Ich kann es mir jetzt vorstellen. Das macht es nicht einfacher, darüber zu schreiben.

Nach den Sommerferien 1979 verlief das Leben in Hamburg in meiner Erinnerung ausnahmsweise ohne große Irritationen. Der Vater war in Berlin. Die Vorhänge zu seinem Zimmer waren aufgezogen. Die Schwere war fort. Es machte uns nicht froh, aber es war eine Erleichterung, zumindest für uns Kinder. Einfach nur das Leben leben. Ich ging zur Schule, fuhr von Blankenese in die Stadt, die Mutter fuhr täglich zur Arbeit nach Reinbek, die Schwester ging in den fünften Kindergarten. Sie ist auch dort aufgefallen als Kind von der anderen Seite. Sang sie nicht mit Vorliebe: »Und wenn ich mal groß bin, damit ihr es wisst, dann werde ich auch so ein Volkspolizist.«

Wenigstens musste sie keine roten Nelken malen. Rote Nelken sind uns bis heute ein Graus. Damals wurden sie uns an die Bluse geheftet. Am 1. Mai oder am Jahrestag zur Gründung der DDR. Oder zu Ulbrichts oder Honeckers Geburtstag. Es gab immer einen Anlass. Die rote Nelke war Kampfblume, sie hatte ungeahnte Kräfte. Sie konnte sogar die schwarze Bürgerrechtlerin Angela Davis im fernen Amerika aus dem Gefängnis befreien, in dem sie nur saß, weil sie bei Rot über eine Ampel gelaufen war. So wurde mir der Verkehrsunterricht vermittelt. Wir malten im Kindergarten täglich rote Nelken auf Postkarten und verschickten sie. Als Angela Davis auf freien Fuß kam, weil wir die roten Nelken verschickt hatten, kannte ich die Macht dieser Blume. Ich wusste, was ich als nächstes zu tun hatte, und verkündete zu Hause: Ich hätte Angela Davis freigekämpft, jetzt wolle ich dem russischen Schriftsteller Alexander Solschenizyn zu Gerechtigkeit verhelfen. Aus dem Kindergarten kannte ich den Namen nicht.

In Blankenese holte die große Schwester die kleine vom Kindergarten ab. Die große bastelte der kleinen ein Puppentheater. Die große las der kleinen vor. Die kleine störte die große bei den Hausaufgaben. Die kleine stibitzte der großen ein Spielzeug und zerbrach es. Die kleine ließ die große nie in Ruhe. Der großen machte es nichts aus. Wir gingen ins Kino, wir spielten im Garten, wir machten Ausflüge mit der Mutter. Wir waren eine Familie, wenn auch ohne den Vater. Aber das konnte kein Dauerzustand sein, das würde sich ändern. Ich versuchte, nicht darüber nachzudenken. Nicht darüber, wie es der Mutter ging. Nicht darüber, dass sie oft nach West-Berlin fuhr, an vielen Wochenenden. Dann blieben wir bei Verwandten in der Stadt. Nicht darüber, dass wieder etwas in Bewegung kam. Dass es damit zusammenhing, dass der Vater nicht nach Hamburg zurück wollte. Dass es uns alle betraf. Ich wollte es nicht wissen. Ich wollte keine Umbrüche mehr. Ich wollte in der Schule bleiben, ich wollte in der Wohnung bleiben, ich wollte wieder Klarinette spielen. Ich wollte, dass wir zu uns kamen, ankamen. Dann würde auch der Kontakt zum Bruder häufiger. Dann könnten wir wieder über alles reden, so wie früher. Auch über das Schweigen des Vaters.

Ich weiß gar nicht mehr, ob er noch einmal nach Hamburg kam. Auch die Mutter erinnert sich nicht. Der Vater weiß es auch nicht genau. Aber vielleicht ist es nicht wichtig. Wichtig ist, dass der Vater in West-Berlin sein wollte, um die Nähe der Leute zu spüren, an denen er hing. Der Mutter ging es nicht anders. Wenn man ab und zu mal in West-Berlin war, hatte man das Gefühl, mit den anderen auf der anderen Seite der Mauer in einer Stadt zu sein.

Wichtig ist, dass wir wieder keine Wahl hatten. Die Schwester nicht, ich nicht. Wichtig ist, dass es bedeutete, erneut herausgerissen zu werden aus einer Umgebung, an die wir Kinder uns gerade gewöhnten. An dieses Norddeutsche, das so anders war als Berlin, das rollende »R«, das wir von Großmama im Ohr hatten, das Spröde, die Unnahbarkeit. Die Alster, die Spaziergänge an der Elbe, nicht weit von unserer Wohnung in Blankenese. Der graue Himmel über der Stadt, die eigentlich jetzt, da wir uns nicht ganz an sie gewöhnen durften, doch irgendwie schön war.

Damals tat die Mutter, was der Vater wollte, damit er wieder genas. Sie wich aus, wenn andere fragten, wie es ihm ginge. Sie wiegelte ab, wenn jemand behauptete, es ginge ihm schlecht. Sie stellte sich vor ihn. Es war eine Zerreißprobe, die sie nicht bestehen konnte. Zu viele zerrten, auf der einen wie auf der anderen Seite. Es gab auch welche, denen es gerade recht kam, dass es dem Vater in der Bundesrepublik nicht so ging, wie es einem in der Bundesrepublik zu gehen hatte, im goldenen Westen.

Dann waren da noch die Angehörigen, die meinten, dem Sohn, dem Bruder, helfen zu wollen. Und der Onkel wusste das zu nutzen. Er traf sich mit seinem Führungsoffizier am 16. Januar 1979 von 9.00 bis 14.00 Uhr. Er nahm sich Zeit.

Ich lese: »Die Schwester von H.-J. Schädlich, Frau Dr. med. Hannelore Dege, beabsichtigt einen Antrag für eine Reise zu ihrem ›schwerkranken Bruder‹ nach Hamburg zu stellen (Reise in dringenden Familienangehörigen [kein Druckfehler! *Anm. d. Aut.*]).« Er behauptete, sie verträte die Auffassung, dass für den Vater nur ein Ausweg bestünde, wenn er in die DDR zurückkehre. »Mit dem IM wurde während des Treffs ausführlich über seine weiteren Aktivitäten in Bezug auf H.-J. Schädlich gesprochen. Ihm wurde empfohlen darauf Einfluß zu nehmen, daß Dr. med. Dege vorerst keinen Antrag für eine Reise in die BRD stellen, sondern der IM soll gemeinsam mit ihr versuchen, H.-J. Schädlich für eine Zusammenkunft im März/April 1979 in Budapest zu gewinnen.«

6

Im Oktober 1979 zogen wir nach West-Berlin. Am 1. November 1979 fing die Mutter an, im Ullstein Verlag zu arbeiten. Das Datum wüsste ich nicht, stünde es nicht in den Akten. Der Aufbruch aus Hamburg ist versunken im Wirrwarr des erneuten Wechsels. Wieder ausmisten, sortieren, überlegen, bevor der Möbelwagen kam. Diesmal keine Packer, nur Umzugsleute, ohne die Blicke, die sich alles merkten und weitererzählten. Die Umzugsleute redeten ununterbrochen, tranken Bier und ließen sich Zeit. Möbel und Kisten standen noch in der Wohnung, als wir schon aufbrechen mussten. Wir kamen mit dem letzten Flieger in Berlin an. Der Shiguli sollte von einem der Möbelleute gefahren werden.

Wir blieben bei Lilo und Jürgen Fuchs, dort schliefen wir auch. Wir waren vorher schon bei ihnen gewesen, besuchsweise. »Gleich im Sommer 1978 kamt ihr. Es war ein Austausch. Reden mit denen, die auch neu sind. Reden darüber, was jetzt zu tun ist, über Befremdung und Ratlosigkeit. Du warst ruhig, hast nicht viel geredet, deine kleine Schwester war lebhaft, hatte immer so ein lustiges Lachen. Du hattest einen gewissen Ernst und etwas Abwartendes«, erzählt Lilo.

An jenem Abend wartete ich auf den Vater, und ich wartete auf ein Wunder. Wartete, dass ich wieder zu ihm ins Zimmer gehen konnte, wie ich es in Köpenick getan hatte, obwohl er nicht gestört werden wollte, und nach einer Stange Lakritze fragte. Er bewahrte sie in seinem Schreibtisch auf. Er unterbrach seine Arbeit, gab mir eine Stange, nahm sich eine, und wir spielten alte Männer mit Zigarre. Oder ich wartete darauf, dass er mich zu sich rufen würde, dass er sagen würde, erzähl mir von deinem Stundenplan, wie es in der Schule ist, erzähl von deinen Hausaufgaben. Später sagte er, setz dich, ich les dir etwas vor, und ich hörte von Paul, der meinen Stundenplan hatte und meine Hausaufgaben, der sie nicht machen wollte und sich deshalb mit dem Vielolog einließ, der ihm die Hausaufgaben abnahm und dafür die Konsonanten, die Silben stahl. Das waren glückliche Stunden, als der Vater mich um Rat fragte. Ich fühlte mich erwachsen und war stolz.

Der Vater kam nicht zu Jürgen Fuchs, er kam erst am nächsten Morgen in die neue Wohnung. Berlin-Neukölln, Altbau an einer befahrenen Straße, gelbgraue Fassade, dunkler Hausflur, Hinterhof mit Mülltonnen. Kein Wald oder Garten wie in Köpenick oder Blankenese. Nichts Gepflegtes. Nichts Tröstliches. Ich hatte gleich das Gefühl, hier herrscht das nackte Leben. Dass es so war, erfuhren wir später, als wir aufgebrochene Autos sahen. Schlafende Obdachlose am Landwehrkanal. Die täglich Betrunkenen an der Imbissbude gleich an der Ecke. Hier herrschte ein rauherer Ton. Keine freundliche Mieterin, sondern eine Frau, die, wenn wir die Treppen hochstiegen in den vierten Stock, ihre Tür einen Spalt öffnete und immer irgend etwas zischte. Die die Hoftür von innen abschloss, wenn die Schwester dort, weil zwischen den Höfen eine Backsteinmauer verlief und man nicht hinüberklettern durfte, mit ihrer Freundin »Mauer« spielte. Die für alles uns die Schuld gab, den Roten von oben. Oder die Frau, die sich im Hinterhof mit einer Nachbarin prügelte und bei jedem Hieb schrie: »Geh doch in den Osten!« Auf unserer Etage die einzige Freundliche im Haus, eine junge, schöne Frau, die auf Krücken ging, weil sie Kinderlähmung gehabt hatte.

Hier warteten wir also auf den Möbeltransport aus Hamburg und unser froschgrünes Auto. Um 12 Uhr kletterten die Möbelpacker ohne Kisten sturzbetrunken in den vierten Stock und kicherten. Jürgen Fuchs, der bei uns war, fragte den Vater und die Mutter nach Groschen zum Telefonieren, verschwand, kam wieder, und plötzlich richteten ehemalige DDR-Leute unsere Wohnung ein. Sie schleppten die Kisten, stapelten sie je nach Aufschrift in die vorgesehenen Zimmer. Möbel wurden getragen, erst von Stockwerk zu Stockwerk mit Pause, dann von Treppenabsatz zu Treppenabsatz mit Pause, das Verschnaufen dauerte immer länger. Die Schwestern eroberten die Zimmer, den Balkon und suchten aus Kisten Spielzeug, das noch nirgends eingeräumt werden konnte, während es draußen langsam dämmerte.

In jedem Zimmer Leute. Die einen stellten Regale auf und räumten Bücher ein, andere dübelten die Küchenschränke an. Plötzlich war die Hauptleitung getroffen. Verlängerungsschnüre wurden zusammengestöpselt, aus dem hinteren Teil der Wohnung in den vorderen Licht verlegt. Im Kinderzimmer bauten zwei Umzugsmänner die Schrankwand auf. Jürgen sagte zur Mutter: »Ich glaube, ich muss dir etwas zeigen.« Er führte sie ins Kinderzimmer, tippte mit dem Zeigefinger an die Hellerau-Schrankwand, die sich bedenklich nach vorne neigte. Die Hauptschrauben lagen auf dem Boden, und die Umzugsmänner kicherten. Ein Tischlernotdienst kam, baute ab, baute auf. Die Schrankwand stand noch Jahre windschief in der Wohnung in Neukölln.

Vor noch nicht allzu langer Zeit bin ich in der Gegend gewesen, die Schwester abholen. Nicht vom Kindergarten, sondern von einer Autowerkstatt. Komisch, das Fahren in diese Gegend, das Einbiegen in die Pannierstraße vom Maybachufer aus, wo wir früher an bestimmten Tagen auf dem türkischen Markt Obst einkauften und Gemüse. Den Markt gibt es heute noch. Auch Edeka an der Ecke oder den Kindergarten, direkt gegenüber von der Werkstatt. Da standen wir und sahen den Kindern zu. Jahrelang hatte die Schwester dort gespielt. Jahrelang hatte ich sie dort abgeholt. Jetzt war es wie eine Zeitreise, und die Orte der Vergangenheit muteten wie Trugbilder an.

In West-Berlin fing ich an, meinen Weg zu gehen. Es gab viel zu erkunden. Wir kannten Blankenese, wunderbare Villen und gepflegte Gärten, baumbewachsene, ruhige Straßen, wo wir im Winter auf der Straße Schlittschuh liefen. Wir kannten Köpenick, das Grimmsche Idyll, den Wald vor der Tür, wo die Kinder aus der Nachbarschaft zusammen durch die Märchenstraßen streiften, wo wir im Wald Baumhäuser bauten. Oder auch Jena, das hügelige Kernbergviertel, wo wir Großmama besuchten, wo wir mit Rollschuhen in Viererkette die Straßen hinunterjagten und auseinanderstoben, wenn alle halbe Stunde mal ein Auto kam. Wo wir Kirschen aus Gärten stahlen oder die Zeitungen aller Nachbarn vertauschten. West-Berlin, der Stadtteil Neukölln, war alles andere als all das. West-Berlin, Neukölln, waren die zankenden Weiber im Hinterhaus, die Säufer an der Ecke am Kiosk am Kanal. Es schreckte ab, aber es weckte auch Neugier. Es rüttelte wach. Es war ein Gefühl von: Jetzt geht es erst richtig los.

Zuvor war es nicht leicht gewesen, aber wir waren weich gebettet. Jetzt lagen wir auf dem Lattenrost, ohne Matratze, jetzt konnte man spüren. Oder vielleicht fing ich in West-Berlin erst wieder zu spüren an. Plötzlich war ich da. Nicht angekommen, aber da. Mittendrin in der DDR und doch im Westen, vielleicht lag es daran. Die Schizophrenie der Stadt war wie ein Spiegel unserer selbst. Irgendwie waren wir stolz darauf, wer wir waren, dass wir anders waren, und doch hatten wir gleichzeitig dieses Gefühl des Nicht-Dazugehörens. Das ganze Drumherum, dieser Unzustand, tröstete auch. Mauer, Stacheldraht, Todesstreifen, auf Menschen abgerichtete Wachhunde, nachts taghelle Scheinwerfer, Selbstschussanlagen auf der einen Seite. Auf der anderen Parks und Wege, Laubenkolonien. Und die Mauer war Ballwand für Kinder, Malwand für Künstler und Nichtkünstler. Man konnte die Mauer sogar vergessen. Und wenn es einen in die Ferne zog, bot der Tiergarten mit Beginn des Frühjahrs das Flair vom Bosporos oder der Preußenpark den des Fernen Ostens. Der Teufelsberg wurde zur Zugspitze und der Wannsee zum Mittelmeer. Und wenn es dunkel war, war die eine Halbstadt Kneipe und Bar und Tanzclub mit offenem Ende, während in der anderen Hälfte Totenstille herrschte. Es gab die beleuchtete und die unbeleuchtete Seite, die Mauer war die Tag-Nacht-Grenze.

Auch vom Mietshaus in der Pannierstraße war sie nur ein paar Schritte weit weg. Über die Brücke über den Kanal, in dem die ermordete Rosa Luxemburg monatelang trieb. Ich stellte es mir immer vor, wenn ich dort entlanglief. Und ich dachte über den Namen des Kanals nach: Landwehr. Landwehre schützten die Bevölkerung gegen Übergriffe von Nachbarn und Feinden in Fehden und Kriegen, aber auch in Friedenszeiten. Ich bog rechts in die parkähnliche Anlage. Dort war gleich die Mauer, der Wall, ein Bollwerk. Bunt bemalt und undurchlässig. Und ich war im Mittelalter. Stieg auf einen der Aussichtstürme, mein Angriffsturm, und spielte Belagerung. Meine Ritter und Knappen rüsteten sich zum Kampf. Der Burgbesatzung auf der anderen Seite bot ich an, unbehelligt abziehen zu dürfen. Aber das Angebot wollten die Verteidiger nicht annehmen, sie hielten es für »ehrenhafter«, im Kampf zu sterben. Mit meinem Angriffsturm aber würde ich die Mauer überwinden, den Bewachern zum Trotz sie zum Einsturz bringen. Dann könnte ich nach Treptow gehen, Enten füttern.

Manchmal fasste ich die Mauer aber nur an. Fuhr mit der Hand an ihr entlang, während ich lief. Meistens der Schwester hinterher zu irgendeinem Spielplatz, an den Aussichtstürmen vorbei, auf denen sich Touristen tummelten. Osten gucken. Oft habe ich mich über die Menschen geärgert, die wie vor einem Käfig im Zoo Fotos schossen, durch das Fernrohr in die Hauptstadt blickten und nichts begriffen.

Manchmal war die Mauer durchlässig, auch schon, als wir noch in Hamburg wohnten. Dann war das Auto die Kutsche und ich der treue Heinrich, und »als sie ein Stück Wegs gefahren waren, hörte der Königssohn, dass es hinter ihm krachte, als wäre etwas zerbrochen. Da drehte er sich um und rief: ›Heinrich, der Wagen bricht!‹

›Nein, Herr, der Wagen nicht, es ist ein Band von meinem Herzen.‹« Ich freute mich, so einfach war das.

Und so einfach ging das. »Am Sonnabend des nächsten Wochenendes (9. September) wollen die Krista Schädlich und der Hans Joachim nach West-Berlin fahren. Sie werden dann ihre Tochter Susanne zusammen mit [...] in die Hauptstadt der DDR zu schicken versuchen. Hoffentlich wird die Einreise klappen. Jan will sich dann mit Susanne treffen. Es interessiert die Sch. ob Karlheinz an dem genannten Sonnabend Zeit haben wird. Karlheinz wird sich in Berlin befinden. Der Sch. wäre es lieb, wenn er sich dann ein bißchen um ihre Tochter kümmern würde.«

Sonnabend. »Karlheinz ist bereits aufgestanden, weil Jochens kleine Tochter nachher über den Check Point Charlie rüberkommt.«

Sonnabend, Abend. »Als [...] gegen 12.15 Uhr den Grenzübergang passierte, fragte man sie, ob sie das kleine Mädchen abholen will, das sie heute früh gebracht hatte. […] stellte fest, daß ›die‹ ein gutes Gedächtnis haben. […] Für Susanne Schädlich war es jedenfalls ein großes Erlebnis.«

Das las ich in den Telefonprotokollen.

So ging es die ersten Jahre: Irgendein Freund oder eine Freundin der Familie nahm mich im Auto mit nach Ost-Berlin.

Dorthin wollte auch die Mutter, einen Tag vor Antritt ihrer Stelle im Ullstein Verlag. Hatte doch im Juni 1978 schon geklappt!

Immer wieder hatte die beste Freundin gesagt: »Versuch es doch einfach mal.«

Immer wieder hatte sie der besten Freundin gesagt: »Die lassen mich nicht durch.«

Immer wieder hatte die beste Freundin gesagt: »Woher willst du das wissen, wenn du es nicht probierst?«

Also probierte sie es. »Ich stand vor dem Schalter, der Beamte nahm meinen Pass, besah ihn sich länger. Die Leute hinter mir wurden ungehalten. Nicht, weil der Beamte den Pass nicht zurückgab, sondern weil ich den Verkehr aufhielt. Der Beamte nahm einen schwarzen Hörer ans Ohr. Er sagte, ich solle aus der Reihe treten und warten. Der Nächste bitte! Die Leute hinter mir schüttelten im Vorbeigehen den Kopf.

Es kam eine dicke, uniformierte Frau mit einem großen Schlüsselbund.

Sie sagte: ›Kommen Sie mit.‹

Ich fragte: ›Und mein Pass?‹

Sie sagte: ›Gleich. Klärung eines Sachverhalts.‹

Wir gingen vorbei an Posten, Gänge entlang, eine Tür ging auf, ging wieder zu, wieder einen Gang entlang. Vor einer

Tür blieb die dicke Frau stehen, schloss sie auf, hielt sie auf.

›Eintreten.‹

Sie machte eine nachdrückliche Bewegung mit dem Kopf, die keinen Zweifel zuließ, dass jede Widerrede zwecklos war. Ich trat ein. Ich stand in einer Zelle, eine Krankenhausliege, ein Tisch, Tür ohne Klinke. An der Wand hing ein weißer Kittel.

Leibesvisitation, dachte ich. Aus mir würden sie nichts herausbekommen. Das schwor ich mir.

›Setzen.‹

Ich setzte mich.

›Tasche.‹ Sie hielt ihre dicke Hand ausgestreckt.

Mein Telefonbuch, schoss es mir durch den Kopf, mit allen Nummern. Ganz falsch, es mitgenommen zu haben.

›Warten Sie, Sie werden untersucht‹, sagte die Dicke, bevor sie mit meiner Handtasche ging. Tür zu. Der Schlüssel drehte sich mehrmals im Schloss. Ich war allein.

Lautes Brüllen aus der Nachbarzelle.

Was würden sie mit mir machen? Wie lange würden sie mich festhalten? Wenn sie mich nicht zurückließen, was dann?

Ich lief in der Zelle auf und ab. Je länger ich lief, desto näher rückten die Wände. Ich hörte das Brüllen aus der Nachbarzelle. Nein, sie konnten mir nichts tun. Ich hatte einen bundesdeutschen Pass. Sie wollen mir ihre Instrumente zeigen!

Nach Stunden das Öffnen der Tür. Wieder die dicke Frau in Uniform.

›Mitkommen.‹

Wieder Türen, wieder Gänge. Noch eine Tür. Dort wartete ein Beamter. Meine Handtasche in der Hand und meinen Pass.

›Rückführung in die BRD‹, sagte die Dicke. Der Beamte reichte mir Tasche und Pass. Ich solle nachsehen, ob nichts fehle. Ich sah nach, aber sah eigentlich nichts, wollte nur so schnell wie möglich weg und weiter.

›Und?‹, fragte der Beamte.

›Alles da‹, sagte ich.

›Nu, mir sind ja och keene Diebe.‹

Es war 12.40 Uhr, als ich, vorbei an Wartenden, jetzt in die andere Richtung zurück zum S-Bahnsteig Richtung West-Berlin ging. Ich weiß noch, dass es regnete.

Nie wieder habe ich versucht, die beste Freundin in Ost-Berlin zu besuchen. Einreiseanträge wurden abgelehnt. Die Einreisesperre galt für unbefristete Zeit«, erzählt die Mutter.

Wir Kinder durften weiter in die DDR fahren. Manchmal ließen sie die, die uns mitnahmen, danach nicht mehr in der Hauptstadt. Als ich älter wurde, ging ich auch alleine, Übergang Bahnhof Friedrichstraße. Auf der anderen Seite wartete der Onkel.

Ich durfte nach Hiddensee zum Bruder fahren. In Kloster Strand, Kochen, Kneipe, Kino, Kirche, Dorfdisco. Gewohntes und alte Gewohnheiten zur Genüge, nur mit dem Bruder keine brüderliche Nähe. In der DDR waren wir Verbündete gewesen, ihm hatte ich Geheimnisse anvertrauen können, er hatte mich auf dem Schulhof beschützt, er hatte mir aus der Patsche geholfen, wenn ich mal wieder eine Armbanduhr verloren hatte. Die Entfremdung haben wir versucht zu übergehen durch Urlaubsheiterkeit, mit Schweigen nach zwei Briefen aus dem Jahr 1982.

»Lieber Jan!

Manchmal werde ich gefragt, ob ich Geschwister habe, und ich erzähle immer von Anna und Dir. Aber Du bist mir fremd geworden, und der Grund ist sicherlich der, daß Du im Osten wohnst und ich im Westen. Allerdings weiß ich nicht, ob es ein Grund sein sollte, denn ich kann nichts dafür, daß ich nicht mehr in der DDR lebe.

Es macht mir jedenfalls schon ganz schön zu schaffen, daß ich Dich so selten sehe, und daß ich das Gefühl der Entfremdung habe, denn wir sind ja immerhin Geschwister, und ich habe Dich sehr lieb. Deshalb möchte ich auch nicht, dass es immer so weiter geht.«

»Liebe Susanne!

[…] Ich habe Dir auch nie zum Vorwurf gemacht, daß Du im Westen wohnst: wär' ja auch lächerlich. Was soll also Deine Rechtfertigung, Du könntest nichts dafür? Ich kann auch nichts dafür, daß ich Dich weder anrufen noch besuchen kann – aber ich kann damit leben.

Und schließlich das von Deiner Mutter schon arg strapazierte Argument, wir seien ja immerhin Geschwister: glaubst Du nicht auch, daß einem Freunde, die man gefunden hat und mit denen man durch gemeinsame Erlebnisse und Ansichten verbunden ist, mehr bedeuten können als Verwandte, die in einem anderen Land wohnen und die man – wenn's hoch kommt – einmal im Jahr sieht? Wie kann man jemanden ›lieb haben‹, den man so wenig kennt? Ich glaube, Dir ist genau das unterlaufen, wovor mich Deine Mutter unnötigerweise in Bezug auf Jochen gewarnt hat: sich jenseits der Grenze ein Idealbild zu schaffen, von dessen realem Träger man im Zweifelsfall enttäuscht sein kann.«

Auch zur Großmama nach Jena fuhr ich. Dorthin für längere Zeit, ganze Ferien lang. Mit der Bahn, so wie früher. Schon als wir noch in Köpenick gewohnt hatten, war ich alleine nach Jena gefahren. Die Mutter brachte mich zum Zug, ins Abteil, bat meistens eine ältere Dame, ein wenig auf mich aufzupassen, bleute mir noch einmal ein, ja in Jena Saalbahnhof auszusteigen. Ich wusste Bescheid, machte es nicht zum ersten Mal, und in Jena warteten Großmama auf dem Bahnsteig und bei ihr Zuhause auf einem Bett in ihrem Schlafzimmer immer Geschenke auf mich. Einmal, die Mutter hatte mich zum Bahnhof gebracht, aber wir waren spät dran, so dass sie mich nicht mehr ins Abteil bringen konnte, war der Zug voll, und obgleich ich eine Platzkarte hatte, ließ man mich nicht auf meinen Platz. Niemand da, der mir helfen konnte. Nur fremde Erwachsene und eine dicke Frau, die für das kleine Mädchen nicht aufstand. Ich saß drei Stunden auf dem Gang, eingezwängt zwischen stehenden Reisenden, auf einem roten Plastikeimer, den mir ein Mann geborgt hatte, der damit von Berlin nach sonstwohin fuhr.

Von West-Berlin nach Jena hatte ich auch eine Platzkarte. Nun saß niemand da. Und selbst wenn, so glaubte ich, wäre die Person aufgestanden und hätte sich entschuldigt. In Jena wartete Großmama auf dem Bahnsteig. Der bekannte Geruch in der Luft, diese Mischung aus kühlem Frühling, Schornstein und Trabant. Die bekannten Wege. Mit dem Bus über die Saale, an der Schule der Mutter vorbei, aussteigen, die Kernbergstraße hochlaufen, immer auf dem linken schmalen Bürgersteig. Oben an der Ecke beim Konsum ging einem die Puste aus, und dann waren es nur noch ein paar Meter, vorbei an Häusern der Freunde bis zur Treunertstraße 3. Mein zweites Zuhause. Bei Großmama war alles in Ordnung. Bei Großmama war alles wie immer: In der Küche morgens zwischen sechs und sieben saß sie mit Kopftuch und Kittel und säuberte den Ofen von Asche, legte Kohle, Anzünder und Papier ein, damit die Wohnung sich wärmte, und ich durfte mit dem Fidibus das Papier entzünden. Im Esszimmer der braune Schrank mit Heulgesichtern, in der

Glasvitrine die Häschenschule aus Holz, über dem Esstisch die Lampe, an der der Mond hing, auf dem die schwarze Katze spazierenging. Morgens der Kaffeegeruch, Frühstück immer zusammen, ich bekam einen Schluck Kaffee. Bei Tisch morgens und abends unter der Woche ein Onkel, der stets zuviel Leberwurst aß und zuviel Quark und auf den Kommunismus schimpfte. Die Einkäufe mit Großmama in der Stadt, das Schlangestehen, zum Beispiel nach Ketchup. »Wir stellen uns einzeln an, es gibt nur zwei Flaschen pro Person, hier hast du Geld, tu so, als kennen wir uns nicht, kauf zwei, die können wir später verschenken, wer weiß, wann es wieder welchen gibt.« So war sie, praktisch, unbeirrbar, stur, dickköpfig – unbestechlich –, auch politisch.

Ich lese: »Die Hübner lebt in Jena sehr zurückgezogen. Ihre gesamte Verhaltensweise ist durch kleinbürgerliche Denk- und Verhaltensgewohnheiten gekennzeichnet. Sie verherrlicht das bürgerliche Konsumdenken und ist ständig bemüht, in den Besitz westlicher Erzeugnisse zu kommen. Dienstleistungen aller Art werden durch sie mit solchen Erzeugnissen honoriert.

Die Hübner wird als politisch unzuverlässig eingeschätzt und ist zu einer positiven Stellung bzw. Handlung nicht zu bewegen.«

Natürlich sah ich auch die alten Freundinnen wieder. Das Wiedersehen verhalten, misstrauisch – mir gegenüber. Das Beäugen meiner Jeans, meiner Schuhe. Früher hatten wir die Schuhe immer getauscht, jeder fand die der anderen todschicker. Kein Wort über Schuhe jetzt. Eher Sätze wie: »Ich muss jetzt gehen, ich muss noch Hausaufgaben machen.« Schließlich doch Kaffee und Kuchen im Haus gegenüber bei der Freundin. Tausendundeine Frage und dann die, die ich nicht vergessen habe.

»Und? Habt ihr schon einen Mercedes?«

Nicht jeder fahre einen Mercedes, sagte ich, und dass ein Mercedes teuer sei, dass wir nicht das Geld hätten, uns einen Mercedes zu kaufen, dass es wichtigere Dinge im Leben gäbe, als einen Mercedes zu fahren.

»Ach komm, du lügst. Du willst bloß nicht sagen, dass ihr schon einen Mercedes habt.«

Ich aß einfach meinen Kuchen weiter.

Der Brief des Bruders, die Frage der Freundin machten mir bewusst, dass sich ein Graben aufgetan hatte zwischen uns. Ich hatte mich verändert, hatte gesehen, was sie nie gesehen hatten und – zumindest sah es damals noch so aus – erst mit über sechzig mit eigenen Augen sehen würden. Die Tatsache, dass ich um eine Lebenserfahrung reicher geworden war, an der sie nicht teilhaben konnten, wurde zum Bumerang für mich. Ich kannte beide Seiten, aber das war kein Vorteil. Im Gegenteil. Ich gehörte nicht mehr dazu, wo ich einmal hingehört hatte. Andere hatten meine Stelle eingenommen. Der Verlust der Freundin, der Schwester war zu verschmerzen. So schwer war es auch nicht, eingerichtet im Haus der Gewohnheit, sicher unter Freunden und Verwandten, aufgehoben im System. Uns, mir ging es anders. Da war die Sehnsucht ins Zurück. Da war die Sehnsucht nach den Freunden und Verwandten. Wie denn auch nicht? Sie fehlten ja im Westen. Es mussten erst neue Freunde gefunden werden. Alles musste neu gefunden werden, wir mussten uns neu finden. Deshalb auch immer wieder diese Reisen ins Zurück, die ein Voran erschwerten.

Stück für Stück eroberte ich mir West-Berlin. Ich fand, die Stadt passte zu mir. Es war auch nur eine Hälfte, die andere lag auf der anderen Seite. Ich fand, sie trotzte, tat, als sei sie ein Ganzes. Es kam sogar vor, dass es mir nichts ausmachte, mich auf einer Insel zu bewegen, ohne Meer ringsherum. Wenn ich durch dunkle, stillgelegte Bahnhöfe fuhr, auf denen geisterhaft hinter Säulen Wachposten standen und sich ungesehen fühlten, wusste ich wieder, wo ich war. Dort fuhr ich selten, nur, wenn ich zum Onkel wollte.

Meine Wege waren andere. Pannierstraße entlang, bis Hermannplatz, Karl-Marx-Straße in Richtung Schule. Das erste Mal dachte ich, wenn Marx wüsste, dass es eine Einkaufsstraße ist. Hier in Berlin war alles eine Herausforderung. Die Nähe zu den anderen auf der anderen Seite, die einen nicht besuchen konnten, wann sie wollten, die so nah waren und doch unerreichbar. Das Wissen um die Straßen. Im Kopf hörten sie nicht an der Mauer auf. Ich wusste ja, wie sie aussahen, und kannte ihre Namen. Auch die Schule war eine Herausforderung. Vom ersten Tag an. Eitle Lehrer, die mich vorführten, die sich damit schmückten, dass die Tochter des Schriftstellers Hans Joachim Schädlich in ihrer Klasse war. Ich wollte keinen Sonderstatus, ich verachtete die Lehrer, die jede Gelegenheit, die sich ihnen im Unterricht bot, nutzten, um darauf zu sprechen zu kommen. Die Fragen stellten. Prominent und Ostler! Ewas Schlimmeres konnte gar nicht passieren in dieser Schule, in dem Stadtteil Neukölln.

Ich will meine Erinnerungen bestätigt wissen, sicher sein, dass ich mich nicht irre, mir kein Bild mache, das inkorrekt ist, treffe einen Lehrer, der später zu einem Freund wurde. Als ich in Berlin im Oktober 1979 in die achte Klasse kam, war er mein Klassenlehrer. »Du setztest dich neben ein Mädchen in der letzten Reihe auf der Fensterseite. Du hast dir ganz bewusst die Leute ausgewählt, mit denen du Kontakt wolltest, ohne provozierend zu wirken auf andere, sondern sehr selbstbewusst. Ein DDR-Stallgeruch umwehte dich nicht, man wusste, dass du aus der DDR kamst, aber es war kein Stigma, sondern ein interessantes Accessoire für uns Lehrer. Es war ein wichtiger Faktor, um bestimmte Besonderheiten festzumachen und zu erklären. Du warst sehr individuell oder hast einen individualistischen Stil geprägt, ohne dass es den anderen auf den Wecker ging. Du hast dich abgesetzt und trotzdem freundlich auch auf die Schüler reagiert, von denen nicht immer nur Positives kam, du wolltest mitteilen und hast zugehört«, erzählt der Lehrer.

Ich bekam von Mitschülern zu hören: »Geh endlich zurück in den Osten! Sollen wir nachhelfen? Ist ja nicht weit.« Sie meinten es so. Der Osten, das war das Übel und ich eine von dort. Die Stimmung im Klassenzimmer war wie ein Echo der Weltpolitik. Keine Entspannungspolitik, sondern ein Ringen. Draußen auf der Weltbühne um Macht und Einfluss, ein ideologischer Kampf zwischen grundverschiedenen und miteinander nicht zu vereinbarenden Weltanschauungen. Das wurde auch im Geschichtsunterricht deutlich. Wir behandelten das Mittelalter, Begriffe wie Leibeigenschaft, Schutzherrschaft, Vogteigewalt, Dorfobrigkeit. Ich brauchte nur darauf zu warten, dass eine Bemerkung kam wie: Muss dir doch bekannt vorkommen. Vermisst du es nicht?

Ich hatte großes Misstrauen gegen das Fach. »Es war ein sogenanntes mündliches Fach, und du warst nicht sehr redselig. Du konntest zwar gut reden, aber du warst niemand, der sich in die vorderste Front drängelte und seine Sachen loswerden wollte. Im Gegenteil. Du hattest die Erfahrung gemacht, dass man dich fragte, auf dich zuging ab einem bestimmten Punkt. Du konntest kommen lassen, und dann war es deiner Gnade überlassen, ob du einem einen längeren oder kürzeren Beitrag zu geben bereit warst«, erzählt der Lehrer.

Ich kapselte mich ab, ich biederte mich nicht an, und ich badete nicht in der Sicherheit der Gruppe. Diese Lektion hatte ich gut gelernt. Ich versuchte über den Dingen zu stehen. Nur so ging es. In der Schule ein Armdrücken zwischen Überheblichkeit der Mitschüler und meiner Selbstbehauptung. Selbstbehauptung auch zu Hause. Die Mutter war arbeiten, die Schwester im Kindergarten. Der Vater hinter zugezogenen Vorhängen und verschlossener Tür. Wenn ich nach der Schule nach Hause kam, kaufte ich manchmal noch ein, bei Edeka, bevor ich in den vierten Stock stieg. Langsam, um die Ankunft hinauszuzögern. Oben, wenn ich die Tür aufschloss, stellte ich mir vor, der Vater würde sie öffnen. Aber immer schloss ich die Tür auf, ging in die Küche, machte das Mittagessen warm, danach Hausaufgaben, danach Schwester abholen. Danach warten, dass die Mutter nach Hause kam. Nach Hause zog es mich nicht.

Und außerdem kam die Großmutter, nicht Großmama. Sie konnten ungleicher nicht sein.

Natürlich hatte ich auch die Großmutter besucht, in Bad Saarow am Scharmützelsee, vor unserer Ausreise. Das Gras im Garten stand bis zum Knie. Es gibt Fotos. Sonniges Wetter, Kaffeerunde, scheinbar harmonisch-familiär. Im Garten der Großmutter wuchsen Bohnen, Gurken, Möhren, Kräuter. Ein Bauer, der aus Ostpreußen hatte fliehen müssen und das Bauersein nicht lassen konnte, bestellte die Beete. Kartoffeln kaufte sie im Laden. Äpfel, Beeren gab es auch. Ein wilder Garten, der Idylle hätte sein können. Es gab eine

Veranda, in der die Großmutter die Dinge unterstellte, die in der Wohnung keinen Platz hatten. In den Blumenkübeln blühten im Sommer bunte Blumen. Im Sommer schlief die Großmutter auf der Veranda, nicht in der kleinen Wohnung unterm Dach. Zwei Zimmer, ein Bad mit Kochecke. Im Bad ein Boiler für Warmwasser. Das gab es nur selten. In dem einen Zimmer zwei Betten, Tisch in der Mitte und Stühle. Im anderen Zimmer der Vorratsraum und der Kleiderschrank. Die Toilette im Parterre links. Wohnen wie im 19. Jahrhundert.

Die Großmutter hatte es auch anders gekannt. Ihr Vater, Paul Reichenbach, betrieb einen Wollhandel in Oberheinsdorf im Vogtland. Seine Frau, Elise, gebar ihm elf Kinder. Paul Reichenbach war strebsam, fleißig, herrschsüchtig. Sanft war Elise, sie sang und spielte zur Laute. Von ihr hatte Fritz, das sechste Kind, die Liebe zur Musik. Fritz, der Klavierspieler werden und nicht im Wollhandel des Vaters arbeiten wollte, der sich das Klavierspiel allein beigebracht hatte, in der guten Stube, die selten betreten wurde, in der es Sessel gab und einen Tisch, ein Sofa und ein Vertiko, in der die Laute stand und das Klavier. Paul war der Sohn nicht geheuer, Paul fühlte sich provoziert. Fritz war zu schwach für den Vater. Fritz zog sich in sich zurück, lief fort, bekam es mit der Angst. Und weil Fritz es mit der Angst bekam, brachte Paul ihn 1930 in eine Klinik. Fenster vergittert, kein Ton drang nach außen. Zehn Jahre lang, bis zum 30. Juli 1940. Fritz wurde mit vielen anderen nach Zschadraß transportiert. Sammelstelle bei Leipzig für viele andere aus ganz Sachsen. Einen Tag später wurde Fritz mit vielen anderen vergast, im Keller von Schloss Sonnenstein bei Pirna.

Die Großmutter hatte 1931 einen Kaufmann geheiratet,

Heinrich Schädlich, der ihr vier Kinder gab, drei Jungen und ein Mädchen. Zuerst wohnte die Familie in Oberheinsdorf in einem zweistöckigen Haus. Später zog sie in eine Villa in Reichenbach. Hier war die Großmutter glücklich. Wir waren dort mit dem Vater, wir hatten ihm gesagt, zeig uns etwas aus deiner Kindheit. Die Villa mit Giebeltürmen, weitläufigem Balkon und Terrasse und Garten mit Brunnen steht hochherrschaftlich verlassen da. Schon damals gab es in allen Zimmern Zentralheizung. Der Garten ist ein Park, der schon lange keine Besucher mehr gesehen hat. Der Vater erzählt von Bediensteten, dem Heizer und Gärtner, der im Souterrain wohnte, vom Kindermädchen Ruth und dem Mädchen Hanna, das im Haus ihr Pflichtjahr absolvierte und für die Wäsche zuständig war und was sonst anfiel. Erzählt von sowjetischen Zwangsarbeiterinnen, die gleich neben der Villa in einem Haus untergebracht waren. Von ihrem Gesang, wenn sie nach vollbrachtem Tagwerk zurückmarschierten, und von den Butterbrotpaketen, die die Brüder ihnen auf Geheiß ihrer Mutter über die Mauer warfen, wenn sie Hofgang hatten.

Der Vater erzählt vom Vater, der ein sanftmütiger und gutherziger Mensch war, der der nationalsozialistischen Propaganda erlag und noch vor 1933 in die NSDAP eintrat, der vor der Ehe eine Drogerie führte und später ein Wollgeschäft eröffnete. Der Ortsgruppenleiter der NSDAP im Dorf Oberheinsdorf war und der wegen seiner schwarzgelockten Haare, die nicht zu seiner Überzeugung passten und die er mit Pomade glattkämmte, seinen Stammbaum erforschte und am Ende wusste: Alles fing an mit Samuel Moev. Nach der Schlacht von Stalingrad sagte er zu seiner Frau, er sei einem Verbrecher gefolgt, das könne er nie wiedergutmachen. Er sagte, er fürchte für seine Familie, wenn die Deutschen den Krieg verlören. Der Vater meines Vaters starb im selben Jahr, zu früh und zu plötzlich.

Die Villa musste die Großmutter noch vor Ende des Krieges an das Rote Kreuz verkaufen, aus Geldnot. Erst zog sie mit den Kindern in die erste Etage, dort war immer noch Raum genug. Aber das blieb nicht lange so. Dann mussten sie in eine Dreizimmerwohnung ziehen, die Straße hinunter, mit einem neuen Mann, der schlug. Als der Mann eine Stelle als Ingenieur in Fürstenwalde bekam, zog die Großmutter mit der Tochter mit. Der jüngste Sohn, unser Vater, kam ein Jahr später nach, nachdem er die achte Klasse der Grundschule beendet hatte. Als die Ehe wenige Jahre später in die Brüche ging, wurden die jüngeren Kinder aufs Internat geschickt. Der Onkel war schon in Berlin und wurde Lehrer.

Und Großmama? Sie stammte von einem Gut in Mecklenburg-Vorpommern, in Breesen. Es gab Bedienstete. Ein Mädchen war nur dazu da, täglich die Schuhe der Familie zu putzen. Es gab Kindermädchen, Gärtner. Wäre Großmama in eine andere Zeit hineingeboren, wäre sie Geigenlehrerin geworden.

1925, mit vierundzwanzig, als sogenanntes spätes Mädchen, heiratete sie Großpapa und bekam fünf Kinder, drei Jungen und zwei Mädchen. Das ältere starb mit drei Jahren an Krebs. Der Älteste musste in den Krieg, mit siebzehn Jahren, kurz vor Kriegsende. Nach der Schlacht um den Kessel von Schneidemühl, heute Polen, galt er als vermisst.

Großpapa, SPD-Mann durch und durch, trat nicht 1933 in die NSDAP ein. Das war das Aus als Landrat von Oldenburg/Holstein. Erst 1936 fand er wieder eine Anstellung, bei der Allianz. Er lief über Land und verkaufte Versicherungen. Er stieg bis zu einem Direktor auf, und die Familie zog nach Stettin. Da war schon Krieg. Dass sich der »Schweinehund« so lange halten würde, hatte Großpapa nicht gedacht. Widerstandskämpfer war er nicht, aber er war dagegen, zu Hause wurde BBC gehört, zu Hause wurde offen gesprochen. »Und das alles nur, weil der blöde Führer Geburtstag hatte«, sagte der eine Sohn laut, als er nach dem ersten großen Luftangriff auf die pommersche Landeshauptstadt in der Nacht vom 20. auf den 21. April 1943 am nächsten Morgen an der Hand einer Tante durch die Straßen lief. Die Tante ging nie wieder mit ihm spazieren. Später sind Bomben auch auf das Haus gefallen, in dem die Familie wohnte. Die großbürgerliche Einrichtung, alles weg. Nie habe ich Großmama über den Verlust klagen hören, nur in jedem März, wenn ihre erstgeborenen Kinder Geburtstag hatten, wurde sie etwas wunderlich.

Nachdem der Deutsche Volkssturm im September 1944 einberufen worden war, meldete sich Großpapa polizeilich ab, da wohnten die Großeltern schon bei der Schwester von Großpapa in Liddow. Dienstlich viel unterwegs, sah er auf den Bahnsteigen SS-Männer mit Schildern, die besagten, wer sich nicht zum Volkssturm meldet werde standrechtlich erschossen. Er hat Glück gehabt, sein Sohn nicht, dem er geraten hatte, zu den Russen überzulaufen, wenn es möglich sei. Das war die Hoffnung. Jahrelang.

1945 wurde Großpapa von den Russen als Landrat von Rügen eingesetzt, sozusagen von der ersten Stunde an, aufgrund seiner politischen Einstellung. Dort gab es eine große Wohnung in Bergen, im Landratsamt, die Unterschlupf für viele bot, die kein Dach mehr über dem Kopf hatten oder in der Stadt nichts zu essen. Es gab viele schöne Zimmer und einen Wintergarten. Im Sommer wurden die Fenster aufgeschoben, ein Teppich ausgelegt, und das Leben spielte sich im Wintergarten ab. Großmama kochte waschzuberweise Zuckerrübensirup, Großpapa brachte Lebensmittel mit. Das war wichtig, denn Essen war knapp, obwohl er Beziehungen hatte. Er hatte einen Dolmetscher, er fuhr einen DKW, der manchmal vollgepackt war mit frischem Gemüse und Aal. Weil Großpapa auch nach der Sperrstunde unterwegs sein musste, hatte der russische Kommandant ihm einen Zettel geschrieben, in kyrillischen und lateinischen Buchstaben: »Landrat Dr. Arno Hübner darf niemals erschossen werden.« Den Zettel trug er bis zu seinem Tode in seiner Brieftasche bei sich.

1948 wurde Großpapa Präsident vom Oberverwaltungsgericht in Schwerin, zusätzlich erhielt er eine Professur in Rostock, dann der Ruf nach Jena.

Das hügelige Thüringen ist Großmama nie lieb geworden, sie sehnte sich nach Weite, wo die Berge nicht den Blick verstellten. Aber sie fand sich ab, sie packte an.

Großmama kam, wenn es brannte.

Die Großmutter, »die eine Reihe von Rentnerreisen nutzte, um Schädlich zur Rückkehr zur DDR zu bewegen«, kam, um Öl ins Feuer zu gießen.

Außerdem schickte der Onkel Freunde von sich zu uns, die herausfinden sollten, wie es dem Vater ginge, wie uns. Worüber wir redeten und was wir dachten.

Wir empfingen sie ohne Arg, es waren die Freunde des Onkels, der aus der Partei gestrichen worden war, unseretwegen, der nicht mehr ins westliche Ausland reisen durfte, unseretwegen, der Schwierigkeiten in der Akademie hatte, alles unseretwegen, weil er nicht bereit gewesen war, sich vom Bruder zu distanzieren. So hatte er es gesagt, schon vor unserer Ausreise, kurz nachdem das Buch des Vaters erschienen war. Da gab es Aussprachen mit dem Onkel vor der Parteileitung, er sollte erklären, wie er zu den Veröffentlichungen und Äußerungen des Vaters stehe. Aber er hatte nicht darüber berichtet, dass sein Führungsoffizier ihm gesagt hatte, niemand verlange eine persönliche Distanzierung von seinem Bruder, »zu dem, was sein Bruder geschrieben hat, muß er jedoch eine klare parteiliche Position einnehmen«.

Uns sagte der Onkel, die erste Runde sei an ihn gegangen. Dem Führungsoffizier gegenüber gab er zu bedenken, ob es nicht doch besser sei, wenn ihm die Vertrauensfrage gestellt würde, das heißt, dass er aus der Partei austrete. »Er könnte diesen Schritt damit begründen, daß durch die eingetretene Situation die Partei Zweifel an seiner Haltung haben kann und es ihm tatsächlich schwer fällt, in allen Fragen die Parteidisziplin einzuhalten.«

Nicht nur Hirte, nicht nur Wolf im Schafspelz, auch schlauer Fuchs.

In jener Zeit kam nämlich das Gerücht auf, dass der Onkel für die Staatssicherheit arbeite.

Wieder ein Telefonat, ganz im Vertrauen sozusagen:

Der Onkel: Hallo, hier ist der Stasi-Schädlich.

Der Vater: Na, du bist ja gut!

Der Onkel: Mal ehrlich, es geht das Gerücht, dass ich bei der Stasi bin.

Der Vater: Es wird doch alles mögliche behauptet. Das ist doch lächerlich, sich in deinem Fall überhaupt damit zu beschäftigen.

Der Onkel: Mich belastet so was.

Der Vater: Es ist doch niemand davor geschützt, in solche Gerüchte verwickelt zu werden. Mickel hat damals Sarah vor mir gewarnt. Ich sollte einer von der Truppe sein. Ich musste darüber lachen, eine Weile war ich auch darüber empört.

Der Onkel: Ich war weder empört noch habe ich gelacht. Ich war verletzt und betroffen.

Und ich lese: »Der IM hat auftragsgemäß mit Schlesinger darüber gesprochen, daß es Gerüchte über Verbindungen des IM zum MfS gibt. Schlesinger habe beteuert, daß es sich hierbei um sehr lange zurückliegende Vermutungen handelt, die offensichtlich durch Havemann geschürt worden seien. [...] Für Schlesinger, Bettina Wegner und ihre Freunde sei die Sache ausgestanden und niemand glaube ernsthaft daran, dass der IM mit dem MfS Kontakt hält.«

Und so wurde er weiter eingeladen. Auch am 7. November 1977 zur Geburtstagsparty von Bettina Wegner. Es war ein rauschendes Fest, man bemühte sich besonders um den gescholtenen Onkel. Die Mutter sagte, die schikanöse Behandlung sei Grund genug, seinen Austritt aus der Partei zu erklären. Er solle sich keine Sorgen machen. Sie stünden zu ihm, alle.

Er tat unbefleckt, aufrichtig, unschuldig.

So stand er auch nach dem Parteiausschluss da, zu dem es wirklich kam, als wir schon im Westen waren, und er uns am Telefon von all den Schwierigkeiten erzählte, die er habe, seit unserer Ausreise. Das war vor den Kulissen. Und dahinter? Der Parteiausschluss »würde nach Meinung des IM sich auch positiv auf die Zusammenarbeit mit dem MfS auswirken. So konnte er z.B. feststellen, daß seine Beziehung, seit bekannt wurde, dass man sich parteilich mit ihm auseinandersetzt, zu Wegner und Schlesinger bedeutend besser geworden sind.«

7

Ich blättere in den Akten, lese, blättere zurück. Im Arbeitszimmer auf dem Fußboden, auf dem Schreibtisch, im Wohnzimmer auf dem Sofatisch, auf dem Sofa, überall graue Ordner. Selbst im Schlafzimmer liegen sie, manche aufgeschlagen, manche geschlossen bis zum nächsten Blick. Gelbe Haftzettel ragen heraus, damit ich mich nicht verzettele. Es ist ein Kampf, nicht nur mit den Akten, sondern auch ein Kampf mit der Sprache, dem Duktus, dem ich mich widersetzen muss. Von wegen, Papier kann einem nichts antun. Es ist die Reduzierung der Personen auf die Sache, die mir zu schaffen macht. Als sei es nie um Schicksale gegangen, sondern um Dinge. Um zu erledigende Dinge.

Ereignisse unseres Lebens, die so aufgeschrieben wurden, als sei über etwas geschrieben worden. Wenn das Fremde lesen, Jüngere, Unwissende, oder auch solche, die es nicht anders sehen wollen, hat es fast nichts Erschreckendes. Kein Wunder also, dass es immer wieder heißt, war doch alles halb so schlimm, den Leuten ging es gut, die DDR war doch eher eine »kommode Diktatur«, in der man sich einrichten konnte. Diejenigen aber, die das Wort in die Tat zurückübersetzen können, denen sitzt der Schrecken nochmals in den Gliedern.

Ich tue mich schwer bei dem Gedanken, dass die, die dahinterstecken, mit dem, was sie getan haben, ruhig schlafen können.

Hätte aus dem Onkel etwas anderes werden können als das, was er wurde? frage ich mich. Wieder der Konjunktiv. Ich halte mich lieber an die Tatsachen. Möchte noch einmal wissen, was war. Vielleicht hilft das. Dämonen wird man nur los, wenn man ihnen entgegentritt. Der Onkel soll unser Dämon nicht mehr sein.

Als ich ihn kennenlernte, will sagen, bewusst wahrnahm, war er schon kein Oberschullehrer mehr, sondern längst wissenschaftlicher Mitarbeiter am Zentralinstitut für Geschichte an der Akademie der Wissenschaften und schon lange Jahre Mitglied der SED. Er sah aus wie ein Bonvivant, und er lebte wie einer. Er liebte ein ungezwungenes Leben, er liebte Frauen. Er liebte Großbritannien und Jazz. Ihn faszinierte die Fotografie. In seiner Wohnung besaß er ein kleines Fotolabor. Er umgab sich mit außergewöhnlichen Menschen. Er verkehrte im Hause Robert Havemanns. Ich lese: »Sch. ist bemüht, den Kontakt zu H. zu festigen. Er verbrachte im Zeitraum Sept. 73 / Jan. 74 mindestens 1 Wochenende monatlich im Hause des H. in Grünheide.« Über die Jahre festigte sich der Kontakt, sie waren per du.

Lilo Fuchs hat ihn auch getroffen, als sie dort wohnten, 1976, bevor Jürgen verhaftet, bevor Havemann unter Hausarrest gestellt und Grünheide abgeriegelt wurde. »Der Bruder deines Vaters ist immer wieder mal dort aufgetaucht. Der kam dahin als Interessierter und im Auftrag zu hören, wer dort ein und aus ging. Mit dem Namen Schädlich war er aufgenommen«, erzählt Lilo. Entweder so oder aus Erzählungen anderer sammelte der Onkel Wissen und verriet es. So erfuhr das MfS, dass »der Lyriker Jürgen Fuchs […] mit seiner Familie ständig in einem Bungalow auf dem Grundstück Havemanns wohnt« und »der Lyriker Pannach, der angab, gegenwärtig Aufnahmen im Tonbandstudio von Biermann zu machen«, sich bei Havemanns aufhielt.

Der Onkel pflegte Bekanntschaften mit Schriftstellerinnen

wie Christa Wolf und Monika Maron, mit der Bildhauerin Ingeborg Hunzinger. Der Onkel gab sich als Freund des Schriftstellers Klaus Schlesinger und der Liedermacherin Bettina Wegner aus, und er suchte die Freundschaft von deren Schwester, Claudia Wegner, im Auftrag. Er wollte wissen, was sie dachte. Sie kannte viele Leute. Er wollte wissen, was sie dachten. Um ganz sicherzugehen, nahm er sich ihr Tagebuch vor, las es von vorne bis hinten, überzeugte sich von ihrer »politisch feindlichen Einstellung«, las Belastendes, und bald wusste es auch das MfS.

Ich habe Claudia Wegner getroffen. Sie sagte, der Onkel und die Schriftstellerin Maja-Michaela Wiens alias IM »Marion« seien die Schlimmsten in ihren Akten. Beide wurden vom MfS unter der Kategorie IMB geführt – als Inoffizielle Mitarbeiter der Abwehr mit Feindverbindung beziehungsweise zur unmittelbaren Bearbeitung im Verdacht der Feindtätigkeit stehender Personen.

Wolf Biermann besuchte er in seiner Wohnung in der Chausseestraße, Manfred Krug hatte er schon in den Fünfzigern kennengelernt. Sie wohnten ein Jahr lang im selben Haus, 1957, in der Prenzlauer Allee.

Ich habe Manfred Krug angerufen und gefragt, ob er mir mehr erzählen könne. Er sagte, sie seien sich eines Tages im Hausflur begegnet. Der Onkel habe in der vierten Etage gewohnt, in einer eigenen kleinen Wohnung. Er selber im Erdgeschoss, in einem möblierten Zimmer. Eines Tages habe der Onkel ihn angesprochen und gefragt, was er mache. Er sei Schauspieler, hätte er gesagt, denn er hatte gerade die Schauspielschule absolviert. Der Onkel sei schon Lehrer gewesen. Sie seien ins Gespräch gekommen. Über alles mögliche und besonders über Frauen. Der Onkel habe wunderbar von Frauen schwärmen können, denn er sei

Frauen sehr zugetan gewesen. Einmal wäre er mit in die Schule gegangen, an der der Onkel unterrichtete. Er sei sehr gut als Lehrer gewesen, er habe einen unauffälligen, eleganten Stil gehabt, und es habe Spaß gemacht, ihm zuzuhören. »Er war sehr begabt, dein Onkel«, sagt Manfred Krug. Ich lese in einem Ermittlungsbericht von 1977 über seine Zeit als Lehrer: »Während seiner Tätigkeit von 1951–1966 als Lehrer in der 5. Mittelschule, der 24. Oberschule und der Käthe-Kollwitz-Oberschule in Berlin Prenzlauerberg war Gen. Sch. als Lehrer für Geschichte und Staatsbürgerkunde tätig. Es wurde eingeschätzt, daß Sch. ein ›recht brauchbarer‹ Lehrer war, der seinen Unterricht parteilich und ›modern‹ gestaltete und um eine wissenschaftliche Ausdruckweise bemüht war. [...] Wie eingeschätzt wurde, kam er aus einer intellektuellen Familie, verkehrte mit Künstlern und in Kreisen der wissenschaftlichen Intelligenz und fühlte sich als ›kleiner Lehrer‹ etwas zurückgestellt. Beim Gen. Sch. zeigen sich Tendenzen zu extravagantem Verhalten, was sich in seiner saloppen Kleidung und Haltung ausdrückte. Dies wurde als seine ›besondere Note‹ angesehen, was sich nicht unbedingt negativ auf seine Persönlichkeit ausgewirkt habe. [...] Insgesamt wurde Sch. als ein sehr intelligenter und fähiger Genosse eingeschätzt, der von sich überzeugt ist und einen ehrlichen und offenen Charakter besitzt.«

Wäre er doch »ehrlich« und »offen« geblieben, denke ich.

Dass der Onkel als OV »Zersetzer« vom MfS geführt wurde, bevor er IM »Schäfer« wurde, kann nicht als Entlastung gelten. »Zersetzung« nannte das Ministerium für Staatssicherheit die Form der »geräuschlosen« Ausschaltung derjenigen, die sich gegen das SED-Regime engagierten. Man könnte sagen, was die einen von sich gaben, war für die anderen das »gefundene Fressen«. Der Onkel servierte es ihnen, freiwillig. Sogar schon, als er noch von der HA XX als »operativer Vorgang« geführt wurde. Ab 1975 dann als IM »Schäfer« ohne Unterbrechung bis 1989. Er hätte anders gekonnt, aber er tat es nicht. Das hatten die schon erkannt, als sie noch Material gegen ihn sammelten, mit dem sie ihn hätten zwingen können, wenn sie gewollt hätten. Aber: Dem Onkel konnten »keine strafbaren Handlungen gemäß § 106 StGB nachgewiesen werden«. Sie brauchten auch nicht zu ihm zu kommen, er kam zu ihnen. Ich lese: »Am 26. 3. 1974 gegen 10.00 Uhr erschien der DDR-Bürger Dr. Schädlich, Karlheinz

geb. am: 24. 9. 31 in Schöneck

wh.: 1055 Berlin,

Braunsberger Str. 54

Beruf: Historiker

tätig: Akademie der Wissenschaften der DDR, Institut für Geschichte

T. 535515

bei der Wache der Verwaltung, um eine Aussage zu machen.«

Er informierte, dass seine Freundin aus dem Westen daran beteiligt gewesen sei, einen gemeinsamen Bekannten über Ungarn außer Landes zu schleusen. Der Bekannte sei mit der Bahn nach Budapest gereist, und von dort hätten sie ihn mit einem Pkw, in dem sich er, sie und noch ein DDR-Bürger befunden hätten, in einem Personenversteck von Ungarn nach Jugoslawien geschleust. Dann wäre es weiter über Österreich nach München gegangen. Die Freundin hätte es dem Onkel bei einer Verabschiedung am Bahnhof Friedrichstraße gesagt, sie besuchte ihn oft. Sie hätte ihm auch gesagt, dass sie wahrscheinlich erst einmal nicht einreisen werde, das sei sicherer. Auch für ihn.

»Die Mitteilung des Dr. Sch. über die durchgeführte Schleusung wurde zur Grundlage genommen, um mit Dr. Sch. einen inoffiziellen Kontakt aufzubauen.«

Die Anzeige des Onkels hatte für ihn einen positiven Nebeneffekt. »Sch. ist froh, dass sie nun nicht mehr zu ihm kommen kann.« Durch die Mitteilung konnte der Onkel »dafür sorgen, daß die [...] – da sie durch ihn für die Schleusung verantwortlich gemacht wird – im Fahndungsbuch steht und folglich nicht mehr einreist«. Er hatte sich ihrer entledigt. »Wenn sie die Hände mit drin hat, dann kann sie mit sieben Jahren rechnen ... Wenn sie die Pfoten tatsächlich drin hat, dann hat sie allen Grund, nicht zu kommen«, hat er zu jemandem am Telefon gesagt.

Der Bekannte wurde im Juli 1974 bei dem Versuch, seine ehemalige Verlobte in den Westen nachzuholen, verhaftet. »Diese Tatsache ist dem Dr. Sch. zwischenzeitlich bekannt geworden.«

Dass er daran beteiligt war, dass jemand ins Gefängnis kam, war nicht das einzige Mal. Er verriet eine Freundin, die aus einem Ostblockland in den Westen fliehen wollte. »Durch einen offiziellen Hinweis der HA XVIII und durch den IM ›Schäfer‹ der HA XX/2 wurde dieser Verdacht am 30.10.1975 bestätigt.« Einen Tag später wurde die Freundin verhaftet und den »zuständigen Organen der DDR übergeben«.

Aber mehr noch als Verrat und Denunziation waren Geheimdienste des Onkels Steckenpferd, besonders der britische. Er wollte mitmischen. 007 in der DDR, schöne Frauen und das süße Leben! Kim Philby, der hochrangige britische Geheimagent und sowjetische Spion, hatte es ihm besonders angetan.

Eines Tages kam er ganz aufgeregt zu uns, sagte, er habe beim Telefonieren im Ost-Berliner Telefonbuch geblättert, und sein Blick sei erst auf einen Nachnamen gefallen, dann auf den Vornamen Lisa. Ein Signal. Er wusste, dass die erste Frau von Philby »Lisa« hieß. Er habe sie angerufen, sagte er noch aufgeregter. Und? Es sei genau die, die nach der englischen Emigration mit ihrem zweiten Mann in die DDR gegangen wäre. Er habe sich mit ihr verabredet und nun könne er jemanden sprechen, der Philby persönlich kenne.

Als ich noch einmal in der Wohnung des Onkels war, verwirrt, widerstrebend, nahm ich einen staubigen Hefter aus einem Regal. Schlug ihn auf. Bleistiftnotizen zu dem Buch, das der Onkel immer über Kim Philby schreiben wollte. Sogar mit ihm korrespondiert hatte er, lange nachdem Philby in die Sowjetunion geflohen war, und an den eigentlich niemand herankam.

Ich lese:

»Er berichtete, daß er zu Philby brieflichen Kontakt hatte. Über die 1. Frau des Philby, die in der DDR lebt und mit der er sich über ihn unterhalten hatte, ist er an Philby herangekommen. Philby hat dann an Sch. einen sehr netten Brief geschrieben.«

Aus dem Buch ist nichts geworden. Den Hefter habe ich ins staubige Regal zurückgelegt.

Mit der Anzeige im Jahr 1974 hatte der Onkel den ersten Schritt getan. Zwar war das MfS nicht der MI5, trotzdem: »Mit dem Dr. Sch. Karlheinz wurde seitens unserer Diensteinheit so verblieben, daß wir bei evtl. Notwendigkeit nochmals zur Klärung des Sachverhaltes auf ihn zukommen.«

Er brauchte nur drei Tage zu warten. Morgens um 9 Uhr

stand Major Salatzki in Begleitung von Leutnant Richter vor der Tür. Einer wird geklingelt haben. Der Onkel öffnete, vielleicht noch verschlafen.

Sie wollten mit ihm noch einmal über die Aussage sprechen, sagten sie.

Und dann redeten sie, eineinhalb Stunden, über das, was der Onkel über die Schleusung wusste, über die daran beteiligten Personen und über Bekannte und Freunde des Onkels.

Der Onkel sagte, er wundere sich, dass das Gespräch in seiner Wohnung geführt werde. Es sei ihm unklar, warum sie zu ihm kämen, wo doch das Gebäude der Staatssicherheit genügend Räume für Gespräche biete.

Salatzki sagte, freitags herrsche für gewöhnlich viel Publikumsverkehr. Das Gebäude sei zwar nicht klein, doch nicht alle Räume seien für Besuche eingerichtet. Das könne sich der Onkel doch denken.

Der Onkel sagte, das könne er sich denken.

Salatzki sagte, bei weiteren Fragen bei den jetzt beginnenden Ermittlungen würden sie wieder auf ihn zukommen.

Der Onkel sagte, er sei einverstanden.

Salatzki sagte, eine Befragung seiner Bekannten werde wahrscheinlich durchgeführt. Eventuell auch anderer damit im Zusammenhang stehender Personen. Über dieses Gespräch habe der Onkel mit niemandem zu sprechen.

Der Onkel sagte, er werde über das Gespräch Stillschweigen bewahren.

»Bei dem geführten Gespräch, das in einer freundschaftlichen Tonart geführt wurde, versuchte der Sch. seine positive politische Überzeugung herauszustellen.«

Schon am 30. Mai bekam der Onkel wieder Besuch, wieder von Richter und Salatzki. Er erhielt die ersten Aufträge, ein Test. Ich lese: »Schädlich erklärte sich sofort bereit, diese Aufträge auszuführen und uns vom Inhalt der Gespräche zu unterrichten.« Und: »Er erhielt die Tel.-Nr. 592701, um jederzeit die Gen. Röder (Richter) bzw. Sagert (Salatzki) verständigen zu können.« Zum Abschied gab der Onkel seinen Besuchern ein Passbild seiner Freundin aus dem Westen. Er überließ nichts dem Zufall.

Ich lese über Kurt Salatzki, den Führungsoffizier des Onkels, sehe das Foto eines jungen Mannes aus den Fünfzigern. Ein weicher Mund, wenn auch ohne ein Lächeln, hohe Wangenknochen, nicht unattraktiv, wenn ich nicht wüsste, wer er ist. Ein intelligenter Mann, das sieht man. Ich blättere weiter, Jahrzehnte später wieder ein Foto. Angsteinflößend, bedrohlich blickt Salatzki mir entgegen. Die Jahre haben ihn gezeichnet, seine Arbeit hat sich ihm ins Gesicht geschrieben. Sein Leben – eine schnörkellose, steile Karriere vom Feldwebel bis zum Major, Referatsleiter der Hauptabteilung XX/2. Verdienstmedaillen und Orden, Geldprämien. Kurt Salatzki war einer, der Ausdauer hatte, zielstrebig war, ehrgeizig, autoritär. Der sich auszeichnete »durch unbedingten Willen zur ständigen Leistungssteigerung, Anpassungsfähigkeit und Geschick im Umgang mit den Genossen, Kameradschaftlichkeit«. Der Diplomkriminologie studierte. Der sich in seine Arbeit und seine Mitarbeiter einfühlte, der »ständig neue Ideen und Varianten […] und vor allem eine qualifizierte eigene Arbeit mit IM« entwickelte. »Dadurch und durch praktische Anleitung bei der Treffteilnahme und Werbung wirkt er im Kollektiv des Referats als Vorbild und fördert die schöpferische Initiative seiner Mitarbeiter.«

Operative Vorgänge wurden unter der Leitung von Salatzki nicht selten mit Inhaftierungen – »unter seiner Anleitung wurden im vergangenen Jahr einige Vorgänge liquidiert« – und mit »erfolgreichen Zersetzungsmaßnahmen unter feindlichen Kräften des politischen Untergrundes« abgeschlossen. Er machte von seiner Schusswaffe Gebrauch. Ich will nicht wissen, wie viele Kerben er im Holz hat. Die ganze Familie war beim MfS. Seine Frau in der Arbeitsgruppe des Ministers; seine Schwägerin in der HA Kader und Schulung, deren Mann war Hauptmann bei der HV-A als Referatsleiter, Salatzkis Söhne, der eine bei der Spionageabwehr, HA II, der andere in der Verwaltung Rückwärtige Dienste und der dritte, mein Jahrgang, in der HA XVIII, die zuständig war für die Sicherung der Volkswirtschaft. Und die Schwiegertochter in der Abt. N, Nachrichten, einer selbständigen Abteilung des MfS. Alle über jeden Zweifel erhaben, bis zum Schluss.

Etwa neunzigtausend Hauptamtliche Mitarbeiter hat es zu DDR-Zeiten gegeben, die Hälfte davon in Berlin. Die Hochburg des Staatsicherheitsdienstes war in Hohenschönhausen. Dort war die Untersuchungshaftanstalt, von der Außenwelt hermetisch abgeschlossen, auf dem Ost-Berliner Stadtplan gar nicht eingezeichnet. Unweit davon, am Obersee, ein Villenviertel, in dem solche wie Spionagechef Markus Wolf, sein Nachfolger und stellvertretender Minister Werner Großmann oder Stasi-Oberst und Staatssekretär im Ministerium für Außenhandel Alexander Schalck-Golodkowski sich eingerichtet hatten, während im Gefängnis die Menschenrechte missachtet wurden. Auch Jürgen Fuchs, Gerulf Pannach und Christian Kunert saßen da. Lilo Fuchs erzählt: »Als sie nicht klein beigegeben haben bei den ersten Vernehmungen, wurde die U-Haft endlos verlängert.

Sie wurden erpresst, bedroht, isoliert. Spitzel wurden ihnen in die Zelle gesetzt. Sie sagten, entweder Sie gehen sofort in den Westen oder Sie werden verurteilt. Dann nicht unter zehn Jahren. Sie sagten, wenn Sie nicht gehen, dann dürfen Pannach und Kunert nicht gehen und auch die anderen, die in Gera sitzen, kommen nicht raus.

Wir Frauen wurden in Vogels Haus in der Reiler Straße bestellt. Dort wurden wir drei über den Sachverhalt informiert, dass eine Entscheidung falle, dass es möglich sei, die Männer in der Haft zu sprechen, es hinge von uns ab, ob wir in den Westen gingen oder in der DDR blieben. Es hieß: Aber Sie kennen ja Ihre Männer! Danach wurden wir von Vogel ins Gefängnis Magdalenenstraße gefahren. Die Männer waren von Hohenschönhausen dahin gebracht worden.

Dort wurden wir getrennt, jede von uns Frauen ging in ein anderes Zimmer, und jede durfte unter Bewachung mit ihrem Mann sprechen. Vogel saß bei uns mit im Raum und zwei Leute vom MfS. Wir konnten also gar nicht frei miteinander reden. Jürgen konnte mir nichts von der Erpressung sagen, auch nicht von all den anderen Dingen, die ihm widerfahren waren. Das hat er mir erst im Westen erzählt. Jürgen sagte, unter den gegebenen Umständen habe er sich entschlossen, das Land jetzt zu verlassen. Ich konnte seinen Entschluss nur zur Kenntnis nehmen. Ich habe ihn angesehen, versuchte in seinem Gesicht zu lesen. Ich bin fast ohnmächtig geworden. Nur nicht flennen, dachte ich. Ich sagte nur einen Satz: Ich gehe dahin, wohin mein Mann geht.«

Vor nicht allzu langer Zeit habe ich meinen älteren Sohn von einem Freund abgeholt. Es war noch Winter, schon dunkel. Je näher ich der Adresse kam, desto beklemmender wurde es. Die Laternen wiesen den Weg, Laternen wie Wachposten. Ich bog in eine Straße, fuhr an einer Mauer entlang, immer langsamer, parkte. Blieb sitzen, konnte kaum aussteigen. Das Haus der Familie direkt gegenüber der Gefängnismauer. Die Aussicht aus dem Garten Wachtürme. Gespenstisch. Aber das dort ist keine Geisterstadt. In den Plattenbauten und Einfamilienhäusern rundherum wohnen heute noch ehemalige Majore und Hauptmänner. Salatzki hat sich eine bessere Adresse gesucht, wohnte zuletzt in Berlin-Friedrichsfelde. Dort ist er gestorben. So steht es im Mitteilungsblatt der »Initiativgemeinschaft zum Schutz der sozialen Rechte ehemaliger Angehöriger bewaffneter Organe und der Zollverwaltung der DDR e.V.«, kurz ISOR, einer dieser Vereine, in denen sich die SED-treuen Staatsdiener »vom Wachtmeister bis zum General«, zusammenrotten. Im Mitteilungsblatt von 2004 sehe ich den Namen Kurt Salatzki unter etlichen anderen unter der Überschrift »Wir trauern um unsere verstorbenen Mitglieder«. Unter dem letzten Namen: »Ehre ihrem Andenken.«

Nach der ersten Kontaktaufnahme des Onkels durch die Anzeige wegen der Republikflucht ging Zeit ins Land. Noch fast ein Jahr ließen sie den Onkel beobachten, ließen ihn abhören, sammelten sie Material. Am 13. Februar 1975 beschloss Salatzki, wie ich in den Akten lese, den Vorgang »Zersetzer« mit der Werbung abzuschließen. Am 29. März rief er den Onkel an:

Salatzki: Hallo, Sagert am Apparat.

Der Onkel: Ja, ich erinnere mich. Ich habe gestern und vorgestern versucht, *Sie* anzurufen. Ich wollte um ein Gespräch bitten, ich habe wichtige Informationen.

Salatzki: Ich bin gegen 11.30 Uhr bei Ihnen. Ist Ihnen das recht?

Die dritte Begegnung also, gleich unter vier Augen.

In dem Treffbericht steht: »Gegen 11.30 Uhr betrat Unterzeichneter die Wohnung des Dr. Schädlich und stellte fest, dass neben Dr. Schädlich ein ca. 16 – 17jähriges Mädchen anwesend war.« Das Mädchen schickte der Onkel in die Küche. Die Männer sprachen:

Der Onkel: Was ist Ihr Anliegen?

Salatzki: Im Zusammenhang mit der Ausschleusung und späteren Inhaftierung Ihres ehemaligen Bekannten ist eine Reihe von Fragen aufgetreten, über die ich mit Ihnen sprechen will. Es geht um die Festlegung eines Termins.

Der Onkel: Gut, ich bin zu einem Gespräch über diese Fragen bereit. Außerdem habe ich Kenntnis von einer weiteren Schleusung. Eine gute Freundin hat mir davon erzählt. Mehr weiß ich zur Zeit nicht, ich halte es aber für meine Pflicht, umgehend diese Fakten zu melden.

Salatzki: Diese Angaben werden überprüft. Wir können uns dann ausführlich am 4. 4. 75 um 9.00 Uhr darüber unterhalten.

Der Onkel: Gut, ich bin mit diesem Termin einverstanden.

Freundschaften muss man pflegen. Zwei Tage vor dem Termin klingelte bei Salatzki das Telefon. Vielleicht blickte er auf seine Uhr. Es war kurz vor 10 Uhr morgens. Vielleicht setzte er eine Tasse Kaffee ab.

Der Onkel: Schädlich am Apparat, Karlheinz. Ich dachte, ich sollte Ihnen mitteilen, dass die gute Freundin, die mir von der weiteren Schleusung erzählt hat, gestern bei mir zu Besuch war. Sie sagte, der Freund sei offenbar nicht in West-Berlin angekommen, denn die vereinbarte Mitteilung sei noch nicht eingetroffen.

Salatzki: Interessant. Ich schlage vor, wir unterhalten uns übermorgen ausführlich über diesen Besuch der Freundin.

Am 4. April begab sich der Onkel zu dem Treffen. Er war in ein Appartement Unter den Linden 36 bestellt worden, in das Haus, in dem der Zentralrat der FDJ seinen Sitz hatte. Ich sehe vor mir, wie der Onkel vom S-Bahnhof Friedrichstraße in Richtung Unter den Linden schlendert, nach rechts abbiegt. Je näher er der Adresse kommt, desto lässiger. Vor dem Haus bleibt er kurz stehen, klopft die Pfeife aus. Dann tritt er ein.

Dieses Gespräch dauerte länger. Es ging um mehr. Auch über dieses Treffen gibt es einen Bericht: Salatzki war dort und Major Buhl. Man plauderte über die Schleusung nach West-Berlin. Man spekulierte, dass es sich um ein und dieselbe Schleuserorganisation handeln müsse, die auch schon dem Bekannten außer Landes verholfen hatte, der dann verhaftet werden konnte. Man war sich einig. Um die »Organisation aufzuklären«, werde die Hilfe des Onkels benötigt. Er wollte helfen. Und dann: »Ohne, daß er danach gefragt wurde, gab Sch. an, daß er in der Vergangenheit Verbindungen zu s.g. DDR-Opposition Havemann und Biermann unterhalten hat. Dr. Schädlich bezeichnete Havemann als einen senilen Individualisten, der seine oppositionelle Haltung als einträgliche Einnahmequelle nutzt (Veröffentlichungen im NSW).«

Ich höre ihr höhnisches Gelächter. Ich sehe, wie der Onkel dasitzt, die Pfeife haltend, lächelnd, ein Bein über das andere geschlagen. Keine Angst, nichts zu verlieren. Vielleicht in einem Sessel, an einem runden Tisch. Bei Antworten manchmal zurückhaltend, um herauszufinden, inwieweit die beiden Männer informiert sind.

Die beiden anderen ihm gegenüber, nicht ganz so locker,

wachsam und kollegial. Trotzdem entspannt. Sie wussten, was sie taten. Der Onkel wusste es auch.

Man verabschiedete sich, vielleicht per Handschlag. Wahrscheinlich verließ der Onkel zuerst die Wohnung, trat auf die Straße hinaus, wandte sich nach links, ging zur Espresso-Bar, war ja nicht weit. Der Stammgast bestellte Schnaps und Kaffee im verrauchten Bistro.

Vielleicht blieben Salatzki und Buhl noch einen Moment in der Wohnung und resümierten das Gespräch.

Ich lese: »Die in Vorbereitung des Werbungsgespräches erarbeiteten Dr. Sch. belastenden Momente krimineller Handlungen und seine [...] Beziehungen zu [...] wurden während der Werbung nicht erwähnt. Auf eine Frage unsererseits, wer [...] am 29. 3. 75 in seiner Wohnung war, antwortete Dr. Sch., daß er darüber nicht sprechen möchte, da es sich um eine zutiefst private Angelegenheit handele. Sollen sich in der weiteren Zusammenarbeit mit Dr. Sch. Schwierigkeiten ergeben, besteht die Möglichkeit, die belastenden Probleme auszuspielen. [...]

Einschätzung des Verhaltens Dr. Schädlichs während des Werbungsgespräches

Dr. Sch verfolgte das gesamte Gespräch sehr aufmerksam, formulierte seine Fragen und Antworten exakt. Dabei versuchte er stets in Erfahrung zu bringen, welche Probleme uns speziell interessierten und welche Konsequenzen bestimmte Informationen, die er uns gibt, für ihn haben könnten. Das war besonders im Zusammenhang mit dem Gespräch über die [...] zu erkennen.

Insgesamt zeigte Dr. Sch. bei seinen Antworten noch eine gewisse Zurückhaltung. Er versuchte offensichtlich festzustellen, wie weit wir über bestimmte Probleme bereits informiert sind. Das betraf sowohl seine eigenen Probleme aber auch Hinweise zu den im Bericht genannten Fragen.

Dr. Sch. zeigte sich sehr besorgt, daß über bestimmte Verbindungen, die er unterhält bzw. über sein Fehlverhalten (im Zusammenhang mit dem […]) seine Arbeitstelle nichts erfährt.

Obwohl Dr. Sch. sich zur Zusammenarbeit bereit erklärt hat, können gegenwärtig die Motive dafür noch nicht klar beurteilt werden. Offensichtlich sind ihm die ihn belastenden Dinge voll bewußt und er befürchtet, daß ihm aus einer Ablehnung der Zusammenarbeit mit dem MfS Nachteile erwachsen könnten.

Aus diesem Grunde und wegen des insgesamt positiven verlaufenen Werbungsgespräches wurde auf die uns bekannten Dr. Sch. stark belastenden Fakten im Gespräch nicht eingegangen. Es besteht bei auftretenden Schwierigkeiten in der künftigen Zusammenarbeit immer noch die Möglichkeit, darauf einzugehen.

Salatzki
Major«

Dann werden sie die Wohnung verlassen haben. Vielleicht traten sie in einen sonnigen Tag, vielleicht zufrieden. Auftrag erfüllt.

Ich lese: »Dr. Sch. erklärte sich ohne zu zögern bereit, mit dem MfS zusammenzuarbeiten. Er lehnte eine schriftliche Verpflichtung mit der Begründung ab, daß seine mündliche Zusicherung ausreichende Garantie für eine erfolgreiche Zusammenarbeit sei. Dr. Sch. schrieb eine Schweigeverpflichtung, die so formuliert wurde, dass ersichtlich ist, dass er Kontakt zum MfS unterhält. Dr. Schädlich wählte sich selbst den Decknamen ›Schäfer‹.«

Der handschriftlich vom Onkel formulierte Wortlaut ist folgender: »Über die zwischen mir und dem MfS bestehenden Kontakte und alle damit in Zusammenhang stehenden Informationen und Probleme, die mir bekannt werden, werde ich gegenüber jedermann Stillschweigen bewahren. Gez. Karlheinz Schädlich.«

Das Losungswort bei einer Kontaktaufnahme sollte sein »Grüße von Sagert an Schäfer übermitteln«.

Für die Zusammenkünfte erhielt er Adressen, entweder waren es als Geschäftsadressen getarnte Wohnungen oder Privatwohnungen, die von getreuen Genossen dem MfS zur Verfügung gestellt wurden, sogenannte IMKs mit Decknamen. Eine davon war »Bungalow«, ein Lagerraum und Büro in der Lederstraße 72 in Weißensee, an der Tür das Schild »Sitsa-Vertretung«. Die in dem Haus wohnenden Mieter, so hatte das MfS ermittelt, waren der Ansicht, »daß es sich um ein Sitzungszimmer der Firma handelt, in dem vorwiegend in den Vormittagsstunden Sitzungen abgehalten werden«. Die konspirative Nutzung war also gewährleistet.

Die andere Wohnung hatte den Namen IMK/KW »Insel«. »Insel« war der Deckname von dem Journalisten Max Wonsig, der seine Wohnungen auf der Fischerinsel und in der Gubener Straße zur Verfügung gestellt hatte. Das Erkennungszeichen dort: »Grüße von Jochen, ich möchte das Manuskript abholen!« Der Zynismus ist kaum zu überbieten, der Name und die Tätigkeit des Vaters als Losungswort.

8

Ich will nicht mehr! Die Birke vor meinem Arbeitsfenster treibt schon grüne Blätter. Die Birke, nicht nur schützende Kraft vor bösen Geistern, auch Baum der Sonnenwende. Baum der Gerechtigkeit. In alter Vorzeit sollen Druiden ihre Schüler bei einer Weihe mit einem Birkenreisig zum Zeichen der Reinigung berührt haben. Immer im Dezember.

Was hilft es? Ich muss weitermachen. Durch Wissen reinigen. Den Schmutz loswerden, die Sache nicht begraben, auch wenn der Onkel begraben ist. Sich lange damit beschäftigen kann nicht lange genug sein. Doch die Antworten müssen wir uns selber geben. Das merke ich in Gesprächen, die wir in der Familie führen. Wir erzählen uns, was war. Wir erzählen uns von unserem Entsetzen. Wir erzählen von der Traurigkeit. Nicht jeden Tag, aber immer wieder. Es ist etwas, worüber wir wohl immer reden werden. Vielleicht reden wir es uns so von der Seele. Jeder stellt sich an die Seite des anderen. Nur so ist das auszuhalten.

Der Onkel war kein »Gentleman IM«, kein Opfer des politischen Systems, er war überhaupt kein Opfer. Er war ein Täter, ein politisch überzeugter Täter, auch wenn mit ihm Aussprachen »zu seinem unparteilichen und mit der Zusammenarbeit mit dem MfS im Widerspruch stehenden Verhalten« geführt wurden. Vorwürfe waren unter anderem »Dekonspiration gegenüber Organen des Zolls und der VP«, dass er »äußerst interessante Fakten nicht oder nur teilweise berichtet hat« oder dass er sich für einen Genossen »unverantwortlich« verhielte, weil er Interna aus Parteiversammlungen weitergegeben hatte, auch an seinen Bruder. Ziel der Aussprache 1978, die sein Führungsoffizier

Major Salatzki und Oberstleutnant Horst Kuschel mit dem Onkel hatten, bestand darin, »eindeutig zu klären, ist der IM ›Schäfer‹ zukünftig für eine ehrliche und vertrauensvolle Zusammenarbeit mit dem MfS auf der Grundlage eines parteilichen Standpunktes bereit, oder wenn es im Ergebnis der Aussprache das Verhalten des IM erfordert, eine Zusammenarbeit zu beenden«. Allerdings deuteten sie auch an, welche Konsequenzen das haben würde, dass die Möglichkeit bestünde, »das Gerücht über seine Verbindung zum MfS neu zu beleben« und dass sie seine Vergehen der Arbeitsstelle melden würden, die da wären: »kriminelle Delikte – schwere Zollvergehen, Verhalten der VP gegenüber, Übergabe der Aufzeichnungen an die S. Kirsch«. Während einer internen Parteiversammlung, in der es um Probleme der Kulturpolitik ging, hatte sich der Onkel nämlich heimlich Notizen über das Gesagte gemacht. Er hatte die Notizen Sarah Kirsch gegeben. Nur wenige Monate nach der Ausbürgerung Biermanns war das brisanter Stoff. Das waren Interna. Sarah Kirsch gab die Notizen weiter, an Klaus Schlesinger, an Günter Kunert. Die Notizen gelangten in die Bundesrepublik und wurden in der *Zeit* abgedruckt. Des Onkels Spekulation, dass Sarah Kirsch die Notizen weitergeben würde, war aufgegangen. Als er sich wegen dieser Tat rechtfertigen musste, zog er sich aus der Affäre: »Als Begründung dafür, warum er diese Aufzeichnungen der Kirsch zur Kenntnis gegeben hat, gab der IM an, daß er damit seinen Kontakt zur Kirsch im Interesse des MfS festigen und ihr zeigen wollte, daß er zu ihr Vertrauen hat.« Das wurde ihm abgenommen. Ermahnt wurde er trotzdem.

Er suchte Sarah Kirsch auftragsgemäß auf. Sie bedauerte, dass er jetzt möglicherweise Schwierigkeiten bekommen würde. Riet ihm zu leugnen, sollte es zu Aussprachen kommen, es gebe ja keine Beweise. Der Onkel wusste die Gunst der Stunde noch anderweitig zu nutzen. »Bei dem Gespräch am 2. 6. 77 gab der IM ihr zu verstehen, daß er aufgrund seines Urlaubs gegenwärtig finanzielle Schwierigkeiten hat und nicht alle Verpflichtungen realisieren kann. Die Kirsch übergab dem IM sofort 100,-- M mit der Bemerkung ›Nimm und vergiß es‹. Der IM hatte den Eindruck, daß sie erfreut darüber war, sich ihm gegenüber erkenntlich zu zeigen.«

Jetzt aber, auf die Vermutung, der Onkel unterhalte »die Verbindung zum MfS in erster Linie aus rein persönlichen Gründen zur Rückendeckung bei von ihm begangenen Verfehlungen«, erklärte er, die Zusammenarbeit mit dem MfS entspräche seiner politischen Überzeugung. »Ohne diese Überzeugung hätte er nicht in eine inoffizielle Zusammenarbeit mit dem MfS eingewilligt. Für ihn gibt es in dieser Zusammenarbeit keine Tabus und er hat auch in der Vergangenheit über alle das MfS interessierenden Fragen ohne Vorbehalte berichtet. Er ist auch bereit, in Zukunft mit dem MfS zu arbeiten und über alle Probleme ohne Rücksicht auf bestimmte Personen zu berichten.«

Der Onkel wollte sich aber auch mit seinem Führungsoffizier gut stellen. »Birds of a feather flock together«, denke ich. Einen, der ihm nicht das Wasser hätte reichen können, hätte er nie akzeptiert.

Und er wollte Salatzki beeindrucken.

Ich muss ein wenig ausholen:

Die Änderung des Strafgesetzbuches der DDR 1979 erlaubte die Inhaftierung von Autoren, die ihre Werke ohne Genehmigung im westlichen Ausland veröffentlichten. Bis dahin waren regimekritische Schriftsteller auf Grundlage der Währungsgesetze bestraft worden. Im Mai 1979 waren Robert Havemann und Stefan Heym, wegen erhaltener Zahlungen aus dem Ausland zu Geldstrafen verurteilt, noch glimpflich davongekommen, wenn man bedenkt, dass sie bis zu zwei Jahren Haft hätten erhalten können. In einem Interview mit westlichen Medien erklärte Heym, dass die Währungsgesetze der DDR in Wirklichkeit dazu dienten, die Meinungsfreiheit zu unterdrücken. Im Juni schloss der DDR-Schriftstellerverband unter dem Vorsitz von Hermann Kant neun Schriftsteller aus: Kurt Bartsch, Adolf Endler, Stefan Heym, Karl-Heinz Jakobs, Klaus Poche, Klaus Schlesinger, Rolf Schneider, Dieter Schubert und Joachim Seyppel. Fünf von ihnen hatten zusammen mit Jurek Becker, Martin Stade und Erich Loest die Anklage gegen Stefan Heym öffentlich kritisiert. Vorausgegangen war dem Ausschluss noch ein Brief von dem SED-treuen Schriftsteller Dieter Noll, der sich in einem »offenen Brief« an den DDR-Staatsratsvorsitzenden Erich Honecker im Mai gegen die Schriftstellerkollegen Stefan Heym, Joachim Seyppel und Rolf Schneider gewandt und sie darin als »kaputte Typen« denunziert hatte, die mit dem »Klassenfeind kooperieren, um sich eine billige Geltung zu verschaffen«.

Gegen den Ausschluss der neun Autoren wurden Unterschriften für Protestbriefe an den Schriftstellerverband der DDR und an den Staatsratsvorsitzenden Erich Honecker gesammelt. Im Spätsommer bat Jutta Braband (heute Judith Braband), die mit Thomas Klein zu den Initiatoren gehörte, den Onkel – sie kannten sich schon einige Jahre –, sie zu Günter de Bruyn zu begleiten. Braband und Klein wollten dort über die Unterschriftenaktion vom Juni und den Entwurf eines neuerlichen Briefes an Hermann Kant informieren und um Unterstützung bitten.

Ich lese, dass am 19. August 1979 der Onkel zusammen mit Thomas Klein und Jutta Braband zu dem Schriftsteller nach Storkow fuhr. Während der Fahrt unterhielten sich die Hinfahrenden über den geplanten Besuch. Der Onkel las den Briefentwurf während der Fahrt. Gegen 10.30 Uhr klingelten sie bei de Bruyn.

Der Onkel: Ich bin der dringenden Bitte von Frau Braband nachgekommen, die eine wichtige Angelegenheit mit Ihnen besprechen möchte, von der ich selbst nicht informiert bin.

De Bruyn und seine Frau empfingen die unangemeldeten Gäste freundlich. Die Besucher verbrachten den Tag bei dem Schriftsteller, am Nachmittag ein Spaziergang in die Umgebung, Gespräche auch über Speisen, die Natur, Lebensart und Kunstgewerbe.

Auf der Heimfahrt sprach man über den Besuch, man sprach darüber, dass der Staatssicherheitsdienst bereits Wind von der Sache bekommen habe, weil schon einige der Akteure befragt worden seien. Braband und Klein waren sich sicher, dass es der Staatssicherheit bisher nicht gelungen sei, in ihren Kreis einzudringen. Der Onkel gab zu bedenken: Das MfS habe sehr große Erfahrungen und ausgeklügelte Mittel und Methoden, er würde es nicht so unterschätzen.

Am 20. August Treffen in »Bungalow« mit Oberstleutnant Kuschel, den der Onkel nur unter dem Namen Gutsche kannte, ein intelligenter Gesprächspartner, immer elegant, ganz wie der Onkel. Dreieinhalb Stunden dauerte das Gespräch. Ich lese: »Der IMV hatte den beim Treff am 17. 8. 79 erhaltenen Auftrag erfüllt. Er hatte den Sonntag geopfert, um im Interesse des MfS die Fahrt mit der Braband zum Kennenlernen deren weiteren Absichten nach

Storkow durchzuführen.« Der Onkel gab den Inhalt des Briefentwurfes weiter: »Unter Bezugnahme auf den Brief vom Juni 1979 an den Schriftstellerverband wird mitgeteilt, daß in der Folge das MfS tätig geworden sei und einige der Unterzeichner des Briefes Befragungen unterzogen hätte.

Es wird von Hermann Kant um Beantwortung der Frage gebeten, ob der Brief vom Juni 1979 vom Schriftstellerverband an das MfS weitergeleitet wurde und sofern das der Fall sei, werde eine Stellungnahme zu dieser Handlungsweise erbeten.

Es wird in dem Brief dann generell die Frage aufgeworfen, wieso Diskussionen über eine öffentlich interessierende Angelegenheit, wie es der Ausschluß prominenter Schriftsteller aus dem Verband sei, Gegenstand der Arbeit der Sicherheitsorgane sein könne und Unverständnis zum Ausdruck gebracht, wieso dadurch die Sicherheit der DDR beeinträchtigt werde könne.«

Der Onkel beantwortete Fragen. Ich lese: »Auf die Frage an den IM, welcher evtl. der nächste Schriftsteller sein könne, den die Bande einbeziehen wolle, meinte der IM einschätzend, dass das vermutlich Plenzdorf sei.«

Am 11. September wurde dem Onkel mitgeteilt, dass Jutta Braband und Thomas Klein vom MfS verhaftet wurden.

Jutta Braband erzählt: »Dein Onkel hat übrigens auch unterschrieben, gleich zu Beginn. Wenige Tage später kam er händeringend an und bat uns, seine Unterschrift zu streichen. Heute würde man sagen, er hat als verdeckter Ermittler indirekt andere animiert, diesen Brief auch zu unterschreiben.«

Günter de Bruyn schrieb mir: »Ich habe Ihren Onkel als

geistreichen, intelligenten, witzigen, ja charmanten Mann in Erinnerung, mit dem offen zu reden nicht schwerfiel. Ich hätte ihn nicht gerade zum Freund haben wollen, aber er gefiel mir, und misstraut habe ich ihm nicht. Entsprechend groß war später die Enttäuschung.«

1979 erhielt der Onkel die »Verdienstmedaille der NVA in Bronze«. Und so sah das aus:

»Es wird vorgeschlagen, den IMV ›Schäfer‹ mit der ›Verdienstmedaille der NVA in Bronze‹ auszuzeichnen.« Und die Begründung?

Der Onkel hatte durch seinen »persönlichen Einsatz einen wesentlichen Beitrag zum Abschluß eines Operativvorgangs geleistet«.

»Abschluss« bedeutete Inhaftierung.

Außerdem, so wurde gelobt, habe »›Schäfer‹ operativ wichtige Informationen aus dem politischen Untergrund erarbeitet«. Und dann bekam der Onkel seine Medaille: »In Anerkennung und Würdigung seiner hervorragenden Zusammenarbeit mit den Organen des Ministeriums für Staatssicherheit, besonders seines wesentlichen Beitrages zum Abschluß eines Vorganges v e r l e i h e i c h

Dr. Karlheinz Schädlich

die ›Verdienstmedaille der Nationalen Volksarmee in B r o n z e‹

Mielke

Generaloberst«

Verlieh ihm diese »Auszeichnung« Flügel? Schickte er deshalb damals im Herbst 1979 seine Freunde zu uns nach West-Berlin? Ob sie ihm Antworten geben konnten auf seine Fragen, zum Beispiel wie unsere Wohnung aussah? Nicht sehr viel anders als in Köpenick und Hamburg, dieselben Möbel, dieselben Vorhänge, dieselben Lampen. Wer in der Wohnung aus und ein ging? Die »Ehemaligen« wie Sarah Kirsch, Jürgen Fuchs, Gerulf Pannach mit Gitarre, wenn er einfach nur so bei uns vorbeikam. Was die Mutter dachte? Sie war vorsichtig geworden, denn sie ahnte, dass sich etwas zusammenbraute, dass »ernsthafte Anstrengungen unternommen wurden, um H.J. Schädlich zur Rückkehr in die DDR zu bewegen«. Dass sich der Vater mit dem Gedanken trüge, zurückzukehren, hatte der Onkel seit geraumer Zeit verbreitet. Schon damals, im Juni 1978, hatte die Mutter, als ihr die Einreise in die DDR gelang, ihn damit konfrontiert. Wie hatte es in dem Bericht des Führungsoffiziers Salatzki noch geheißen? »Mit dem IM wurde nochmals beraten, unter welchen Voraussetzungen es möglich ist, weitgehend die Probleme seines Bruders in der BRD in Erfahrung zu bringen und dabei ständig mögliche Ansatzpunkte für eine spätere Rückkehr zu erkunden.«

Dazu brauchte der Onkel die Großmutter. Ihre Besuche wurden häufiger. Ich lese: »Durch ihre Besuche bei H.-J. Schädlich hatte die Mutter den Eindruck, daß der Schriftsteller Arendt einen gewissen Einfluß auf H.-J. Schädlich hat. Sie hatte deshalb die Idee, sich an A. zu wenden, um ihn zu bitten auf Sch. entsprechend einzuwirken. Da sie jedoch die Adresse von A. nicht hatte, wandte sie sich an die Mitarbeiterin des Verlages ›Volk u. Welt‹ – […]. Die gab der Mutter zu verstehen, daß es sich doch offensichtlich darum handelt, H.-J. Schädlich mit Hilfe von Arendt zurückzuholen. […] äußerte sich in diesem Zusammenhang, ›ich rate euch, laßt die Finger davon‹.«

Die Mutter beriet sich mit Jürgen Fuchs und Gerulf Pannach. Die Freunde waren der Überzeugung, dass es das Beste sei, wenn der Vater wegführe, zur Erholung in die Berge. Außer Reichweite. Ich lese: »Von dieser ›Mafia‹ wurde festgelegt, H.-J. Schädlich nach Oberstdorf (Allgäu) in eine psychiatrische Klinik zu schicken.«

Die Großmutter sagte es dem Onkel. Der Onkel musste schnell handeln. Über eine Bekannte stellte er einen Kontakt zu Klaus Höpcke her, er informierte Salatzki. Hätte der Onkel nicht über eine Bekannte den Kontakt zu Höpcke hergestellt, hätte Höpcke sich nie mit ihm getroffen. Hätte der Onkel nicht mit dem MfS zusammengearbeitet, wäre nie etwas geschehen.

Was ich in den Akten finde, kann ich kaum fassen: In einer Information der Hauptabteilung XX vom 19. Oktober 1979 steht, dass am 12. Oktober 1979 der Onkel bei dem stellvertretenden Minister für Kultur Klaus Höpcke erschienen sei und ausführlich über den Zustand des Vaters informiert habe. Er habe berichtet, dass die Mutter und Jürgen Fuchs die Rückkehr in die DDR verhindern wollten, und um Prüfung der Möglichkeiten gebeten. Höpcke hätte keinerlei Zusicherungen gemacht, sich aber einverstanden erklärt, dass die Großmutter dem Vater mitteile, dass der Onkel mit Höpcke über diese Angelegenheit gesprochen hätte. Am 22. Oktober sollte sich der Onkel wieder telefonisch melden.

In einer Notiz von Oberst Stange an Generalmajor Kienberg steht: »Über den Inhalt des Gesprächs hat Genosse Höpcke bisher nur den Genossen Kurt Rätz (ZK der SED, Büro Hager) mündlich informiert, und damit die Bitte verbunden, Genossen Prof. Hager« – Kurt Hager bestimmte als Mitglied des Zentralkomitees und des Politbüros des ZK der SED die Kultur- und Bildungspolitik und galt als Chefideologe der DDR –, »nach dessen Rückkehr aus der

UdSSR am 18. 10. 1979 in Kenntnis zu setzen. In Absprache mit Genossen Rätz wird Genosse Höpcke dem Minister für Kultur, Genossen Hoffmann, nach dessen Rückkehr aus der UdSSR ebenfalls mündlich informieren.

Entsprechend der Empfehlung des Genossen Rätz, über dieses Gespräch nur auf ausdrücklichen Wunsch des Genossen Prof. Hager eine Notiz anzufertigen, hat Genosse Höpcke im Interesse der Wahrung der Diskretion bei dieser Angelegenheit bisher auf schriftliche Formulierungen verzichtet.«

Weiter lese ich in der Information der Hauptabteilung XX vom 19. Oktober 1979:

»Durchgeführte Überprüfungen bei der HA VII ergaben, daß Hans-Joachim Schädlich, falls seinerseits ernsthafte Absichten zur Rückkehr in die DDR bestehen, die Möglichkeit hat, an einer Grenzübergangsstelle als BRD-Bürger um Rückkehr in die DDR zu ersuchen.

Sollte Schädlich diese Möglichkeit wahrnehmen, so erfolgt danach die Einweisung in das zentrale Aufnahmeheim der DDR, von wo aus entschieden wird, ob ein Aufnahmeverfahren durchzuführen ist.

Es wird vorgeschlagen, die Durchführung eines Aufnahmeverfahrens vom Verhalten des Hans-Joachim Schädlich, insbesondere folgender Aspekte, zu deren Erfüllung er sich bereitzuerklären hat, abhängig zu machen:

1. Er hat sich gesellschaftsgemäß zu verhalten, jegliche Aktivitäten gegen die DDR zu unterlassen und diesbezügliche Versuche von Vertretern westlicher Massenmedien und diplomatischer Vertretungen zurückzuweisen.
2. *Schädlich hat sich bereitzuerklären, die Machenschaften und Manipulationen im Zusammenhang mit dem politi-*

schen Missbrauch seiner Person durch westliche Medien für eine agitatorische Auswertung umfassend darzulegen. [Hervorhebung durch d. Aut.]

3. Schädlich hat bei seiner Aufnahme in die DDR eine geregelte Arbeit aufzunehmen.
4. Besondere Vergünstigungen werden nicht gewährt. Die Zuerkennung der DDR-Staatsbürgerschaft würde er nach Prüfung im Rahmen des Aufnahmeverfahrens zu einem darin festzulegenden Zeitpunkt erhalten.

Der stellv. Minister für Kultur, Genosse Klaus Höpcke, sollte Karl-Heinz Schädlich beauftragen, seinem Bruder, Hans-Joachim Schädlich, die unter 1 bis 4 genannten Bedingungen für eine mögliche Rückkehr in die DDR zu übermitteln.«

Am 16. Oktober, also zwischen dem Treffen mit Höpcke am 12. und dem Bericht der HA XX am 19., hatte sich der Onkel mit Salatzki getroffen. »Der IM informierte kurz über das Gespräch, das er mit dem stellv. Kulturminister Höpke zu H.-J. Schädlich hatte. […] Höpke hat darauf aufmerksam gemacht, daß das wichtigste Problem darin besteht, daß H.-J. Schädlich gegenüber anderen Personen einen eventuellen Besuch in der DDR und eine evtl. geplante Rückkehr abschirmt.«

Dem Onkel wurde noch einmal »eindringlich« gesagt, »daß die Bemühungen um Hans Joachim Schädlich nur dann erfolgreich seien, wenn der von ihm als ›Mafia‹ bezeichnete Personenkreis von den Aktivitäten in der Richtung keine Kenntnis erhält«.

Am 25. Oktober begab sich der Onkel zum IMK »Insel«, das Gespräch dauerte von 8.00 Uhr bis 13.00 Uhr. »Dem IMV wurde mitgeteilt, daß H.-J. Schädlich in die DDR zurückkehren kann. Ihm wurde außerdem erläutert, welche

Aufgaben für ihn (d. IMV) in diesem Zusammenhang zu realisieren sind.

1. Gespräch mit Gen. Höpcke
2. Einflußnahme auf die Mutter von H.-J. Schädlich, um sie zu befähigen, H.-J. Schädlich entsprechend zu informieren.
3. Betreuung Schädlichs durch den IM nach erfolgter Übersiedlung.«

In einem Gespräch, das der Onkel am 26. Oktober mit Klaus Höpcke hatte, teilte der ihm mit, dass seitens der DDR kein besonderes Interesse an Hans Joachim Schädlich bestehe, keine Initiativen hinsichtlich einer Rückkehr Schädlichs in die DDR entwickelt würden, gegen eine Rückkehr jedoch keine Einwände bestünden und keine Bedingungen gestellt würden. Außerdem: Er brauche nur den Termin mitzuteilen, könne ohne Dokumente einreisen, es gebe kein formales Aufnahmeverfahren, bei Bedarf würde eine ärztliche Behandlung erfolgen und: »Schädlich braucht keine öffentlichen Erklärungen bzw. Pressekonferenzen geben, man erwartet jedoch von ihm, daß er zum gegebenen Zeitpunkt gegenüber kompetenten Personen (evtl. Klaus Höpke) die Zusammenhänge und Hintergründe seiner Übersiedlung in die BRD darlegt.«

Ich kann und will es nicht glauben. Aber ich muss es glauben. Es steht in den Akten.

Der Onkel war weit gekommen. In den letzten Oktobertagen schickte er die Großmutter wieder in unsere Wohnung. Über sie sollte der Onkel das Ergebnis der Aussprache nach dem 1. November 1979 übermitteln und auf dem gleichen Wege die Antwort vom Vater erhalten.

Aber: »Die Fahrt der Mutter könnte erst nach dem 1. 11.

1979 erfolgen, da zu diesem Zeitpunkt die Frau von Schädlich ihre neue Tätigkeit beim Ullstein-Verlag beginnt und erst dann ein ungestörtes Gespräch mit ihrem Sohn möglich sein würde.«

Alles wohlkalkuliert. Abgekartet.

»Gen. Höpcke hat sich bereit erklärt, für die Mutter [gemeint ist die Großmutter; *Anm. d. Aut.*] deren Visum für West-Berlin abgelaufen ist, eine zusätzliche Ausreisemöglichkeit über die VPKA Fürstenwalde zu ermöglichen.«

In dieser Zeit telefonierte die Mutter noch häufiger mit dem Onkel. Die Telefonprotokolle geben über vieles Aufschluss, auch dass sie den Verdacht äußerte, die Großmutter habe wohl Sondergenehmigungen für ihre ständigen Westreisen erhalten, denn ihr Tageskontingent von vier Wochen sei längst überschritten, dass die Staatssicherheit wohl ihre Finger mit im Spiel habe. Der Onkel sagte: »Achiwo!«

Wenn die Großmutter kam, wird sie gute Miene zum bösen Spiel gemacht haben, kartoffelschälend mit spröden Händen in der Küche, graue Metallschüssel mit blauem Rand auf dem Tisch, Schalen auf ausgelegter Zeitung, sie im Perlonkittel. Ich werde den Anblick nicht los. Wenn sie da war, kam ich später nach Hause. Trödelte auf dem Rückweg von der Schule, ging zu Karstadt am Hermannplatz. Ich fuhr zur Mutter in den Verlag, machte dort Hausaufgaben, bis ich die Schwester vom Kindergarten abholte, oder wir fuhren zusammen mit dem Auto zurück und holten sie beide ab.

Nachdem die Großmutter abgereist war, flog Jürgen Fuchs mit dem Vater am 8. November nach München. Von dort ging es im Zug weiter ins Allgäu, wo der Vater blieb, um sich zu erholen.

Die Schlacht hatten wir gewonnen, ohne es zu wissen.

Zeit zum Luftholen, jetzt, wo die Luft rein war. Nicht, weil der Vater weg war, sondern weil die Großmutter nicht kommen würde, solange er fort war. Weil das Telefon stillstand. Weil abends manchmal andere Leute zu Besuch kamen als die »Ehemaligen«. Hans F. Erb kam, der Verlagsleiter der Mutter, oder auch andere Kollegen, von denen manche Freunde sind bis heute. Plötzlich war die Wohnung voller neuer Geschichten.

Weil nachmittags niemand in der Wohnung war außer mir, richtete ich den Blick auf mich. Vor dem Spiegel im Durchgangszimmer. Ich stellte mich davor und blickte hinein. Fast zwei Jahre waren wir im Westen. Fast zwei Jahre hatten die Lebensumstände, die Probleme der Erwachsenen das Leben bestimmt, und nun war ich fast vierzehn Jahre alt. In Köpenick hätte es vielleicht Jugendweihe gegeben. Wahrscheinlich eher nicht, wenn ich es recht überlege. Nur wenn ich bereit gewesen wäre zu geloben, »die feste Freundschaft mit der Sowjetunion weiter zu vertiefen, den Bruderbund mit den sozialistischen Ländern zu stärken, im Geiste des proletarischen Internationalismus zu kämpfen, den Frieden zu schützen und den Sozialismus gegen jeden imperialistischen Angriff zu verteidigen«, so wäre ich feierlich aufgenommen worden in die »große Gemeinschaft des werktätigen Volkes«. Ich musste nicht mehr aufgenommen werden in diese Gemeinschaft. Ich war weg und gelobte etwas anderes: als Tochter meiner Eltern das Abitur zu schaffen, denn das hätte ich, wären wir in der DDR geblieben, als Kind parteiloser, oppositioneller Eltern, die zudem Studierte und keine Arbeiter und Bauern waren, nicht machen dürfen. Das hatten sie der Mutter schon vor 1977 gesagt. Mein Leben in die Hand zu nehmen, nicht die Lebensumstände, die den Weg wiesen, bestimmen zu lassen, sondern selber den Weg zu suchen, zu wählen, zu gehen. Ich wollte die Lebensumstände selber bestimmen. Damit fing es an, langsam und vorsichtig, aber es fing an. Ich ging anders in die Schule. Selbstbewusster. Vorbei mit dem unsinnigen Gefühl, dass wir, weil wir aus der DDR kamen, nicht weltgewandt auftreten könnten. Es kam ein Stolz hinzu. Ich war in einer anderen Welt gewesen und wandte mich jetzt einer neuen zu. Das war mehr, als die meisten von sich behaupten konnten. Vorbei mit der Furcht, nicht so belesen zu sein. Ich hatte DDR-Autoren gelesen, russische Autoren, nicht Amerikaner oder Engländer oder. Las ich die eben jetzt. Hatte dann mehr gelesen als die meisten anderen.

Ich brach auf, in Gedanken und zu Fuß. Mein Blick wurde forscher und neugieriger. Ich sah auf Heckscheiben Aufkleber mit einer Sonnenblume, und mir gefiel, was sich dahinter verbarg. Ich sah eine Tageszeitung, die es vorher nicht gegeben hatte, und las sie von da an regelmäßig. Ich stromerte durch Kreuzberg, fuhr nach Schöneberg, machte mir die Stadt zu eigen. Wenn ich schon keine Wahl gehabt hatte, als es hierherging, entschloss ich mich jetzt, dass ich dazugehören wollte. Ich wollte wissen, wo ich war, wenn ich schon einmal da war. Deshalb suchte ich mir die Leute in der Schule genau aus. Ein Mädchen aus einer höheren Klasse, meine Banknachbarin aus meiner Klasse, mit denen ich reden konnte, die Freundinnen wurden, die mich einweihten. Ich lernte hören und sehen, aber von da an nur bis zur Mauer. Blickeingrenzung, um den Überblick zu behalten. Um den Blick fürs Hier zu festigen, nicht mehr den ins Zurück. Die Straßen führte ich in Gedanken nicht mehr weiter. Ich sah den Fernsehturm nicht. Ich sah Filme im Kino, ich sah Theater im Grips.

Ich sah Großmama, zu meinem vierzehnten Geburtstag. Der Vater war noch in Bayern. Es war der erste Geburtstag, an dem der Vater nicht dabei war. Wir feierten kein großes Fest. Beim ersten Geburtstag im Westen, als ich dreizehn wurde, hatte es auch kein Fest gegeben. Nach einem Jahr in neuer Umgebung und der Unruhe war für Freundschaften kein Platz gewesen. Kein Kindergeburtstag, kein Kartoffelsalat, keine Würstchen, keine halben Eier, die die Jungs durch das Zimmer warfen, kein Topfschlagen, keine Pfänderspiele. Dafür ging es zum Hamburger Dom. Die Schwester und ich durften so viel Zuckerwatte essen, wie wir wollten, so viel Karussell fahren, wie wir wollten, und Lose ziehen, soviel wir wollten. Plötzlich die Stimme des Budenbesitzers, den Hauptgewinn hat die Losnummer soundso. Die Nummer soundso hielt ich in meiner Hand. Unter Trommelwirbel musste ich zu dem Budenbesitzer gehen, ein paar Stufen hinauf, und er fragte nach meinem Namen. Er streichelte mir über den Kopf und gab mir ein Kofferradio, das in einer roten Plastiktasche steckte, an der ein rotes Band befestigt war, woran man sich das Radio um den Hals hängen konnte. Er hängte mir das Radio um den Hals, ich machte einen Knicks und sah erst später, dass das Kofferradio »Susi« hieß.

Mein vierzehnter Geburtstag wurde doch eine Weihe in gewisser Weise. Die Mutter hatte an Freunde und Verwandte geschrieben und gebeten, dass Briefe und Päckchen kamen, irgend etwas Besonderes eben. Etwas Besonderes sollte auch der Abend sein. Im Kempinski am Kurfürstendamm – etwas anderes kannten beide nicht – hatte die Mutter einen Tisch bestellt. Silberbesteck, weiße Tischdecken, Kellner in Livree. Vorspeise, Hauptspeise, Nachspeise! Vier Damen in einem Grandhotel.

Und dann gleich Weihnachten. Das dritte im Westen. Der Vater war zurück, aber über den Berg war er auch im Bayrischen nicht gekommen. Früher waren wir zu Weihnachten zu Großmama nach Jena gefahren. Immer mit dem Auto. Familienfeste unterm Tannenbaum. Sie sind mir unvergesslich. Geheimnisvoller war es nie, nie vorweihnachtlicher. Jetzt brachte sie Weihnachten in die Pannierstraße. Mit ihrer ganzen Art und selbstgebackenen Keksen in einer Metalldose. Und manch anderem, was sie nicht bringen durfte. Einem antiken Fußhocker zum Beispiel. Die Ausfuhr von Antiquitäten aus der DDR war strengstens untersagt. Im Zug sagte sie den Zollbeamten, dass sie ihn für ihre Füße brauche, schließlich sei sie eine alte Frau. Sie zog sich die Schuhe aus, setzte die Füße auf den Hocker und hatte ein Geschenk für die Mutter.

Großmama blieb, solange sie konnte. Vielleicht auch, damit die Großmutter nicht kam. Jetzt, wo der Vater zurück aus Bayern war, klingelte das Telefon wieder. Vor allem dann, wenn er allein war. Wie in der Sylvesternacht. Die Mutter war aufs alte Land gefahren. Zu Nicolas Born. Reinfeiern ins neue Jahr. Ob wir auch mit waren? Ich weiß es nicht mehr. Da hilft auch fragen nicht. Keiner von uns erinnert sich. Aber wo sonst sollen die Schwester und ich gewesen sein. Waren doch schon einmal mitgefahren. Zu Grass ins Haus nach Wewelsfleth. Sylvester 1977. Das war zum ersten Mal im Leben Aufbleiben bis zum Umfallen nach westlicher Manier. So jedenfalls kam es mir damals vor. Zum ersten Mal im Leben bengalisches Feuer, Knaller in allen Farben zum Selberanzünden. In Köpenick waren die Sylvester leiser gewesen. Einmal stellte Großmama einen Kochtopf auf den Herd und schüttete gelbe Kugeln hinein. Herdplatte an und Deckel drauf. Sie sagte: Zuhören! und legte den Finger an den Mund. Und dann knallte es gegen den Deckel. Erst langsam und dann immer schneller. Da war es doch einmal lauter geworden und ganz neu im Geschmack.

Wie auch immer das Jahr 1980 anfing, wo auch immer, der Onkel sprach schon am 2. Januar wieder bei Höpcke vor. »Der IM informierte bei diesem Gespräch über H.-J. Schädlich und erhielt die Zusage, daß das gemachte Angebot nach wie vor Gültigkeit hat.« Es ging also gleich wieder los. Neues Jahr, neue Energie. Der Onkel hinter den Kulissen, ohne unser Wissen. Wir in Schule und im Beruf, mit seinem Wissen. Die Mutter erkundigte sich bei ihm, ob er Kontakte zu einem Verlag namens Junge Welt habe, weil sie vorhatte, für Ullstein die Lizenz von einer dort veröffentlichten Buchserie zu erwerben. Die Mutter plante eine Reise nach Warschau, weil sie Schriftsteller für eine Veröffentlichung bei Ullstein gewinnen wollte. Die Mutter würde reisen, vom 29. Februar bis zum 2. März 1980. Der Onkel flog schon am 27. hin. Holte die Mutter vom Flughafen ab, nahm sie in die Arme, brachte sie ins Hotel, begleitete sie auf ihren Wegen. »Für die Zusammenkunft mit Krista-Maria Schädlich und den genannten polnischen Bürgern wurde der IM auf der Grundlage der schriftlichen Auftragskonzeption instruiert.« Drei Tage hatte die Mutter Zeit für die Arbeit, für die beste Freundin und für den Onkel, dem sie sagte, dass sie sich auch für solche Manuskripte interessiere, deren Veröffentlichung in den sozialistischen Ländern abgelehnt oder die gleich als Schubladenliteratur geschrieben wurden. Er hörte, dass sie schon im Rowohlt Verlag ein Buch des tschechischen Autors Jiri Lederer herausgebracht hatte und das Manuskript von Vaclav Havel über Österreich in die Bundesrepublik gekommen war. Er sah, dass sich die Mutter mit dem DDR-Autor Lutz Rathenow traf, um sein Manuskript mit ihm zu besprechen. Er hörte, dass Rathenow und Jürgen Fuchs sich demnächst treffen wollten und es übrigens »keine einheitliche Auffassung« unter den »ehemaligen DDR-Bürgern« in West-Berlin gebe. »Nur bei Jürgen Fuchs würde einiges zusammenlaufen. Dieser sei auch der einzige, der sich um H. J. Schädlich kümmert, ansonsten gibt es große Differenzen untereinander. Vor allem seien fast alle gegen Kunze eingestellt.« Drei Tage hörte und sah er und berichtete alles, sobald er wieder zurück war in Berlin. Zur »Realisierung der Aufträge« hatte der Onkel »800,-- M« erhalten. Das kommt auch immer wieder vor. Es war ein lukrativer Nebenverdienst.

In drei Tagen gewann er das Vertrauen von Lutz Rathenow. Der übergab dem Onkel später in Berlin Briefe an Fuchs und die Mutter, aber vorher wurde »das Material ausgewertet«. Der übergab dem Onkel auch das korrigierte Manuskript, mit der Bitte, es an den Verlag weiterzuleiten. Kontakte hatte der Onkel ja, zum ZDF-Büro zum Beispiel. Der erzählte dem Onkel, wer ursprünglich das Manuskript des Buches *Mit dem Schlimmsten wurde schon gerechnet* an den Ullstein Verlag weiterleiten wollte. Der erzählte ihm von seiner Freundschaft zu Jürgen Fuchs. Der Onkel lieferte alles seinem Führungsoffizier Kurt Salatzki, bis Rathenow geliefert war. Das war im November 1980.

Jetzt war noch Frühjahr, und ich ging weiter zur Schule. Lernte Latein. Mit derselben Leidenschaft wie zuvor Russisch. In Englisch schlug ich mich durch. In Mathematik versagte ich. Physik und Biologie interessierten mich nicht. In Deutsch schrieb ich schöne Sätze. In Musik bedauerte ich das Ende meiner Musik. Die Klarinette wurde an einen

Mann der Berliner Philharmoniker verkauft. Vielleicht spielt er sie heute noch.

Dann war fast Sommer. Der brachte meine erste Klassenfahrt. Nach Bayern. Passau. Jugendherberge und das erste Mal von zu Hause weg mit Gleichaltrigen. Eine ganze Woche lang nichts als Wandern, Schwimmen und Besichtigungen. Besuche von Jungs auf den Mädchenzimmern. Mitten in der Nacht. Ich habe sie fast immer verschlafen. Die Reise bedeutete Abstand. Nicht nur räumlich. Ich stieg auf den Berg hinter der Herberge und fühlte mich frei. Frei von Berlin, Ost oder West. Wenn man weg ist, geht das. Bayern war erst einmal weit weg genug. Später musste es noch weiter sein. Später war es Amerika. Vielleicht, weil ich dann älter war. Mit jedem Jahr erhöhte sich die Kilometerzahl, die für den Abstand notwendig wurde, den ich brauchte.

Von Kurt Tucholsky stammt der Satz »Wer die Enge seiner Heimat begreifen will, der reise«. Wir haben das Weite gesucht, weil wir in die Enge getrieben wurden, und lange gebraucht, die Weite zu finden. Ich in Amerika. »Anywhere I lay my head, boys, I will call my home« – als ich das hörte, hatte ich diese Art von Weite längst verinnerlicht, bloß keine Wurzeln schlagen, sie könnten herausgerissen werden.

Goethe hatte nicht recht. Das Gute lag nicht nah. Man musste schweifen. In Bayern der Blick auf die Berge, damit ich merkte, dass ich doch noch nicht so groß war, wie ich es in Berlin vorgab zu sein oder sein musste. Die große Schwester, die große Tochter. Trotzdem kam ich als die zurück. Und wenn ich schon so war, dann verhielt ich mich auch so, manchmal wenigstens. Holte nicht die Schwester ab, sondern ging ins Kino. Vier Stunden *Molière*. Oder ging auf die

Oranienstraße in Kreuzberg. Jedenfalls mied ich die Großmutter, die sich »zeitweilig in West-Berlin aufhielt«. Jedenfalls mied ich den Vater, der niemanden sehen wollte. Jedenfalls mied ich die Mutter, mit der ich mich stritt, wenn ich nicht funktionierte. Wenn die Mutter wegfuhr, Dienstreisen, passten Gerulf Pannach und seine Frau auf uns auf. Gerulf brachte seine Gitarre und sang sich in den Bart. Ich hörte zu. »Vom Rot das brennt«, von der Seele, die fluche, er brachte spanische Melodien ins Haus und seine starke Stimme.

Aber ich hörte nicht nur zu. Wir sprachen viel. Darüber, wie man Westler werden sollte, wenn man aus der DDR kam, von der Angst, unterzugehen, dass es einem vielleicht genauso ergehen würde wie den Pennern an der Ecke, wenn man nicht schnell lernte, sich auszukennen. Gerulf versuchte sich auszukennen über die Musik von überall, erzählte mir von seinen Neuentdeckungen, schenkte mir Platten. Mit Gerulf war der Westen Musik. Und die DDR? Wir fragten uns, wie da rauskommen, auch wenn man schon längst draußen war, »und als ich da stand, ging's mir so wie früher beim Nach-Milch-Anstehn«. Dieser dauernde Zwiespalt. Er sprach vom Gefängnis, manchmal. Wenn er vom Gefängnis sprach, merkte ich, dass ihm, der mir so kraftvoll erschien, so voller Leben, die Kraft kurz schwand. Dann schwieg er lieber. Und ich hörte »der Amselhahn, um viere früh, schreit mir sein schrilles Tirili vom Luftschacht in die Zelle« ganz anders.

Gerulf ist 1998 mit nur neunundvierzig Jahren an Krebs verstorben, aber eins ist sicher: »He is not dead, he is in my head.« Nur ein Jahr später verstarb Jürgen Fuchs an einer unheilbaren Blutkrankheit. Der Verdacht, dass der Tod der Freunde darauf zurückzuführen sei, dass sie als Häftlinge des MfS Bestrahlungen ausgesetzt wurden, existiert bis heute. Die damalige Gauck-Behörde ließ eine wissenschaftliche Untersuchung durchführen, und nach Aussage Gaucks konnte kein Beweis gefunden werden. Aber es gibt Indizien. Häftlinge wurden nach Erkenntnissen der Gauck-Behörde in Untersuchungshaft in der Regel zweimal durchleuchtet. Zum Einsatz kamen »teilweise alte, nicht ordnungsgemäß eingestellte und gelegentlich auch defekte Geräte«. Allerdings erteilte das MfS Ausnahmegenehmigungen, mit denen Strahlenschutzbestimmungen der DDR umgangen wurden. Fazit der Wissenschaftler: »Es kann also durchaus auf einen teilweise fahrlässigen Umgang mit Röntgenstrahlen bei der Behandlung politischer Häftlinge geschlossen werden.«

Wenn damals in West-Berlin Gerulf und seine Frau nicht kommen konnten, kamen wir zu Freunden. Vielleicht zu Lilo und Jürgen Fuchs. Vielleicht waren auch manchmal Ferien, oder es war ein Wochenende, wenn die Mutter wegfuhr. Dann kamen wir nach Hamburg. Der Vater blieb allein zu Haus. So muss es gewesen sein, als die Mutter im Sommer 1980 verreisen musste. Die Großmutter rief den Onkel an und sagte, wie ich lese, dass es ihr lieb wäre, man verschöbe das Vorhaben auf August, dann wäre die Mutter nicht da und wir auch nicht.

Die Mutter hatte eine Dienstreise. »Aksjonow wurde ausgebürgert, er fuhr zunächst nach Paris. Ich sollte hin, um ihn dort zu empfangen, denn er war unser Autor, wir machten das Buch *Der rosa Eisberg*. Es war eine große Sache«, erzählt die Mutter.

Zu Hause muss das Telefon ununterbrochen geklingelt haben.

Der Onkel: Bevor du dich vor die U-Bahn wirfst, kauf dir einen U-Bahn-Fahrschein.

Der Onkel: Die Möglichkeit zurückzukommen besteht noch.

Der Onkel: Wenn jemand weiß, was er will, dann scheißt er auf den Tisch.

Als die Mutter aus Paris zurückkam, war der Vater nicht mehr da. »Das Leben war schwer, aber es wurde nie darüber geredet, dass er weggeht oder wieder ins Krankenhaus will«, erzählt die Mutter. Sie fand einen Zettel mit einer Adresse, der Vater wollte dort erst einmal bleiben. Jetzt fuhr die Großmutter dorthin, der Onkel blieb informiert, er berichtete dem MfS, er bemühte sich weiter.

In jener Zeit wurde der Verdacht laut, dass der Vater gegen seinen Willen per Krankentransport in die DDR zurückgeführt werden sollte.

»Jürgen hat davon erfahren, rief mich an und sagte, er habe gehört, diese Nacht solle etwas passieren«, erzählt die Mutter. »Jürgen sagte zu mir, du musst schaffen, dass er heute abend bei dir ist. Ich fragte, wie soll ich das schaffen? Dann fiel mir Anna ein. Ich rief deinen Vater an. Er kam an den Apparat. Ich sagte, Anna sei schwer krank, sie hätte wieder eine Nierengeschichte und ruft immerzu nach ihrem Vater. Ich sagte, ich schicke ein Taxi, ich bringe dich auch wieder hin. Abholen konnte ich ihn nicht, denn ich musste so tun, als ob ich nicht weg kann. Dann habe ich Jürgen angerufen. Er kam auch in die Pannierstraße. Anna war quietschvergnügt. Wir sagten, tja, wir können uns das nicht erklären. Doch dass es ihr besserging, war nicht ungewöhnlich bei solchen Attacken. Hauptsache war, dein Vater war da. Er musste bis halb eins bleiben, das war die Hauptschwierigkeit. Jürgen verwickelte ihn in politische Gespräche. Gegen halb eins gab Jürgen mir zu verstehen, jetzt ist die Gefahr vorbei. Dann gingen sie zusammen weg.«

Am 3. Oktober 1980 wurde dem Onkel von Major Salatzki mitgeteilt, »daß unsererseits keinerlei Aktivitäten in Bezug auf H.-J. Schädlich mehr eingeleitet werden«.

Ende Oktober begab sich der Vater wieder ins Krankenhaus.

Lilo sagt: »Eine Katastrophe, wenn es dem Onkel tatsächlich gelungen wäre, euren Vater nach Ost-Berlin zu locken. Sie hätten ihn vorgeführt, vorgegeben, es sei aus gesundheitlichen Gründen geschehen, weil er in der Bundesrepublik nicht mehr bleiben wollte, weil er dort krank wird. Das hätte ihnen gefallen, wenn so einer wie Schädlich als Vorzeigeobjekt dahin verfrachtet worden wäre.«

9

Wie schon in Hamburg, war der Vater fort, aber nicht die Schwere. Wie schon in Hamburg nahmen sie die Mutter ins Visier, nicht nur wegen ihrer Arbeit. Sie sollte verunsichert werden. Zu Hause, im Verlag erhielt sie Anrufe. Ich lese: »Beispiel: Seien Sie heute Nachmittag da und da bei Karstadt. Wir haben wichtige Infos für Sie.« Die Mutter ging nicht. Natürlich nicht. Sie beriet sich mit ihrem Verleger Hans F. Erb. Im Haupthaus des Verlages wurde ihr für Manuskripte von DDR-Autoren ein Tresor zur Verfügung gestellt.

Die anonymen Anrufe nahmen zu, Männer in Trenchcoats lungerten im Treppenhaus herum. Und plötzlich war die Angst wieder da, die Erinnerung: an die Schritte in der Hamburger Wohnung, an die vertauschten Manuskripte, an den Schlüssel auf dem Tisch und an die Äußerung von Günter Gaus, das sei die Stasi, die hinterlasse Spuren.

Die Anrufe behielt sie für sich. Auch ich behielt für mich, dass manchmal, wenn das Telefon klingelte und ich abnahm, am anderen Ende keine Stimme zu hören war, nur Atmen. Ich blieb so lange dran, bis die andere Seite auflegte. Doch was konnten die schon ausrichten. Ich war weit oben im vierten Stock. Und dann standen sie an der Wohnungstür und klingelten. Sie fragten nach der Mutter. Die war nicht da. Sie gingen. Irgendwann klingelte es wieder. Sie fragten nach der Mutter. Aber die Mutter war nicht da. Dafür Großmama, die mich mit jemandem reden hörte, die an die Tür kam, die mich wegschob und die Männer fragte, was sie wollten. Sie wollten nur mit Frau Schädlich sprechen, sagten die Männer. Großmama sagte, von Bettlern und Hausierern nähmen wir nichts, und schlug die Tür zu. Von da an legten wir immer die Kette vor.

Und dann kam November. Der 19. November 1980. Die Mutter hatte erfahren, dass der Schriftsteller Frank-Wolf Matthies inhaftiert worden war. Sie rief den Onkel an. Aufgeregt. Außer sich, kann ich mir vorstellen. Die Mutter bat den Onkel herauszufinden, ob Lutz Rathenow noch auf freiem Fuß sei. Wenn er wieder zu Hause wäre, würden sie erneut telefonieren. Rathenow war verhaftet worden. Das Vergehen: Das Buch *Mit dem Schlimmsten wurde schon gerechnet* war ohne Genehmigung der DDR-Behörde in der Bundesrepublik erschienen. Der Onkel suchte die Frau von Rathenow auf, lud sie zu sich in die Wohnung ein, damit sie sein Telefon benutzen könne. Sie war dankbar, sie besprach sich mit ihm, wie sie ihrem Mann helfen könnte, ohne zu wissen, wem sie da vertraute. Auch Lutz Rathenow, nach seiner Entlassung aus der Haft.

So war das mit der Stimme des Hirten, des Schäfers.

Nachdem Lutz Rathenow aus der Haft entlassen worden

war, reiste die Mutter, die »zu den engen Verbindungen solcher feindlichen Kräfte wie u. a. Fuchs, Pannach und Kunert« gehört, im Februar 1981 nach Budapest. Sie wollte sich dort mit Lutz Rathenow und dessen Frau Bettina treffen.

Auch den Onkel wollte sie sehen, sie freute sich auf ihn.

Ob er sich auch freute? Er hat so getan, das ist sicher. Und er hatte den Auftrag, herauszufinden, mit wem sie sich traf, worüber sie sprach, welche Vereinbarungen sie mit Autoren machte, wie die Situation unter den ehemaligen DDR-Bürgern in West-Berlin war.

Das aber war nicht sein einziger Auftrag. Er kundschaftete die Oppositionellen in Ungarn aus, das MfS gab die Informationen weiter an die ungarische Geheimpolizei. Genauso machte er es in Polen. Wieder lese ich Namen von bekannten Schriftstellern, von Journalisten, von Professoren, von Inhaftierungen. Der Agent im Ausland kassierte Prämien für die Informationen, die er erarbeitete. Wenn die neuen Freunde nach Ost-Berlin kamen, um Kontakte zu knüpfen, stellte er sogar seine Wohnung zur Verfügung. Das hatte er schon 1977 getan.

Ich lese:

»Begründung für Einsatz der operativen Technik

Der IMV ›Schäfer‹ hat für die Zeit vom 25. – 26. 1. 77 seine Wohnung einem polnischen Bürger für eine Zusammenkunft mit einer BRD-Bürgerin, die bisher unbekannt ist, zur Verfügung gestellt.

Bei dem polnischen Bürger handelt es sich um [...], der ein Anhänger des sog. ›Komitees für Arbeiterhilfe‹ ist.

Der konspirative Zugang zur Wohnung ist gewährleistet.

Kuschel
Major«

Und weiter:

»Von allen beteiligten polnischen Gesprächspartnern wurde Freude darüber zum Ausdruck gebracht, durch den IM eine weitere Verbindung in die DDR erhalten zu haben. Der IM wurde eingeladen, möglichst bald wieder nach Warschau zu kommen. [...] Vom IM wurde eingeschätzt, daß er zu dem genannten Personenkreis in Warschau vertrauliche Beziehungen herstellen konnte. Es gibt bisher keinerlei Hinweise darüber, daß man ihm evtl. mißtraut.«

Wollte ich auch noch über seine Machenschaften in Ungarn und Polen berichten, das Buch nähme kein Ende.

Ich bleibe bei der Mutter. Sie traf den Schwager in Budapest, erzählte, bat um strengste Verschwiegenheit. Salatzki aber erfuhr, dass Großmama Manuskripte von DDR-Autoren für die Mutter aus der DDR nach West-Berlin schleuste, dass »Wolfgang Hilbig und Gerd Neumann zu den Personen [...] zu zählen seien, die Feinde der DDR sind (siehe frühere Berichte des IM über Rathenow)«. Oder, dass die Situation im Ullstein Verlag schwierig sei.

Schon im Herbst 1980 hatte sich gegen den frischen Wind, den der unbeugsame, vitale, ideenreiche Hans F. Erb, so habe ich ihn kennengelernt, in das Springer-Haus bringen wollte, ein Sturm erhoben. Auslöser war ein Boykottaufruf von Schriftstellern der Bundesrepublik – »Wir schreiben nicht für Springer-Zeitungen«. Einige Unterzeichner waren zuvor mit dem Verlag Verträge für Beiträge zu einer Anthologie eingegangen, für die die Mutter sogar Schriftsteller wie Grass und Born gewonnen hatte. Die Beiträge sollten auf hohem literarischem Niveau das Lebensgefühl in den beiden Teilen der Stadt nach zwanzig Jahren Mauerbau beschreiben.

Ich lese: »Aus Äußerungen der Schädlich über die Zielstellung der Anthologie ist die Absicht erkennbar, dieser Anthologie einen ›gesamtdeutschen‹ Charakter zu geben, darüber hinaus die literarische Zugehörigkeit West-Berlins zur BRD zu demonstrieren und die von äußeren feindlichen Kräften verstärkt propagierte These vom ›Fortbestehen einer einheitlichen deutschen Kultur- und Literaturnation‹ zu unterstützen. Seitens der Schädlich ist vorgesehen, sowohl Westberliner Schriftsteller (u. a. Ingeborg Drewitz – Mitglied des Präsidiums des PEN-Club der BRD und des ›Schutzkomitee Freiheit und Sozialismus‹) als auch feindlich gegen die DDR wirkende ehemalige DDR-Bürger (u. a. Jürgen Fuchs, Hans-Joachim Schädlich) zusammen mit oppositionellen Schriftstellern in die Anthologie aufzunehmen (u. a. Fühmann, Plenzdorf, Bartsch, Schlesinger, Jakobs, Kunert, Bettina Wegner, Stade, [...] , Rathenow und Schollack). Auch die Beteiligung von Sarah Kirsch, Thomas Brasch und Manfred Krug ist vorgesehen.«

Ziel war, mit diesen zum ersten Mal im Ullstein Verlag erscheinenden Autoren die verlegerische Absicht zu untermauern. Springer forderte den Verlagsleiter und die Mutter auf, die beteiligten Autoren zu bewegen, ihre Unterschrift unter dem Boykott zurückzunehmen, ansonsten könnte die Anthologie nicht erscheinen.

Hans F. Erb und die Mutter wussten, was sie riskierten, als sie der Aufforderung nicht nachkamen, die Schriftsteller zur Zurücknahme ihrer Unterschrift zu veranlassen. Schon im Jahr zuvor hatte IMV »Hans«, mit Klarnamen Hans Marquardt und Leiter des Reclam Verlages, in Erfahrung gebracht: Es sei bei neu eingestellten Mitarbeitern »eine Klausel in dem Arbeitsvertrag, daß sie sofort entlassen werden können, wenn sie den Anforderungen der Konzern- bzw. Verlagsleitung nicht gerecht werden. Damit werde nach Meinung von [...] jedes ›Aufmucken‹ gegen die Leitung und ihre Weisung unterdrückt, da der Betreffende dann sofort seine Arbeit verliert und – das seien Erfahrungswerte – nicht so schnell wieder eine neue bekommt.«

Der Kampf um das Erscheinen der Anthologie zog sich hin. Am Ende »mußte die Schädlich im Oktober 1981 den Ullstein-Verlag unter Mitnahme des Anthologie-Projektes verlassen. Sie bemühte sich darum, die Anthologie unter dem Titel ›Die Hälfte der Stadt‹ im Verlag ›Autoren-Edition‹ in Königsstein/BRD zu veröffentlichen, ohne daß sie bisher Erfolg damit hatte.«

Tatsächlich erschien die Anthologie 1982 in der Autoren-Edition des Athenäum Verlages. In den Akten steht, der Schriftsteller Jan Koplowitz, der von 1968 bis 1989 ein Mitarbeiter der Staatssicherheit war, sein Deckname IM »Pollock«, beschaffte das Buch für das MfS. Prof. Dr. Werner Neubert, IMV »Wolfgang Köhler« von 1969 bis 1985, schätzte das Buch im November 1982 operativ ein.

»Als Grundrichtung des Buches kann festgestellt werden:

– Provokatorische Darstellung der sogenannten ›Hälften‹ Berlins als historische und aktuelle ›Schicksals-Einheit der Deutschen in Ost und West‹. Damit ist verbunden die Eliminierung der Hauptstadt der Deutschen Demokratischen Republik;

– Entfachung von Haß speziell gegen die Grenz-Sicherungsorgane (einschließlich Zoll) der DDR;

– Verzerrende Schilderung der allgemeinen Lebens-Atmosphäre in der Hauptstadt der DDR als einer angeblichen Atmosphäre von Bedrückung, Furcht, Sehnsucht nach Berlin (West) [...]«

Es wird vorgeschlagen, »die für die jeweilig genannten Autoren zuständigen Diensteinheiten über den Beitrag des

Autors in dieser Anthologie sowie die operative Wertung des Beitrages durch beiliegende Einschätzung zu informieren«.

Als ich der Mutter jetzt diese Einschätzung zeigte, erschrak sie im nachhinein. Sie hatte ein Buch publiziert, das sie selbst nicht nur ihrer Arbeit beraubt hatte, sie hatte die beteiligten Schriftsteller aus der DDR in Gefahr gebracht.

Sommer 1981. Die Mutter war arbeitslos. Das war etwas Neues. Das hatte es in der Familie noch nicht gegeben, geschweige denn in der DDR, dem Land der Werktätigen. Arbeitslosigkeit gab es nur im Westen.

Ich hatte die Männer an der Imbissbude gleich unten an der Ecke mit ihrem ewigen Bier gesehen und war an ihnen vorbeigegangen. Als die Mutter arbeitslos wurde, sah ich die Männer anders an. Verunsicherung ist gar kein Ausdruck. Panik kam später, je länger die Arbeitslosigkeit dauerte. Kaum Geld für das Nötigste. Und ich träumte von stone-washed Jeans. Im Schaufenster in einem Laden auf der Sonnenallee hatte ich eine gesehen, türkisblau. Ich hatte die Mode entdeckt und die Mutter Behördendeutsch und amtliche Formalitäten. Ich redete mit keinem meiner Freunde darüber, in welcher Lage wir waren. Es war mir unangenehm, denn im Westen schwieg man über solche Dinge. Ich täuschte Normalität vor, die Mutter schrieb eine Stellenbewerbung nach der anderen, bekam eine Absage nach der anderen, wir stritten uns übers Taschengeld und alles, worüber es zu streiten gab, weil ich genug hatte von Problemen, weil ich mitten in der Pubertät war, weil die Mutter nun immer zu Hause war und ich es nicht sein wollte. Mich zog es in eine andere Welt, in die jenseits des Landwehrkanals, wo sich Dinge bewegten, zumindest meiner Meinung nach.

Ich drückte mich auf der Oranienstraße herum, so lange, bis ich selber in ein besetztes Haus kam, die O 3. Die O 3 wurde mein zweites Zuhause, wenn ich manchmal statt in die Schule dorthin fuhr. Um 8 Uhr war ich da, ging in den vierten Stock, kletterte über Matratzenlager, setzte mich an irgendein Fenster und sah auf die Welt da draußen. Gegen 14 Uhr war ich wieder zu Hause.

Ich kam mir ungeheuer wichtig vor, weil ich mit von der Partie war, weil sie mich reingelassen hatten, mich, die ich noch nicht einmal sechzehn war, zwischen all den Männern und Frauen, die sich anders anzogen, die Haare anders trugen, von »der Bewegung« sprachen und »Abrüstung«. All das interessierte mich auch. Ich war bewegt und wollte mitbewegen, lief mit auf Demonstrationen. Anlässe gab es genug. Im September, vor und nach dem Tod von Klaus-Jürgen Rattay. Vor dem Tod war es eine Demo gegen die Räumung von acht besetzten Häusern gewesen. Es kam zu Prügeleien zwischen der Polizei und den Demonstranten, Rattay wurde auf die Fahrbahn gedrängt, auf der Potsdamer Straße von einem Bus erfasst und zu Tode geschleift. Nach dem Tod ein Schweigemarsch. Kerzen an der Unfallstelle.

Oder gegen den amerikanischen Außenminister Haig im Oktober, der gesagt hatte, der Schutz der Freiheit sei wichtiger als die Erhaltung des Friedens, und der die Symbolfigur der Kriegstreiber schlechthin war. Es kam zu Ausschreitungen. Das war Nervenkitzel, aber zum Schluss siegte doch die Vernunft. Ich schlug mich mit Freunden in die Seitenstraßen, nachdem der Knüppel eines Polizisten bedrohlich über meinem Kopf geschwebt hatte.

Und bei allem bekam ich nicht mit, dass es dem Vater langsam besserging. Er war nach Ungarn geflogen, schon im Juni. Ich lese: »In der Zeit vom 12. – 26. 6. 81 hielt sich auf Einladung des IM Hans-Joachim Schädlich in Budapest auf.« Und: »Nach Einschätzung des IM und der Schwester von Schädlich hat dieser sich nach kurzer Zeit von seiner Depression erholt.« Zurück zu uns nach Hause kam er nach der Reise nicht. Er zog anderswo ein. Was sowieso klar war, war jetzt endgültig. Die Mutter und der Vater gingen jeder ihrer Wege, ich suchte meinen, und die Schwester kam in die zweite Klasse.

Mehr weiß ich nicht. Kein weißer Fleck, sondern ein dunkler. Es geht erst wieder los, als die Mutter eine neue Stelle gefunden hatte. Und da sind es Diskussionen, die mir im Gedächtnis geblieben sind. Endlose! Darüber, dass ich nicht dahin ginge, wohin sie ginge. Darüber, dass ich mich nicht erneut verpflanzen ließe. Das Abitur in Berlin machen wollte. Oder gar nicht. Ich lese: »Inoffiziell wurde bekannt, daß die Schädlich, Krista-Maria ab 1. 2. 1983 von West-Berlin nach Stuttgart übergesiedelt ist und beim Süddeutschen Rundfunk Stuttgart, Hörspielabteilung, eine Arbeit als Redakteurin aufgenommen hat.« Immerhin, wenn ich auf solche Vermerke stoße, kann ich die Mutter anrufen und sagen: »Ich weiß jetzt wieder, wann du nach Stuttgart gezogen bist.« Und meistens kommen wir ins Reden.

»Ein Bekannter fuhr mich nach Stuttgart, in einem kleinen Transporter, meinen Sekretär nahm ich mit, einen Stuhl, meinen Fernseher, ein paar Kisten und Fotos von euch Kindern. Diese ganze holprige Fahrt auf der Autobahn durch die DDR, vorbei an Eisenberg, dort, wo wir immer zu Großmama abfuhren. Jetzt einen Blick wagen, in die hüglige Landschaft, die mir Heimat war. Alles klapperte, und ich dachte nur, hoffentlich bleibt der Fernseher heil. Merkwürdig, wie man sich an Dinge klammerte, nur weil man das Gefühl hatte, dass man das nicht auch noch verlieren wollte«, erzählt die Mutter.

In den ersten Tagen wohnte die Mutter bei einer Freundin, dann in einer winzigen Einzimmerwohnung in einem Hotel. Die Stelle war auf ein Jahr befristet, und niemand wusste, was danach werden würde.

Die Schwester kam zum Vater und seiner neuen Lebensgefährtin. Ich blieb in der Berliner Wohnung, aus der eine WG wurde. Drei junge Männer zogen ein. Einer, von dem ich nicht mehr weiß, was er machte und woher er kam, einer, der Türke war und halbreligiös, und einer, ein Kunststudent aus Stuttgart, der Pullover strickte. Der Kunststudent küsste mich und zeichnete mir Clowns auf A3-Papier. Der türkischstämmige junge Mann war wie ein Bruder und höchst zuvorkommend. Der andere war nie da. Die Wohnung wurde umgestellt und die Wände schwarz gestrichen, oder bunt. Ich hielt es nicht lange aus, dann floh ich, zu meinem Freund und seiner Mutter. Endlich hatte auch ich einen. Wie lange hatte ich gewartet. Das hässliche Entlein mit der großen Brille, es wollte nichts werden. Und dann war die Brille weg, und es wurde etwas. Das erste Rendezvous, am Südstern, irgendwann Anfang 1983, stundenlang geredet, und als wir aus der Kneipe kamen, fuhr keine Bahn mehr, und die Stadt war weiß vor Schnee. Bei dem Freund zog ich ein. Bei dem Freund fühlte ich mich geborgen. Auch dank seiner Mutter. Sie nahm mich auf wie eine Tochter, und ich nannte sie Muhme.

Im Sommer fuhren wir, die Mutter, die Schwester und ich, in den Schwarzwald, hatten ein Haus, urwüchsig und schön. Eine Freundin aus alten DDR-Tagen und deren Tochter waren auch mit. Ein Frauenurlaub, die Abende auf der Bank vor dem Haus, rund herum Natur. Die Frauen sprachen über die Vergangenheit, und die Mutter hob an, »Jugend erwache, erheb dich jetzt«, die Freundin sang das Lied zu Ende. Und so ging es. Die Mutter: »Du hast ja ein Ziel vor Augen«, die Freundin: »Damit du in der Welt dich nicht irrst …« Die Mutter: »Sag mir, wo du stehst und welchen Weg du gehst!«, die Freundin: »Zurück oder vorwärts, du musst dich entschließen!« Hätte es die Freundin nicht gegeben, die Schwarzwälder hätten vom DDR-Liedrepertoire immer nur die Anfangszeilen gehört, mehr konnte die Mutter nicht. So kamen sie in den vollen Genuss, zum Spaß der Mütter und zur Beschämung der Kinder.

Nach den Ferien schrieb die Mutter an die beste Freundin: »Susanne, die jetzt in die 12. Klasse geht, lebt tapfer ihr Leben. Aber sie ist eigentlich mit all den Aufgaben überfordert und hat zum Besprechen und Raten immer nur Freunde. Unser Verhältnis ist jetzt sehr gut, sehr ausgeglichen und freundschaftlich, und um so mehr fehlen wir uns beide. Anna geht in eine neue Schule. Jochen hat sie umgeschult wegen der Entfernung, und darüber bin ich nicht froh. Mein Argument, sie nicht mit nach Stuttgart zu nehmen und sie lieber in ihrer vertrauten Umgebung zu lassen, ist richtig sinnentleert worden dadurch.«

Verstreut in alle Winde, unbehaust, unstet. Ich hier, die Schwester da, die Mutter dort. Das Leben immer unübersichtlicher. Den Vater sah ich in jenem Jahr nur selten. Nur dann, wenn ich die Schwester bei ihm und der neuen Lebensgefährtin besuchte. Ich hatte das Gefühl, das war eine eigene Familie, obwohl die Schwester sagte, da gehöre sie nicht hin. Den Bruder sah ich auf Hiddensee, das war die letzte Fahrt zu ihm, das letzte Wiedersehen vor dem Mauerfall.

Viel öfter sah ich den Onkel, er war nicht nur ein Stück

Familie für mich, er war auch ein guter Kumpel, durch und durch, mein bester Freund. Den besuchte ich, wenn ich Zeit hatte. Ich sehe, wie er da stand, S-Bahnhof Friedrichstraße, wie ich auf ihn zulief, er mich in den Arm nahm. Dann fuhren wir zu ihm und kochten. Oder wir gingen an der Ecke Hans-Otto-Straße, in der er wohnte, in die Kneipe. Oder wir schlenderten durch den Böcklerpark. Vielleicht saßen wir sogar auf der Bank, auf die er sich im Dezember 2007 ein letztes Mal setzte. Jedenfalls brachte er mich immer wieder auch zurück zur Friedrichstraße. Mir fiel mit jedem Mal der Abschied schwerer. Einmal küsste er mich auf den Mund, viel zu lange für einen Onkel. Heute wundert mich auch das nicht mehr. Damals war ich verwirrt und behielt es für mich.

Ende 1983 schrieb die Mutter aus Stuttgart an die beste Freundin: »Wie es aussieht, geht die Arbeit hier zum Januar 84 zu Ende. Was dann wird, weiß ich nicht. Alle Bewerbungen scheitern. Es gibt immer zu viele, die sich eignen, 400 kürzlich auf eine Stellenausschreibung. Ich habe vor, nach Hamburg zu gehen.«

Dahin zurück ging es nicht. Es sollte Düsseldorf werden. Und eine feste Stelle, unbefristet. Die Schwester käme mit. Ich bliebe in Berlin. Es hat mich nicht erschreckt. Nicht mehr. Wir waren schon durch zu viele Feuer gegangen, um noch gebrannt zu werden. Wir machten es uns, glaube ich, zumindest vor, weil es anders nicht ging. Weil wir wieder einmal keine Wahl hatten. Ich blieb vorerst bei dem Freund und Muhme, nachdem ich beim Umzug geholfen hatte. Die Wohnung, in die ich nicht mehr ging, in der noch immer die Möbel der Eltern standen, in der bis dahin die drei Männer gewohnt hatten, die nie pünktlich die Miete zahlten, und an der die wenigsten guten Erinnerungen hingen, wurde aufgelöst. Die Mutter sagte: »Ich kann das nicht.« Ich sagte: »Ich nehme mir frei von der Schule.« Der Vater kam. Ich stand auf der Leiter, nahm Bücher aus den Regalen, die Linguistik für den Vater, die Theaterwissenschaft und Kunstgeschichte für die Mutter, die Belletristik wurde aufgeteilt. Je nach Wunsch oder je nach Widmung für die Mutter oder den Vater. Ich klappte Buch für Buch auf, es war Dezember. Immer wieder Dezember. Der Vater packte die Bücher in die jeweiligen Kisten. Ich sehe noch den Schreibtisch des Vaters, die Lederdecke darauf, die Schreibmaschine und kam mir vor wie verflixte sieben Jahre zuvor.

Wieder ein Umzugswagen also. Die letzte Fahrt mit dem froschgrünen Shiguli. Der hatte uns die Treue gehalten, aber in Düsseldorf wollte die Mutter ihn nicht mehr. Neuanfang, nur Mutter und kleinere Tochter. Die Fahrt in Richtung Westen, Transitstrecke, wo jede Ausfahrt eine Verlockung war abzufahren, um heimlich vielleicht wen auch immer, den man kannte, zu besuchen. Vorsicht, weil man wusste, dass jederzeit die Kelle des Polizisten am Straßenrand winken konnte. Und was dann? »Können Sie vielleicht mal den Kofferraum aufmachen?« Das war ein Befehl. Oder: »Was haben wir in der ersten Fahrstunde gelernt?« Es kam auf die richtige Antwort an, die man nicht wusste. Schulterzucken. »Blinken beim Überholmanöver!« Wenn der Pennäler im Westauto vor dem sächsischen Vopo demütig die Lektion hinnahm, blieb es bei einem Bußgeldbescheid. Jahrelang hatten wir die Transitstrecke so selten wie möglich als Reiseroute benutzt. Sind lieber geflogen. Der Weg mit dem Auto war nicht sicher, irgendein Vorwand hätte vielleicht genügt für irgend etwas.

Einmal eine Reise von Hamburg nach Berlin, ganz am Anfang. Wir fuhren im Schnee, weiß die Straße, weiß die Sicht, und plötzlich fuhren wir in ein Dorf. Wir waren von der Transitstrecke abgekommen. Das dörfliche Idyll im Winter war keine Beruhigung. Wir mussten so schnell wie möglich und unbemerkt den richtigen Weg finden. Nervöses Blättern im Atlas. Aber nicht unter einer Laterne, sondern nur im Schein des Wageninnenlichts. Ewige Minuten verstrichen, während der Vater und die Mutter sich den Weg merkten. Nur nicht noch einmal anhalten müssen. Der Vater fuhr weiter, die Mutter schwieg. Wir Kinder auch. Niemand sollte uns hören, kein Wörtchen. Der Schnee schluckte die Geräusche des Motors, und wir fanden schließlich den Weg zurück. Die zu lange Fahrtzeit verwunderte den Grenzbeamten zum Glück nicht.

Normalerweise also keine Abfahrt von der Strecke. Statt dessen Ausfahrt an einer Raststätte, Soljanka essen oder Schnitzel mit Rohkostbeilage. Im Wagen die Mutter, die Tochter einer Freundin der Mutter – sie wollte mit dem Auto weiter in die Ferien –, die Schwester und ich. Im Wagen zwei Koffer, eine Reisetasche, eine Schmuckkassette, eine Schulmappe, eine Puppe, ein Stoffhund, vielleicht Schlafdecken, ganz sicher Beutel und Handtaschen. Auf jeden Fall keine Katze. Ähnlichkeiten nichtsdestotrotz und doch alles anders. Dunkelheit und Nieselregen. Das Auto, schwer beladen, kündigte keine Hinfälligkeit durch Geräusche an, jedoch die Tanknadel beängstigende Leere. Auf einem Hügel der Autobahn dann schwiegen der Motor und schließlich auch wir. Der Wagen rollte hügelab und am Fuße auf eine Tankstelle. Wir nahmen dieses Glück als gutes Zeichen für die neue Zeit.

Einrichten in Düsseldorf, einrichten in Berlin. Ich bezog eine eigene Wohnung, in der Manitiusstraße, zwei Zimmer,

Küche, Bad. In der Manitiusstraße wohnte ich wie eine Erwachsene. Allein. War ja auch schon achtzehn Jahre alt. Hatte ja schon zwei Jahre Übung. Ich rappelte mich auf und ging zur Schule. Meistens jedenfalls. Nicht immer pünktlich, aber doch da. In der Manitiusstraße kochte ich mir Mittagessen. In der Manitiusstraße empfing ich Freunde. In der Manitiusstraße hatte ich auch manchmal Hunger, wenn das Geld für den Monat ausgegeben war. Wirtschaften musste ich noch lernen. Von der Manitiusstraße aus fuhr ich nicht mehr nach Kreuzberg, sondern nach Schöneberg, mit dem Fahrrad, das mir der Lehrer gegeben hatte. Schöneberg war jetzt meine Gegend, dort war das andere Berlin, das der ehemaligen 68er, der Lehrer zeigte es mir. Café M, das gezwungen wurde, den Namen zu ändern, weil es ursprünglich wie die Bahn-Gastronomiegesellschaft der DDR geheißen hatte: Mitropa. Aber nicht um des Namens willen wurde es mein Lieblingsplatz. Die ganze Gegend rund um den Nollendorf- und Winterfeldplatz, dieses »Dorfidyll bei der Untergrundbahn«, wie Joseph Roth es einst genannt hat, zog mich an. Die Menschen, nicht so kaputt wie in Kreuzberg, schon was geworden und trotzdem noch nicht alt, Musiker, Maler, Lebenskünstler.

Ich machte es wie sie, ich setzte mich in die Sonne, bestellte Milchkaffee und las Bücher. Eins nach dem anderen. Auch, weil ich unsicher war, weil ich vertieft wirken wollte, nicht allein und wartend, sondern beschäftigt mit mir selber. Die Welt war mir noch zu groß. Die Welt in Büchern überschaubarer.

Nebenbei lernte ich, Abschlussprüfungen standen bevor. Die Mutter schrieb an die beste Freundin: »Susanne steckt in ihrem Abitur. Das Schriftliche hat sie hinter sich. Ende Oktober fährt sie für einige Tage nach Jena.« Das war

1984. Ich fange an zu rechnen. In den sieben Jahren seit unserer Ausbürgerung aus der DDR hatten wir, die Mutter, die Schwester und ich, vier Jahre gemeinsam unter einem Dach verbracht. In Hamburg zwei, in Berlin zwei. Fast zwei Jahre davon war der Vater nicht bei uns gewesen und dann ganz ausgezogen. Eine eindeutigere Sprache als die der Zahlen gibt es nicht.

Mission erfüllt. Die Familie zerschlagen. Eltern unschädlich gemacht. Ich lese: »Im Ergebnis der bisherigen politischen-operativen Bearbeitung des OV kann eingeschätzt werden, daß auf der Grundlage der vom Stellvertreter des Ministers, Genossen Oberleutnant Mittig, bestätigten Bearbeitungskonzeption, die feindlichen Aktivitäten der Krista Maria Schädlich und des Hans-Joachim Schädlich sowie ihre Wirkungsmöglichkeiten und ihre Wirksamkeit gegen die sozialistische Staats- und Gesellschaftsordnung in der DDR weitgehend eingeschränkt und unterbunden wurden.« Und weiter: »[…] im Zusammenwirken mit anderen Diensteinheiten, anderen Sicherheitsorganen sowie mit staatlichen Einrichtungen und gesellschaftlichen Organisationen«, und dank des Onkels: »im Prozess der gezielten Steuerung des IM«.

So steht es im Abschlussbericht von 1984. Trotzdem, wir standen weiter unter Beobachtung, »unter operativer Kontrolle«, wie es im Stasi-Jargon hieß. Der Onkel war es, der das am besten konnte.

10

Es ist mir ein Rätsel, wie wir trotz der ständigen Unruhe, dem Gefühl der Bedrohtheit, der Unbehütetheit, die sich daraus ergab und unter der die Schwester, weil sie noch klein war, besonders gelitten haben muss, trotz des Gefühlschaos und der Ungewissheit, trotz der Anstrengung durchgehalten haben, um weiterzumachen. Die Mutter schrieb an die beste Freundin: »Zu Susannes 19. Geburtstag war ich mal kurz in Berlin. Ihre Wohnung ist sehr schön geworden, sie hat einen mir sehr angenehmen Freund und war selber so lieb und anhänglich. Jetzt nach dem Abitur geht die Suche nach einer Lehrstelle los. Sie möchte entschieden Kostümbildnerin werden, und dazu braucht man erst einmal eine Theaterschneiderlehre. Ich habe mit Jochen gesprochen, und ihm gesagt, daß jetzt alle Beziehungen der Eltern eingesetzt werden müssen.« Wieder im Dezember.

Im Januar fing ich an. Ich nahm mir das Telefonbuch, suchte alle Schneidereien heraus. Vertröstungen, keine Zusagen. Das erzählte ich auch dem Onkel. Er nahm Anteil, er machte mir Mut. Erfolg schließlich doch über die Bekannte einer Bekannten der Familie. Anfang März begann ich eine Hospitanz am Düsseldorfer Schauspielhaus, am Kinder- und Jugendtheater. Die Mutter schrieb der besten Freundin: »Ob sich für sie beruflich daraus etwas entwickelt, ist noch ungewiß, aber eine Chance ist es schon, und hier haben es die jungen Leute schon schwer. Die Perspektivlosigkeit greift um sich. Unsereiner kann gar nicht so viel verdienen, wie es notwendig wäre, um Kindern einen Start zu geben.« Das waren meine Gedanken nicht. Mich umwehte Theaterluft, das tägliche Proben, die Entwicklung des Bühnenbildes, Kostümentwürfe, die Rückschläge, die Nähe der Premiere, Pausen in der Kantine im großen Haus, die Allüren der Schauspieler und Regisseure, das ganze Treiben. Ich durfte dabeisein in dieser mir gänzlich neuen Welt. Und das Allerbeste, ich wohnte bei der Mutter und der Schwester.

Die Hospitanz wurde verlängert, zwischendurch war ich in Berlin und suchte weiter nach einer Lehrstelle. Abends war ich wieder in Schöneberg. Mit der neuen Freundin aus Düsseldorf, sie groß und mit schwarzem Haar, ich klein und blond, zog ich nachts um die Häuser »Mal sehen, was im Dschungel läuft«, der Berliner In-Disco, in die nicht jeder kam, vor allem keine Touristen, manchmal aber solche wie David Bowie. Danach ins Domina, eine Schwulen- und Transvestitenkneipe, in der erst nach 4 Uhr morgens das Leben wirklich losging, in der die Diven zu Yma Sumac auf dem Tresen tanzten und mir eine vollbusige Schöne mit übertrieben weiblicher Geste eine Rose schenkte. Oder ins Risiko unter den Yorkbrücken, wo vielleicht wieder eine Performance mit rohem Fisch stattfand und am Tresen Blixa Bargeld Nachtgedanken nachsann. Ich ließ mich herumführen, ich staunte, ließ mich auf andere Gedanken bringen, aber nicht ab vom Wege. Das tat der Onkel nach der zweiten Hospitanz am Theater in Düsseldorf.

Wir sprachen am Telefon, wir schrieben uns Briefe. Wir verabredeten uns. Ich war froh, wenn er Zeit hatte, Besuche in Ost-Berlin trösteten mich über die Ungewissheit meiner Zukunft hinweg. Café Moskau, die Espresso-Bar, seine Wohnung. Seine Wege wurden meine Wege. Und außerdem, es war immer noch auch meine Stadt. Er wusste, dass ich Kostümbildnerin werden und dafür endlich schneidern lernen wollte. Dass ich immer noch keine Lehrstelle gefunden hatte in West-Berlin. Dass ich ihn vermisste, und all die anderen auch. Dass ich hin- und hergerissen war.

Er sagte: »Lies *Der geteilte Himmel*«, und gab mir das Buch mit. Während ich das Buch las, gab es Gespräche, über Manfred, über Rita, über das Weggehen aus der DDR und das Wiederzurückkommen. Als ich zu Ende gelesen hatte, sagte ich zum Onkel: »Mir geht es wie Rita.«

Er sagte: »Ja. Ich verstehe dich. Aber so einfach ist das nicht.«

Ich bat ihn um Rat. Er sagte, er müsse darüber nachdenken.

Als er nachgedacht hatte, sagte er: »Vielleicht könntest du einen Brief an den Oberbürgermeister von Ost-Berlin schreiben? In Prag kann man schließlich auch gegen Devisen studieren.«

Ich dachte, warum eigentlich nicht.

Er sagte: »Behalt es erst einmal für dich, musst nicht gleich mit den Eltern darüber reden.«

Ich erzählte es einem Freund. Der sagte: »Ich weiß nicht.«

Am 5. Mai 1985 schrieb ich an den Oberbürgermeister von Ost-Berlin einen Brief, den ich in den Akten finde. Nach kurzer Vorstellung meiner Person und der Feststellung, dass die Schneiderinnen-Lehrstellen als Voraussetzung für den Beruf der Kostümschneiderin in der Bundesrepublik und West-Berlin knapp seien, fragte ich: »Daher bitte ich Sie um Auskunft darüber, ob für mich die Möglichkeit einer Ausbildung in diesem Bereich der Hauptstadt der Deutschen Demokratischen Republik besteht.« Eingeladen wurde ich einige Wochen später – zu einem Gespräch.

Ich rief den Onkel an. »Stell dir vor, ich habe eine Antwort bekommen.«

Er sagte: »Na siehst du? Es geht«, und wünschte mir viel Glück.

Zum ersten Treffen fuhr ich mit der U-Bahn durch die Bahnhöfe, an denen nie ein Zug hielt, bis zum S-Bahnhof Friedrichstraße. Der Onkel holte mich auf der anderen Seite ab, wie gewohnt.

»Ich bringe dich noch ein Stück, habe auf dem Stadtplan nachgesehen. Ist nicht weit.«

Er brachte mich zur Straßenbahn, nannte mir die Haltestelle, an der ich aussteigen sollte, beschrieb mir den Weg.

Ich kam zu einem Haus, wie ein Einfamilienhaus, unscheinbar in ruhiger Lage. Ich klingelte. Drinnen eine Art Pförtnerzimmer, hinter Glas ein rauchender Mann. Angemeldet war ich. Der Mann schickte mich einsilbig in einen Raum gegenüber. Dort hatte ich zu warten. Holztisch, Holzstühle, verraucht.

Nach einer Weile Führung durch einen Flur bis zu einer Tür. Der Pförtner, der nicht nur Pförtner war, öffnete sie.

»Bitte. Es wird gleich jemand kommen.« Die Tür schloss sich, und ich war allein. Erst da wurde mir ein wenig mulmig. Stutzig wurde ich nicht. Das hätte ich schon werden müssen, als der Brief in die Manitiusstraße kam, mit der Aufforderung, mich an diesem Tag an diesem Ort einzufinden. Meine Naivität, meine Blindheit kann ich mir nur so erklären, dass ich jung war, ohne Halt, dass ich dem Onkel, der mir zugeraten hatte, vertraute. Er musste wissen, was gut und richtig für mich war. So war das eben, wenn man sich mit der ungewöhnlichen Bitte um eine Schneiderlehre an den Ost-Berliner Oberbürgermeister wandte. Dann gab es erst einmal ein Gespräch.

Ich wartete, hatte Zeit, mich umzusehen. Die Tür ohne Klinke, ein Tisch, vier Stühle, eine Liegecouch. Eine Lampe über dem Tisch. Das Fenster vergittert. Ich fing an zu schwitzen. Ich saß und wartete und wartete und saß, bis sich die Tür öffnete, ein Mann eintrat, hochgewachsen, dunkles Haar, und sich setzte. Mir gegenüber. Seinen Namen sagte er nicht, und ich war zu scheu, ihn zu fragen. Er war freundlich, er gab mir die Hand. Er fragte nach meinen

Eltern, was sie machten, mit wem sie Umgang hätten, ich antwortete, oder ich antwortete nicht. Es dauerte lange. Schließlich sagte er, mein Anliegen werde geprüft. Allerdings wäre es weniger aufwendig und weitaus praktischer, wenn ich noch fünfzehn weitere Interessenten gewinnen würde, das ergebe eine Klasse.

»Überlegen Sie es sich.«

Er gab mir einen Termin. Er streckte mir die Hand entgegen, ich reichte ihm meine, wir verließen den Raum gemeinsam, er brachte mich zur Haustür, er ging mit mir zur Straßenbahn, er wartete mit mir an der Haltestelle, er stieg mit ein, er stieg mit aus, er ging ein Stück des Wegs, bis ich den Onkel sah und erleichtert auf ihn zulief. Damals wunderte ich mich nicht. Wir gingen ins Café Moskau, und dort erzählte ich ihm alles. Wie immer.

Ich erzählte einem Freund in West-Berlin, wie es gewesen war.

Ich erzählte dem Freund von dem zweiten Termin.

Der Freund: »Ich glaube, das nächste Mal fahre ich mit.«

Das nächste Mal fuhren wir in einem Wagen, den er sich geliehen hatte, zu dem Haus. Der Freund wartete im Wagen.

Ich lese: »Auskunftsersuchen zum Kfz. Kfz Kennzeichen B – AX 1084, Staat bzw. WB: WB, Tag und Ort der Feststellung des Kfz, 12. 7. 85 Hauptstadt. Benötigt werden die Personalien der Kfz.-Benutzer.«

Auf den Gedanken, dass sogar derjenige, der den Wagen geliehen hatte, ins Fadenkreuz der Staatssicherheit geraten könnte, war ich damals nicht gekommen. Keiner von uns beiden hatte eine Ahnung, in welche Gefahr wir uns begaben.

Diesmal musste ich nicht in dem Vorraum warten. Der

rauchende Pförtner brachte mich gleich in das Zimmer mit der Tür ohne Klinke, dem Tisch, den vier Stühlen, der Liegecouch, der Lampe über dem Tisch. Das Fenster vergittert. Die Tür schloss sich. Ich wartete wieder eine lange Zeit.

Als sich die Tür öffnete, trat derselbe Mann ein wie beim letzten Mal. Wieder freundlich.

Er sagte: »Guten Tag. Schön, dass Sie wieder da sind. Wie geht es Ihnen?«

Sicherlich sagte ich, dass es mir gutginge.

»Ihr Anliegen wird noch geprüft, es sieht gar nicht schlecht aus.« Er wartete auf meine Reaktion. Ich nickte.

»Würden Sie sich bereit erklären, die Staatsbürgerschaft der BRD aufzugeben?«

»Niemals.«

Er lächelte. »Das ist auch nicht so wichtig. Erzählen Sie mir ein bisschen von West-Berlin, wie das Leben dort so ist. Wie geht es Ihren Eltern?«

Jetzt hatte ich Angst. Ich wusste, der Mann war nicht freundlich.

»Das wissen Sie doch ohnehin alles, wieso soll ich es Ihnen also erzählen?«

»Wir wollen doch nur ein wenig plaudern. Leben Sie gerne in West-Berlin?«

»Ja, sehr gerne. Ich habe meine Freunde dort.«

»Wären Sie traurig, wenn Sie nicht mehr in die Hauptstadt reisen dürften?«

»Ja, mein Onkel lebt hier, ich besuche ihn.«

»Ja, sicherlich. Hat Ihr Vater noch Kontakt zu Biermann?«

Ich zuckte mit den Schultern.

»Das wissen Sie nicht?«

Ich schüttelte den Kopf.

So ging das, Frage von ihm, Antwort von mir oder Kopfschütteln oder Schulterzucken. Ich wurde müde. Ich hatte Durst. Ich sagte: »Ich habe Durst.«

»Nun, Sie wollen also eine Schneiderlehre beginnen. Wissen Sie, das ist gar nicht so einfach. Das dauert seine Zeit. Sie müssen Geduld haben.«

Und dann ging es weiter, Frage von ihm, von mir Kopfschütteln oder Schulterzucken.

Er lächelte. Ich versuchte zu lächeln. Er stand auf. Abrupt.

»Wir melden uns bei Ihnen, sobald eine Entscheidung vorliegt.«

Er brachte mich vor das Haus. Ich stieg zu dem Freund ins Auto, und wir fuhren zurück nach West-Berlin.

An jenem Tag im Juli 1985 rief ich den Onkel noch an. Er brauchte nicht zu fragen, wie es war, ich erzählte ihm alles, auch dass der Mann gesagt hatte, ich müsste die Staatsbürgerschaft der BRD aufgeben.

Der Onkel sagte: »Überleg es dir.«

Einige Wochen später hatten der Onkel und ich uns wieder verabredet. Friedrichstraße. Ich stand am Schalter wie immer. Hinter mir eine Schlange von Leuten. Der Beamte nahm einen schwarzen Hörer ans Ohr. Mir bedeutete er, aus der Reihe zu treten. Der Beamte fertigte die anderen ab, sie zogen an mir vorüber. Ich stand lange da, den Blicken der Reisenden in die DDR ausgesetzt, als sei ich eine Aussätzige. Es dauerte, bis ein Grenzbeamter mit meinem Pass auf mich zukam.

»Was fällt Ihnen ein, sich hier sehen zu lassen?« Alles drehte sich um.

»Aber ich …«

»Sie haben nicht einmal das Recht, hier zu stehen.«

Das Stimmengemurmel der Wartenden verstummte.

»Verlassen Sie sofort das Gebiet der DDR.«

Mir schnürte es die Kehle zu. Ich nahm den Pass, den mir der Uniformierte entgegenhielt. Taumelte zurück zur U-Bahn, fuhr nach Hause, rief den Onkel an, der nicht da war, der sicher auf mich wartete, der sich sorgen musste, weil ich nicht kam. Ich rührte mich nicht vom Telefon fort. Dachte, sobald er nach Hause käme, werde er anrufen, fragen, warum ich nicht gekommen sei zur verabredeten Zeit.

Der Onkel rief nicht an. Ich erreichte ihn erst spät. Er war weniger aufgebracht, als ich erwartet hatte, eher nüchtern sagte er: »Diese Idioten.«

Spät in der Nacht rief ich die Mutter an. Ich sagte ihr, dass ich heute den Onkel besuchen wollte, dass sie mich nicht hätten einreisen lassen, dass sie mich angeschrien hätten. Ich weinte, weil ich wusste, dass das Einreiseverbot von jetzt ab auch für mich für immer gelten würde. Sie konnte sich das nicht erklären.

»Hast du eine Erklärung?« fragte die Mutter.

»Ich weiß nicht. Vielleicht hat es damit zu tun, dass ich in Pankow war.«

Die Mutter nahm sich den nächsten Flug nach Berlin.

»Als das Wort Pankow fiel, war ich höchst alarmiert. Pankow, das hieß Stasi«, erzählt die Mutter.

Der Vater kam.

»Du standst unter Schock, sicherlich auch aufgrund unserer absoluten Beunruhigung. Du warst in eine Sache hineingeraten, die du nicht übersehen konntest, und wir sagten, sag, woran du dich erinnerst. Alles«, erzählt der Vater.

Ich erzählte von dem Brief, von der Antwort, dem Mann, dem Haus. Ich erzählte, was ich gesagt hatte. Den Onkel erwähnte ich nicht. Möglich, dass ich ihn in der Aufregung einfach vergessen hatte, möglich, dass ich dachte, warum ihn mit reinreißen, ich hatte doch Schneiderin werden wollen. Möglich, dass ich ihn nicht erwähnte, weil er gesagt hatte »Behalt es erst einmal für dich, musst nicht gleich mit den Eltern darüber reden«.

Ich war seiner Stimme gefolgt. So war er, dieser Wolf, der sich Schäfer nannte und sich als Hirte dachte.

»Der aber zur Tür hineingeht, der ist der Hirte der Schafe. Dem tut der Türhüter auf, und die Schafe hören seine Stimme, und er ruft seine Schafe und führt sie aus. Und wenn er seine Schafe hat ausgelassen, geht er vor ihnen hin, und die Schafe folgen ihm nach, denn sie kennen seine Stimme. Einem Fremden aber folgen sie nicht, sondern fliehen ihn, denn sie kennen die fremde Stimme nicht.«

Ich floh ihn nicht. Ich ging ihm auf den Leim. Eine einfache Redewendung, die eine Assoziation hervorruft. Und auch sie stimmt. Früher wurden Vögel mit Leimruten gefangen. Die Vogelfänger rieben die Äste mit einer klebrigen Flüssigkeit ein. Mit Hilfe eines Lockvogels wiegten sie die anderen Vögel in Sicherheit. Wenn Amsel, Drossel, Fink und Star und die ganze Vogelschar sich auf den Ast setzten, klebten sie fest.

Ich war noch einmal davongekommen. Nicht auszudenken, wenn sie mich gekriegt hätten. Die Tochter von Hans Joachim Schädlich kehrt in die DDR zurück! Ich sehe die Schlagzeile. Was wäre das für ein Verrat gewesen. Schon damals, in der kleinen Küche in der Manitiusstraße, in der wir saßen, der Vater, die Mutter und ich, und bis in die Nacht redeten, war ich heilfroh, dass ich in letzter Minute richtig überlegt hatte. Dass ich gesagt hatte, ich würde die Staatsbürgerschaft der Bundesrepublik nie aufgeben, nie in die DDR zurückkehren.

Und was beschlossen wir? Ich schrieb einen Brief an den Verfassungsschutz. »Sehr geehrte Damen und Herren …« Ich beschrieb, was vorgefallen war. Ich beschrieb, wo ich gewesen war. Ich bekam eine Einladung zu einem Gespräch. Wieder ein Haus, wieder ein Pförtner. Wieder Flure und Türen. Wieder ein Zimmer. Tür mit Klinke. Keine vergitterten Fenster. Lange Tische, viele Stühle. Zwei Männer. Einer, der mich befragte, einer der stenographierte. Ich stand Rede und Antwort. Ich sah Fotos vom Haus in Pankow, von dem freundlichen Mann. Ja, dort war ich, ja, das war er. Ich wurde verabschiedet.

Die Augen waren mir in dem Haus in Pankow in letzter Sekunde aufgegangen. Als ich die Fotos vor mir auf dem Tisch liegen sah, wurden sie immer größer. Ein Licht ging uns allen nicht auf.

Vielleicht hätten wir dann damals schon eins und eins zusammengezählt. Vielleicht wären wir dann 1992 nicht mehr so entsetzt gewesen.

Ich schrieb mir mit dem Onkel Briefe.

Im Februar 1988, da war ich schon in Amerika, er an mich: »Ich war vor kurzem für zwölf Tage in der Bundesrepublik. Fünf davon verbrachte ich in Düsseldorf. Vorher war ich in Bremen, danach ein langes Wochenende in der Nähe von Köln.« Auch 1987 war er gereist. Zum Vater. Ich lese weiter: »Im Oktober hatte man mich für eine knappe Woche tatsächlich zu Deines Vaters Geburtstag reisen lassen (= vier S-Bahn-Minuten). Mit ihm flog ich auch nach Frankfurt (Buchmesse). Was könnte ich von diesen Reisen sagen? Daß es kuschelig war. Daß ich und andere, die mich seit langem kennen (so etwa Jochen), an mir eine ausgeprägte, entspannte und gelassene Ruhe registrierten, anders als während meiner ersten Reise vor einem Jahr. Darüber muss ich noch nachdenken.«

Ich nicht. Ich möchte nicht wissen, bei wem und wann er in all den Jahren noch überall im Westen war und vor allem, mit welchen Aufträgen. Die Mutter hat den Onkel regelmäßig in Düsseldorf empfangen. Er wohnte bei ihr. Hatte ja kein Geld für ein Hotel. Sie fragte sich nicht, warum er reisen durfte, weil Ende der achtziger Jahre die DDR-Behörden den Katalog der Reiseerlaubnisse erweitert hatten. Den Ostbehörden reichte zuweilen schon eine Familienfeierlichkeit wie der soundsovielte Geburtstag eines Schwagers oder einer Tante. Das gab der Onkel vor. Über die Mutter hatte er Zutritt zum Verlag, er saß mit allen zusammen, wurde auf Feste eingeladen, manche machte man seinetwegen, er war ein gerngesehener Gast. Er hörte interessiert zu, schwieg viel und erzählte von Unity Mitford, einer britischen Schönheit, die sich in Hitler verliebt hatte und sich aus Kummer im Englischen Garten eine Kugel in den Kopf geschossen hatte. Sie überlebte als Pflegefall. Er, der Historiker in Harris Tweed und mit Pfeife, mit einer Vorliebe für britische Skandalgeschichten, erzählte so, dass ihm die Veröffentlichung eines Buches angetragen wurde. Das Buch erschien 1990 unter dem Titel *Die Mitford-Sisters*. Das war seine Legende dann. Er brauchte sie nicht einmal zu erfinden, denn Historiker war er, und das Buch schrieb er schließlich auch.

Mehr werde ich nicht herausfinden, jedenfalls nicht aus den Akten. Ich möchte auch nicht mehr wissen. Ich weiß genug.

Unsere Akten enden 1984. Die Berichte in den Akten des

Onkels enden 1983. Nur noch ein paar spärliche Seiten. Berichte über Ungarn. In das westliche Ausland reiste er weiter. Salatzki, der 1983 den Vorgang IM »Schäfer« an Oberstleutnant Horst Kuschel übergeben hatte, behielt ihn bis zu seiner Pensionierung 1986 in seiner Abteilung, lieh ihn nicht aus. Erst 1989 wurde der Onkel »entpflichtet«. Im Dezember! Unter der Rubrik »Einschätzung der Zusammenarbeit« lese ich: »Offene, ehrliche Zusammenarbeit. Abbruch der Verbindung wegen Perspektivlosigkeit bei Umstrukturierung.«

Es gibt Einschnitte im Leben, die alles verändern, die einen selber verändern. Der erste Einschnitt in meinem Leben war die Übersiedlung aus der DDR in die Bundesrepublik. Was folgte, hätte keiner von uns auch nur im entferntesten vorhersehen können. Im Gegenteil, wir hatten es uns anders vorgestellt, heiler, soweit man sich überhaupt eine Vorstellung von dem machen kann, das man nicht kennt. Man macht sich also Bilder, die geprägt sind von Informationen. Diese entsprechen in den seltensten Fällen der Wirklichkeit. Mit Vergangenem ist es ähnlich, die Bilder werden verfälscht von der Sehnsucht danach. Auch diese Bilder entsprechen nicht der Wirklichkeit. Es ist, wie wenn zwei Lichtquellen Schatten werfen. Die eine Lichtquelle war der Westen. Dort lebte ich, dort hatte ich Freunde, ich kannte die Nachtszene, ich hatte mich politisch engagiert und schließlich sogar, trotz aller Ablenkungen, das Abitur geschafft. Die andere Lichtquelle war der Osten, in den ich, anders als die Mutter und der Vater, bis zu jenem Tag jederzeit fahren konnte. Ich hatte das Gefühl, privilegiert zu sein. Ich dachte, dem Schicksal ein Schnippchen schlagen zu können. Hier zu sein und dort. Zwei Fliegen mit einer Klappe.

Als mir die Tür vor der Nase zugeschlagen wurde, sollte das eine Strafe sein, sie wollten mich treffen, und das taten sie, aber im Grunde erwiesen sie mir einen Dienst. Als die Tür zugeschlagen war, musste ich mir endlich eingestehen, dass ich in dem gespaltenen Land selber gespalten war, dass ich beides hatte haben wollen. Beinahe zu spät bemerkte ich, dass nur eines möglich war. Ich musste mir eingestehen, dass ich das Leben keineswegs meisterte. Nach der Traurigkeit, nach dem Schrecken die Erkenntnis: Es gab keine Wahl, jedenfalls nicht zwischen Ost und West.

Jetzt stand ich an einer Gabelung, und ich denke an ein Gedicht von Robert Frost, das ich zum ersten Mal in Amerika las und das mich seither begleitet: »Two roads diverged in a yellow wood, And sorry I could not travel both.« Der Reisende entschließt sich für einen Weg, hebt sich den anderen auf für einen anderen Tag, wohl wissend, dass er nicht zurückkommen wird. »And that has made all the difference.«

Jetzt beschloss ich, ich musste weg. Nur so würde ich ankommen. Es durfte nur eine Lichtquelle geben, nur einen Schatten, keine Halbschatten. Dann wäre ich auch bei mir.

In Düsseldorf gab es eine Schule, an der man schneidern lernen konnte. Ich bewarb mich und wurde angenommen. Nun doch. Verbissen verbiss ich mich. Übte die verschiedenen Nahtarten, lernte, dass es außer Binsen noch Biesen gab, entwarf, machte Schnittmuster, nähte sogar einen Rock. Das war der praktische Unterricht. Im theoretischen musste ich feststellen, dass die Grenzen Deutschlands noch die von vor dem Zweiten Weltkrieg waren. Auf meinen Hinweis kam von der Lehrerin die Bemerkung, die Jahreszahl sei doch nicht so wichtig. In Deutsch wurden die Grundregeln der Orthographie vermittelt, in Mathematik das Einmaleins. Das war nicht meine Welt. Und vor allem war es nichts für meine Augen. Einfädeln, Falte auf Falte bügeln, parallele Nähte, Biesen über Biesen, jede anders als die vorherige und kein Knopfloch gleich. Ich gab mein Bestes, das der Lehrerin nie gut genug war. Trotzdem machte ich weiter. Ich war es mir schuldig, ich wollte es mir zeigen. Dazu gehörte auch, dass ich eine Wohnung suchte und bezog. Dazu gehörte auch die Freundin, der ich Berlin gezeigt hatte und die mir jetzt Düsseldorf zeigte, besonders in der Nacht. Der gute alte Ratinger Hof. Manchmal sollte ich, ganz wie früher, auf die Schwester aufpassen, wenn die Mutter abends zu tun hatte. Nur, jetzt wollte ich mit der Freundin ausgehen. Nicht Babysitten. Wir schminkten die Schwester von elf auf sechzehn und nahmen sie mit, damit sie uns nicht verrate.

Ich könnte sagen, das Leben war normal für ein Mädchen in dem Alter. Ich könnte sagen, ich hätte froh sein können, dass es so war. Das sage ich auch. Doch auch wenn das Leben normal verlief, ich froh sein konnte, spürte ich, dass Düsseldorf nicht der Ort war, an dem ich wollte, dass das Leben normal verlief. Froh wollte ich anderswo werden. Wo das sein würde, wusste ich, nachdem ich einen Film gesehen hatte, der mich in Schwarzweißbildern nach Louisiana führte, vorbei an Häusern und in die Tristesse der leeren Straßen, durch einsame Sümpfe. Ich sah drei Einzelgänger, die sich durch das Leben schmuggeln, deren Weg vom Zufall bestimmt ist, die sich bestimmen lassen. Am Ende bleibt einer der drei bei einer Frau, die beiden anderen gehen eine Straße entlang bis zu einer Weggabelung. Der eine geht den einen Weg, der andere den anderen: That has made all the difference. Für mich. Plötzlich wusste ich, ich musste einen anderen Weg gehen als den deutschen. Vor allem musste ich ihn allein gehen, weit weg, auch weg von der Familie.

Es bedurfte einiger Vorbereitung, das war klar. Neben der Schneiderschule fing ich an zu jobben. Bei der Post. Ich wurde vereidigt, zusammen mit den anderen Hilfskräften für die Nacht, und wir luden Pakete in Regale, schoben Kästen mit Briefen herum, ordneten vor für die Frauen, die auf Drehstühlen hinter kleinen Regalen saßen und die Briefe nach Straßen sortierten. Eine illustre nächtliche Runde, vor allem in den Pausen. Hartgesottene und doch weichherzige Arbeiterinnen, mit einem drastischen Humor, wir die junge Brut, die es zu beschützen galt, vor allem vor dem stets betrunkenen »Vorsteher«, der aufpasste, dass alles seine Ordnung hatte und jede ihrer Arbeit nachging. Wir ließen uns noch einschüchtern. Die Frauen nicht. Am schönsten waren die Momente, wenn die Postkarten vorgelesen wurden. So viel Zeit musste sein, Nacht für Nacht, bevor sie in Straßennamenfächern verschwanden.

Morgens halb fünf, nach Schichtende, fuhr ich vom Hauptbahnhof nach Hause, im Hof roch es schon nach frischen Brötchen aus der Backstube im Hinterhaus. Jeden Morgen bekam ich welche warm aus dem Ofen. Schnell Kaffee getrunken, Brötchen gegessen und in die Schule. Die Nähte wurden immer krummer, die Biesen wurden Binsen, und ich gab die Schule auf. Ob ich der Mutter davon erzählte? Ich weiß es nicht mehr. Ich suchte noch eine Arbeit und wurde Köchin. Da war der Job bei der Post schon vorbei. Ob ich kochen könne, wurde ich gefragt. Ich sagte, ich koche gerne. Das reichte. Ich fragte mich nicht, ob ich es schaffen würde. Ich schaffte es. Hatte schon anderes geschafft. Ich stand drei- bis viermal die Woche in der Küche. Meistens war mir übel, denn jedes Gericht musste ich kosten. Jägermeister half, und dann kam es vor, dass ich ein Gericht versalzte. Als ich kündigte, sagte die Besitzerin, so eine Köchin fände sie nie wieder. Es war eine gute Zeit. Ich verdiente viel. Es gab nicht selten Tage, an denen ich über siebzig Gerichte zubereiten musste, pro Gericht fünfzig Pfennig, plus Stundenlohn, plus einen Anteil vom Trinkgeld. Ich sparte jeden Pfennig, verkaufte auf dem Flohmarkt, was ich im Keller der Mutter fand, Carrera-Bahn, Playmobil, Barbiepuppen, Barbiepferde, sogar ein Barbiehaus. Das bekomme ich heute noch zu hören!

Im Geldbeschaffen war ich erfinderisch, und von Anstrengung war gar keine Rede. Eher davon, dass man ein Visum brauchte, Flüge gebucht werden mussten. Dass man es den Eltern sagen musste. Eine Freundin, die denselben Plan hatte, stärkte mir den Rücken. Und dann erfuhr es auch die Mutter. Ich war noch keine zweiundzwanzig Jahre alt, als ich ihr am Telefon sagte: »Komm, ich muss dir etwas sagen.«

Als sie kam, sagte ich: »Bitte setz dich. Ich muss dir etwas sagen.«

Als sie saß, sagte ich: »Ich gehe nach Amerika.«

Sie sagte: »Jetzt bist du vollkommen verrückt geworden«, und ging ohne ein weiteres Wort. Später rief sie an und sagte: »Wenn du mir einen vernünftigen Grund nennst, warum du nach Amerika gehen willst, werde ich dir keine Steine in den Weg legen.«

Ich sagte: »Nach zweimal Deutschland, zwölf Jahren DDR, zehn Jahren Bundesrepublik, muss ich weg, um endlich anzukommen. Wenn ich hierbleibe, wird das nichts.«

Sie sagte: »Ich werde dir keine Steine in den Weg legen.«

Erst dann beantragten die Freundin und ich Visa. Wochen vergingen, in denen ich bangte. Ich ahnte schon, was kommen würde. Und so geschah es. Der Freundin wurde das Visum erteilt, mir nicht. Weil ich aus der DDR kam, weil einige Fragen zu klären wären. Ich musste nach Frankfurt reisen, in die Botschaft der USA.

Warten vor einem Schalter aus Panzerglas. Es waren nicht viele Leute dort. Der Mann hinter der Scheibe bat mich vorzutreten: »Next, please.«

»Ich möchte mein Visum abholen.«

»Passport.«

Ich reichte ihm meinen Pass. Er blätterte. Er blickte auf. Er lächelte.

»Have you ever been a member of a communist organsation?«

Ich schüttelte den Kopf.

»Have you ever been a member of the communist party?«

Ich schüttelte den Kopf.

»Have you ever been …« Ich konnte nicht erklären, dass ich in der DDR zu jung war, um Mitglied in der Kommunistischen Partei gewesen zu sein, dass ich zu jung war, um in der FDJ gewesen zu sein, dazu reichte mein Englisch nicht, und der Mann, der mich fragte, sprach nur gebrochen Deutsch. Dass ich Thälmannpionier gewesen war, verschwieg ich. Der Mann lächelte freundlich, die ganze Zeit, während er mit ruhiger Stimme fragte. Und plötzlich sprudelte es aus mir heraus: »Ich war nie Mitglied einer kommunistischen Organisation.« Ich sagte es vier- oder fünfmal. Der Mann lächelte, der Mann sagte: »It's alright.« Und stellte das Visum aus.

Im Sommer ging es los. Zuerst mit dem Zug nach Frankfurt. Ankunft in der Nacht. Warten am Bahnhof, bis die erste S-Bahn zum Flughafen fuhr. Die Stunden wollten nicht vergehen, weil die Aufregung so groß war. Schließlich standen wir doch am Check-in-Schalter, Pakistani Airlines, gaben das Gepäck auf, bekamen Bordkarten, und immer wieder der rückversichernde Griff an den Bauch, um den das Geld geschnallt war. Einstieg ins Flugzeug, das schon eine Reise hinter sich hatte und mit ihm die Passagiere, die nicht in Frankfurt ausgestiegen waren, die auf den Sitzen lagen, schlafend oder dösend, erschöpft. Verschleierte Frauen, Kinder, Männer mit Bärten. Blicke auf das Fremde. Ungewohnte Düfte aus der Bordküche über allen. Amerika fing im Flugzeug an, ein Schiff voller Emigranten, voller Hoffnung, die Wolken die Gischt, das Blaue des Himmels das Meer. Aber erst nach dem Start. Der jagte uns noch einen Schrecken ein. Die rasende Fahrt über das Rollfeld, das Abheben, der Steigflug, bei dem sämtliche Klappen der Handgepäckfächer aufgingen, Domino in ich weiß nicht wieviel Metern Höhe.

Nach sieben Stunden fiebriger Gespräche, ruhelosen Schlafs, beredten Schweigens drückten wir uns die Nasen platt am Fenster, kein Licht in der Tiefe, der wir uns langsam näherten, sollte uns entgehen, die Größe des Augenblicks der Ankunft im Gedächtnis bleiben. New York. John F. Kennedy-Airport. Das waren Namen. Es war vollbracht. Ich hatte den Schritt gewagt, und jetzt wartete ich in einer riesigen Halle, in einer ewig langen Schlange auf einen Stempel. Es war schwül, es war laut, es waren all diese Sprachen, die am Ohr vorbeiflogen. Es gab so viel zu hören und zu sehen, und ich wusste sofort, Hören und Sehen würde mir hier nicht vergehen. Ich empfand es als keine Bedrohung, eher als Herausforderung. In der Hitze und Lautstärke in dieser Einreisehalle, in dieser Flut von Menschen, war nur eins bedrohlich. Es war eine Stimme, eine einzige. Sie kam von einem Uniformierten, der die Reihen abschritt, der einen Schlagstock an seiner Seite leicht hin und her schwenkte – wie einschüchternd können kleine Gesten sein –, der in Abständen brüllte und mit dem Stock auf eine gelbe Linie zeigte, die es nicht zu betreten galt, auch nicht aus Unachtsamkeit, vor Übermüdung. Die gelbe Linie hatte etwas Magisches. Je mehr man sich anstrengte, nicht darauf zu treten, desto öfter trat man darauf. Desto eindringlicher erhob sich die Stimme des Uniformierten, sie diene dazu, darüber zu treten, nicht darauf, wenn man endlich, nachdem man lange genug hinter ihr gewartet hatte, aufgefordert wurde, vorzutreten. Pass in der Hand, ängstlich, ob der Zutritt ins Land gewährt würde. Wohl deshalb ließ ich mich in einem ersten Brief nach Deutschland zu dem Satz hinreißen, Amerika sei wie die DDR. Nur deshalb. Da erlag ich noch der Vergleichsmanie, die nichts anderes war als das Symptom einer unabgeschlossenen Epoche in mir.

Ich trat also an den Beamten heran, der an einem Computer saß.

»Passport?«

Ich reichte ihn hin. Er blätterte vor und zurück und vor und blickte von mir auf das Passbild und wieder zu mir.

»Have you ever been in the US before?«

Ich schaute ihn fragend an.

»H a v e y o u b e e n i n A m e r i c a b e f o r e?«

»America before« konnte ich jetzt deutlich verstehen. Ich schüttelte den Kopf.

»Do you plan to stay in New York?«

Ich zuckte mit den Schultern.

»Tourist, hm?«

Ich nickte und blickte unschuldig.

»Alright.«

Ich bekam den ersehnten Stempel, Aufenthaltsgenehmigung für drei Monate. Gedanken darüber, wie es danach weitergehen sollte, waren nicht da. Wir saßen in einem Taxi, fuhren durch New York zu einer Adresse, die auf einem Zettel stand, die ich dem Fahrer genannt hatte. Der sprach ebensowenig Englisch wie wir, war aber ortskundig und fuhr uns viel zu lange, aber das wussten wir erst später.

11

New York war ein kleines Apartment, ein Zimmer, Dusche und Toilette und Küchenecke. New York war acht Schlösser an der Tür und Gitter vor dem Fenster. New York war hoch, New York war laut und voll. New York war schrill und spießig. New York war Little Italy und Soho und Brooklyn und Coney Island. New York war Upper und Lower East Side. New York war Tagleben und Nachtleben, ohne zu wissen, wann das eine anfing und das andere aufhörte. Wir erkundeten alles, wir liefen uns die Füße wund. New York war auch Sprachlosigkeit über das Elend auf den Straßen, den Kontrast zwischen arm und reich, über die Schnelligkeit, die ein Sich-Nähern gar nicht zuließ. New York war Lois. Der schöne mit den schwarzen Locken, der sanfte. Ich weiß gar nicht mehr, wie und wo wir ihn kennenlernten. Es muss gewesen sein, nachdem ich schon zwei Wochen vor dem Fernseher gesessen hatte, wann immer wir zu Hause waren, und über die Bilder die Sprache lernte. Zumindest so viel, dass ich ihm etwas entgegnete, als er mich ansprach, und nicht verstummte, wie sonst zuvor. Er wich nicht von unserer Seite, er wurde auch nie zudringlich. Lois war einfach plötzlich da. Er rief an, er kam vorbei. Er saß auf der Treppe vor dem Haus. Er führte uns. Mit Lois wurde die Stadt kleiner, leiser, leerer, langsamer. Durch ihn verlor sich das Gefühl, die Stadt laufe davon. Plötzlich neigte sie sich mir zu, doch ich merkte, dass ich mich bereits von ihr abwandte. Wohin, das wusste ich noch nicht. Ich wusste nur, auf keinen Fall zurück. Dahin war die Freundin auf und davon.

Für mich unbegreiflich, dass jemand nicht bleiben wollte. Vielleicht war es der Freundin ebenso unbegreiflich, dass ich blieb. Aber wie sollte ich denn auch nicht. Ich brauchte nur an all die zu denken, die noch in der DDR waren. Der Bruder, die Cousins, Tanten, Onkel. Die ehemaligen Freunde. Schon für sie würde ich bleiben. Und ich brauchte nur an das zu denken, was wir in den letzten Jahren erlebt hatten, was es gekostet hatte, den Schritt bis nach Amerika zu tun. Welches Glück ich hatte, dass ich hier stand, die, die zehn Jahre zuvor das rote Pionierhalstuch hatte umbinden müssen, die zehn Jahre zuvor nicht einmal im Traum daran gedacht hatte, den Ozean zu überqueren, als wir auf dem Hügel auf Hiddensee, den Blick Richtung Dänemark gerichtet, sogar die Ostsee für unüberwindbar gehalten hatten.

Darüber hätte ich damals gerne gesprochen. Auch mit Lois. Doch die Wörter fehlten mir noch. Ihn konnte ich Dinge fragen, von denen er etwas verstand, über sein Land, er erklärte. Vor allem Menschen, mit denen er mich bekannt machte. Trotzdem wurden seine Freunde nicht meine Freunde. Und weil es so war, und weil die Freundin fort war, und weil ich mich noch lieber und besser in meiner Sprache ausdrückte, rief ich den Freund an, den ich aus

Berlin kannte, der mir die Wohnung in New York vermittelt hatte, der jetzt in Los Angeles lebte. Das Bedürfnis nach Vertrautem trieb mich weg. Ein Mensch und die Sprache würden reichen, das wusste ich, damit ich bestehen würde, Halt hätte in der Fremde, damit ich bliebe. Und jetzt wusste ich auch, wo. Der Abschied fiel nur schwer von Lois. Wäre er nicht gewesen, vielleicht hätte ich auch den Rückweg angetreten, aber er hatte die unbekannten Wege begehbar gemacht. Das verdankte ich ihm und sagte es. Er sagte: It's alright. Er verschwand, wie er gekommen war, aus der Stadt in die Stadt. Als wir uns Lebewohl sagten, kein Wort davon, dass wir uns wiedersehen würden. Er war dagewesen und dann fort. Auch das war New York. Vergessen werde ich ihn nie.

Ich flog nach Los Angeles, in Richtung Palmen, Sonne und Meer. Noch mehr Distanz zu dem, was gewesen war. Noch mehr aus den Augen, aus dem Sinn. Das war wichtig für einen Neuanfang in dem grünen Haus des Freundes, nur ein paar Straßen vom Strand entfernt, in Venice. Und weil ich noch Geld hatte, konnte ich mir Zeit lassen, bis ich wieder das Leben meistern musste. Ich gönnte mir den Luxus, mir einfach nur alles anzusehen und zu gehen. Zum Beispiel über die Brücken, die über Kanäle führten, gesäumt von einstöckigen Häusern in Weiß. Venedig im Miniaturformat an der Westküste Kaliforniens. Besonders rührte mich die Geschichte, die sich die Leute erzählen, dass nämlich Abbot Kinney, ein Zigarettenmillionär, dieses Stückchen Erde um 1900 seiner Herzensdame gekauft hatte, um ihr, einer Italienerin, ein Stück Heimat zu schenken, indem er Venedig in Kalifornien nachbaute. Die Schöne soll in Italien geblieben sein. Venice entstand trotzdem.

Oder ich lief an der Strandpromenade, vorbei an Buden,

an Restaurants, vor allem an Menschen, die mir skurriler nicht erscheinen konnten. Ein Schwarzer mit seeblauen Augen, ganz in weiß gekleidet, mit einem weißen Turban auf dem Kopf, der auf Skatern, eine E-Gitarre spielend und singend, nicht nur mich in Staunen versetzte. Wer schon in Venice war, der kennt ihn. Oder die Muskelmänner, die in der Hitze des Tages in Metallkäfigen mit Vorrichtungen, die einzig dem Kraftsport dienten, vor den Augen der Vorüberschlendernden ihre Körper stählten und aussehen wollten wie Arnold Schwarzenegger. Oder der Mann, der Stümpfe als Beine hatte und mit zwei Kettensägen zu bassigen Klängen aus einer Boombox jonglierte. Ganz zu schweigen von all den Wahrsagern, Tätowierern, Malern, Juwelieren, die an Tischen für ein paar Dollar ihren Lebensunterhalt verdienten.

Ich lief gen Norden in Richtung Santa Monica, bis zum Pier mit dem berühmtesten Karussell der Welt. Oder in Richtung Süden bis Marina del Rey, zum kleinen Yachthafen. Es waren viele Wege zu Fuß, aber auch viele mit dem Auto zusammen mit dem Freund. Immer gemächlich. Los Angeles ist keine schnelle Stadt. Nicht am Tage und auch nicht in der Nacht. Auf einem Geflecht von zuweilen siebenspurigen Autobahnen fuhren wir, auf die Hügel ringsum, um zu sehen, wie sich diese Wüstenstadt allmählich abends in ein überdimensionales Lichtermeer verwandelte. Von oben merkte man, wie klein man war. Oder wir fuhren in die Tiefen, nach Downtown, zwischen Türmen aus Glas und Stahl neben historischen Art-déco-Gebäuden, nachts Geisterstadt, tags geschäftiges Bürotreiben. Ich habe mich nie dort gefürchtet, obgleich es stets hieß, geh da nicht hin, wo sich die Obdachlosen zur Nachtruhe legen, im Winter um wärmende Mülltonnenöfen, im Sommer in umgeklappte Pappkartons, und die Stadtreinigung sie am Morgen mit Wasser von den Bürgersteigen spritzte.

In Los Angeles stand das Hamsterrad, in dem ich mich seit 1977 fast ohne Unterlass gedreht hatte, still. Das war ein Zeichen. Ich war auf dem richtigen Weg. Ich musste nur Geduld haben. Auch, dass sich das Gefühl, fremd zu sein, nicht einstellte, gehörte dazu, weil ich Menschen kannte und kennenlernte, die meine Sprache sprachen, die es, wenn auch aus anderen Gründen, aber doch wie mich, hierhergespült hatte. Ich fühlte mich geborgen inmitten der Andersheit. Das stärkte, das gab Mut. Mut machte auch, wenn mich unverhofft die Vergangenheit versuchte einzuholen und ich mich nicht darüber erschrak. Wie im Februar 1988. Ich schaltete den Fernseher ein und traute meinen Augen nicht. Der Freund Gerulf Pannach in der Sendung *Richard Brown's Screening Room*, als Schauspieler, nicht als Sänger. Er sprach über den Film *Singing the Blues in Red* von Ken Loach, der gerade in New York angelaufen war, ausgerechnet, und in dem Gerulf die Hauptrolle spielte, einen oppositionellen Liedermacher, der Auftrittverbot in der DDR hat und aus dem Gefängnis in den Westen entlassen wird. In der DDR verfolgt und verhaftet, im Westen der Vorzeigeoppositionelle, fühlt er sich verloren und schwankt zwischen Wut und dem Gefühl von Verlust. Ich wusste das alles, es war Gerulfs Geschichte, er hatte sie mir erzählt, in der Pannierstraße in Berlin-Neukölln, mit seiner verrauchten Stimme, und jetzt spielte sie in New York. In dem Moment war ich nicht mehr fremd am Ort.

Das Gefühl, fremd zu sein, stellte sich auch darum nicht ein, weil fast jeder Fremder war, weil ich eine von vielen war. Weil nicht nur *eine* Sprache gesprochen wurde, weil fremd sein an den Ort gehörte wie die Palmen, die Sonne, das Meer. Eine Deutsche in Amerika zu sein war einfacher, als eine Deutsche aus Ostdeutschland in Westdeutschland gewesen zu sein. Einfacher, weil ich endlich als Fremde erkennbar war.

Das Geld ging zur Neige, ich brauchte eine Arbeit. Leicht war es nicht. Ohne Greencard, mit holprigem Englisch. Die einzigen, die das nicht störte, waren selber Emigranten, Leute, die irgendwann genauso angefangen hatten wie man selber. Bei mir waren diese Leute Deutsche. Sie besaßen ein Restaurant. Als ich es das erste Mal betrat, um mich vorzustellen, wusste ich schon, es würde ein Abstecher sein. Dunkle Holzvertäfelung an den Wänden und der Decke, karierte Vorhänge an den kleinen Fenstern, die kaum Licht durchließen. Karierte Decken auf schweren Tischen, abgetrennte Sitzecken, aus denen ich jeden Moment von den Gästen Volkslieder erwartete. Die klangen im Hintergrund aus Lautsprechern. Rustikale Küche, selbstverständlich, und Bier. Das war schwer zu ertragen, aber es war auszuhalten. Auch der schwarze Rock und die gestärkte weiße Bluse. Ich brauchte Geld, und eine andere Arbeit hatte ich nicht. Da war ich also, servierte Sauerbraten und Sauerkraut und Klöße, alle Kellnerinnen waren Deutsche, die Gäste nicht selten Juden. Die Gerichte bereitete ein Mexikaner zu. Ein anderer wusch die Teller. Die Tür zur Küche sollte möglichst geschlossen bleiben, die Gäste sollten ungestört sein, dachte ich. Dass es andere Gründe hatte, hörte ich im Vorbeigehen, als ich eines Abends aus der Küche kam, mit einem Gericht, das ich dem Besitzer bringen sollte. Er wollte an der Bar essen, sein Platz war gedeckt. Als ich aus der Küche kam, telefonierte er. Und ich hörte ihn sagen: Heil Hitler.

Ich brachte den Teller zurück. Ich band die kleine weiße

Schürze ab, ich nahm meine Jacke von der Garderobe. Ich sagte, solche wie er seien für mich tot, und Tote brauchten kein Essen. Es war der letzte Abend für mich in dem Restaurant.

Jetzt hatte ich zwar keine Arbeit mehr, keine Kleinigkeit ohne Arbeitserlaubnis, aber ich war raus da.

Mit einer Frau, die als Au-pair nach Los Angeles gekommen war und auch Arbeit suchte, machte ich mich auf den Weg. Wir bewarben uns bei den teuersten Restaurants der Stadt, da wo Jaguar, Mercedes, Rolls-Royce vorfuhren und Männer in weißer Livree und weißen Handschuhen den Ankömmlingen die Wagentüren öffneten. Und wir wurden Freundinnen.

Sie zog mit in das Haus in Venice. Aber Venice war nicht nur Strandpromenade und Kanäle und Touristenattraktion. Venice war auch knallhartes Pflaster. Bestimmte Straßen unbegehbar nachts. Ich lief dort aus Unwissenheit, bis mich der Freund belehrte.

»Da kannst du nicht lang laufen. Schon gar nicht als Weiße. Hier passiert dauernd etwas. Ruf mich an, wenn du irgendwo bist, ich hole dich mit dem Auto ab. In Los Angeles läuft man nicht überall zu Fuß, merk dir das.«

Ich merkte es mir, und ich merkte, das Leben in Amerika musste gelernt werden. Ich musste lernen zu sehen, mit amerikanischen Augen, nicht mit deutschen.

Eines Abends saßen wir vor dem Fernseher in unserem Haus. Bei spannenden Szenen stand ich auf und gab vor, etwas holen zu wollen. So ist das heute noch bei mir.

»Ich brauche eine Zigarette, die liegen im Zimmer.«

»Bleib sitzen, so schlimm wird es schon nicht.«

Ich stand auf. Ging durch die Küche. Knipste das Licht nicht an, auch nicht in meinem Zimmer. Ich wusste, wo die

Zigaretten lagen. Ein Griff würde genügen. Ich trat auf etwas, was vorher nicht auf dem Boden gelegen hatte. Ich wusste es genau. Ich hatte aufgeräumt. Mir gefror das Blut in den Adern. Ich brachte auch keinen Ton heraus. Ich knipste das Licht an. Überall lagen Dinge verstreut. Erst da fing ich an zu schreien.

Alle drei Zimmer durchwühlt. Ausgeraubt. Ich wollte mir nicht vorstellen, was gewesen wäre, wäre der Thriller früher spannend geworden.

Danach wollte ich nicht mehr in Venice wohnen. Als die Freundin und ich eine Wohnung gefunden hatten, packten wir die Sachen ins Auto, die Matratze aufs Dach, mit Schnüren festgebunden. Über den Freeway die Fahrt. Die Matratze mussten wir festhalten, die Freundin mit der linken Hand, die rechte am Steuer. Der Auszug der Kinder ins Jüdische Viertel, das wegen seiner vielen Restaurants »Kosher Canyon« genannt wird. Hebräische Aufschriften an Schaufenstern, Jiddisch in Läden und Restaurants. Hier gab es Brot, wie wir es kannten. Käse, Kraut. Als ich das erste Mal dort war, war ich aus dem Staunen nicht herausgekommen, ein Staunen, das begleitet war von einem Schauder, weil ich Deutsche war und mich möglichst nicht als solche zu erkennen geben wollte. Das hat auch die Wohnungssuche schwergemacht in dem Viertel, das wir uns für uns ausgeguckt hatten. Jeder Anruf wie ein Berg, einmal mit einer jüdischen Dame.

Ich, mit deutschem Akzent: »Hi, ich rufe wegen der Wohnung an, ist sie noch frei?«

»Oh ja, sie ist noch frei.«

Ich: »Das ist ja toll, können wir sie uns heute noch ansehen?«

»Natürlich, passt es Ihnen heute nachmittag um drei?«

Ich: »Das geht.«

»Eine Frage, wer ist ›wir‹??«

Ich: »Eine Freundin und ich.«

»Und wie heißen Sie?«

Ich: »Susanna.«

»Das ist ein wunderschöner Name. Sind Sie Jüdin?«

Ich wünschte, ich hatte sagen können, ja, nur um der nächsten Frage, die immer kam, wenn ich mit nein antwortete, entgehen zu können.

»Woher kommen Sie?«

Ich: »Aus Deutschland.«

»Ah. Es ist trotzdem ein schöner Name.«

Oder die zwei älteren Herren, sie sprachen Englisch mit starkem deutschen Akzent. Sie sahen aus wie Brüder. Uns gefiel die Wohnung auf Anhieb, obgleich sie eigentlich zu klein war für zwei Personen. Ein Schlafzimmer mit Fenstern bis zum Boden. Ein Wohnzimmer mit integrierter Kitchenette. Barhockern an einem kleinen Tresen. Und ein Bad. Erster Stock, sonnendurchflutet.

Der eine: »Gefällt Ihnen der Blick?«

Ich: »Ja, sehr.«

Der andere: »Die Küche ist komplett neu eingerichtet.«

Die Freundin: »Das ist phantastisch.«

Der eine: »Das hier ist eine sehr ruhige Gegend.«

Ich: »Das ist sehr schön.«

Der andere: »Wollen Sie beide hier einziehen?«

Die Freundin: »Ja.«

Der eine: »Sie sind aus Deutschland, stimmt's?«

Ich: »Ja.«

Der andere: »Und woher?«

Die Freundin: »Aus Nürnberg.«

Ich: »Aus Berlin.«

Die beiden Männer sagten nichts. Die Wohnung haben sie uns trotzdem vermietet.

Es waren solche Momente, die mir in die Glieder fuhren. Mit Deutschland wollte ich in Amerika nichts zu tun haben. Und ich machte eine erstaunliche Beobachtung: Die jungen Deutschen, die ich in Amerika kennenlernte, integrierten sich emsiger in die amerikanische Gesellschaft als die anderen aus anderen Ländern. Die waren stolz auf ihre Nationalität, legten Wert darauf, Traditionen beizubehalten, nicht so die jungen Deutschen.

Dass Freunde und Bekannte in Deutschland, denen ich Briefe schickte, immer seltener zurückschrieben, half bei der Orientierung auf das Neue um mich herum. Hinzu kam, dass das Leben mich in Anspruch nahm. In einem Brief vom Mai 1988 lese ich: »So taumelt man hier von einer Hoffnung in die nächste, unendlich viele waren schon und zerplatzten genauso schnell, wie sie entstehen. Aber ich kann ohne Zögern behaupten, daß es gerade das ist, was einem hier das Durchhaltevermögen erhält. Es ist doch ein recht zwiespältiges Dasein, das hier jeder führt. Einerseits entsteht der Ehrgeiz, etwas zu erreichen, sich zu legalisieren und wenigstens für ein paar Dollar zu arbeiten, andererseits fragt man sich oft, warum und wofür, wenn man es ›Zuhause‹ doch viel leichter hätte.«

Ich sah mich in meinem Bekanntenkreis um und entdeckte, trotz aller Umtriebigkeit, Verlorenheit. Ich fragte mich, ob wir in der Fremde waren, damit wir dieses Gefühl der Verlorenheit leichter rechtfertigen konnten. Vor uns selber und den anderen. Es war eine Flucht, jeder hatte ein anderes Motiv. Ich schrieb: »Diejenigen, die sich darüber nicht im klaren sind, sind allerdings wirklich verloren und treten nach einigen Rückschlägen den Rückzug an, um frustriert den Kompromiss der falschen Geborgenheit in der bekannten Gesellschaft einzugehen.« Ich war also schon einen Schritt weiter. Dennoch, das Wort Zuhause hatte ich in Gänsefüßchen gesetzt. Mein Vorsatz war, diese Gänsefüßchen eines Tages weglassen zu können. Deshalb, hielt ich durch. Die Illegalität. Keine Reisen nach Deutschland, solange ich keine Greencard hatte. Keine Krankenversicherung. Das Stolpern von einem Arbeitsverhältnis ins nächste, immer abhängig vom Wohlwollen des Arbeitgebers und der Bereitschaft, eine Illegale zu beschäftigen. Immer war das Geld knapp.

Was uns nicht umbringt, macht uns stark, heißt es. Das war Amerika für mich. Schritt für Schritt wurde ich stärker, sicherer, selbstbewusster. Sogar der Onkel hatte mir geschrieben, »if you can make it there, you make it anywhere«.

Die Freundin hatte es schon fast geschafft. Wir brauchten nur noch nach Las Vegas zu fahren. Zusammen mit einem Freund, der gesagt hatte, it's alright. Er würde sie heiraten, auf dem Papier.

Wir kamen an, da war der Himmel schon dunkel. Die Stadt funkelte wie unsere Augen. Suche nach einem Hotel. Jedes größer und glitzernder als das vorherige. Vor Säulen und Wasserfontänen hielten wir an. Das sollte es sein: Caesars Palace. Für unser Geld bekamen wir ein bescheidenes Zimmer und dann Angst vor der eigenen Courage.

Ich sagte: »Was soll's, das macht man nur einmal. Wir bestellen jetzt Champagner und mieten eine Limousine.«

Es war ein pinkfarbenes Auto und daneben: The King! Ja, genau, schwarze Tolle, weißer Paillettenanzug, ganz so, wie im echten Leben.

»Zu Ihren Diensten, bitte, nehmen Sie Platz.«

Champagner während der Fahrt. Wir toasteten uns zu und hielten vor einem Häuschen. Das Seitenfenster senkte sich wie von Geisterhand, ein Fenster am Häuschen öffnete sich durch Frauenhand.

»Sie wünschen?«

Nicht Cheeseburger, Pommes und Coke.

Sondern: »Wir wollen heiraten.«

»Sie sind also hergekommen, um nach reiflicher Überlegung und aus freiem Entschluss den Bund der Ehe zu schließen?«, fragte die Frau im amerikanischsten Amerikanisch.

Die Freundin: »Was hat sie gesagt?«

»Ja«, sagte der Freund so laut, dass es überzeugend klang, und trat der Freundin sanft gegen das Schienbein.

Die Frau blickte die Freundin an.

Die Freundin: »Ich verstehe sie nicht.«

»Ob du es dir gut überlegt hast«, übersetzte der Freund.

»Ja«, sagte die Freundin ihm, und die Frau nahm es als Antwort.

»Wollen Sie Ihren Mann lieben und achten und ihm die Treue halten alle Tage Ihres Lebens?«

»Sag ja«, flüsterte der Freund.

»Ja«, flüsterte die Freundin.

»Würden Sie etwas lauter sprechen?«

»Gut, wenn Sie es so wollen«, antwortete die Freundin.

»Jetzt will sie wissen, ob wir bereit sind, die Kinder anzunehmen, die Gott uns schenken will«, übersetzte der Freund.

»Okay«, sagte die Freundin.

»Und als christliche Eheleute Mitverantwortung zu übernehmen in der Kirche und der Welt?«

Die Freundin: »Wie viele Fragen kommen denn noch?«

»Sag einfach ja, damit wir es hinter uns haben.«

»Ja«, sagte die Freundin laut und deutlich.

»Ja«, sagte der Freund.

»Die Ringe bitte.«

Ich nahm das Kästchen, gab die Ringe dem Freund, der sie der Frau reichte wie eine Bezahlung.

»Treuer Gott, Du hast mit uns einen unauflöslichen Bund geschlossen. Wir danken Dir, dass Du uns beistehst.«

Das dachte ich auch.

»Segne diese Ringe und verbinde die beiden, die sie tragen, in Liebe und Treue. Darum bitten wir durch Christus, unseren Herrn. Amen.«

Die Ringe passten nicht, aber die Freundin würde die Greencard bekommen, und darum gingen wir nach der Hochzeit pokern. Elvis fuhr uns vom Special Memory Wedding Chapel von Casino zu Casino. New chance, new luck. So viel wie in jener Nacht gewannen wir nie wieder.

Ich bekam die Greencard später. Und als ich sie hatte, nahm ich ein Studium auf. Nein, das stimmt nicht ganz. Es gab ein Gespräch mit einem amerikanischen Freund. Wir saßen in seinem Auto, fuhren einmal wieder den Sunset Boulevard bis zum Strand. Ich wollte nichts weiter als schwimmen gehen, und er redete mir ins Gewissen:

»Seit wieviel Jahren bist du eigentlich jetzt hier?«

Ich: »Seit zwei Jahren.«

»Und, was tust du?«

Ich: »Ich versuche anzukommen.«

»Unsinn, du bist hier, das zählt, das reicht. Jetzt mach etwas daraus.«

Ich: »Das tue ich doch. Ich arbeite, und nicht zu wenig. Ich komme für mich selbst auf. Ich habe die Greencard.«

»So ist es. Jetzt kannst du durchstarten. Statt dessen vergeudest du kostbare Zeit. Studiere, lerne Sprachen. Mach endlich das, was dir entspricht.«

Ich: »In Berlin hat es schon nicht funktioniert, warum sollte es hier funktionieren?«

»Weil hier nicht Berlin ist. Hier bist du. Und jetzt geh, und mach was aus deinem Leben.«

Ich dachte lange darüber nach, was der Freund gesagt hatte. Ich hatte gedacht, ich hätte längst etwas aus meinem Leben gemacht. Ich hatte gedacht, ich hatte es doch in die Hand genommen und war weggegangen. Gegen den Widerstand der Eltern, auch wenn die Mutter gesagt hatte, sie lege mir keine Steine in den Weg. Recht war es ihnen trotzdem nicht. Sie fürchteten, ich würde untergehen, ich konnte ja nicht einmal die Sprache, als ich ging. Sie fürchteten, wenn ich es nicht in der Bundesrepublik geschafft hatte, wie sollte ich es in Amerika schaffen.

Weggehen allein war eben nicht genug. Ich machte mir etwas vor, wenn ich dachte, allein das reiche, anzukommen. Ich musste weitergehen. Der Freund hatte es mir bewusstgemacht.

Ich meldete mich am L. A. City College an und holte nach, was mir von meinem deutschen Abiturzeugnis nicht anerkannt wurde. Zwei Jahre. Nebenbei arbeitete ich weiter in einem Café. Und immer wieder Umzüge. Für Amerikaner nichts Besonderes. Sie packen ihre Koffer und gehen. Die Wohnungen sind so eingerichtet, dass man sich kaum einzurichten braucht. Die Küchen immer komplett, in allen Zimmern eingebaute Kleiderschränke, ein Anruf, und das Telefon ist freigeschaltet. Alles so viel unkomplizierter, alles so viel schnellebiger. Mir kam das entgegen. Ich war ruhelos. Auch im Westen waren wir dauernd umgezogen, ich war gut vorbereitet, wenn man so will, wenigstens auf diesen Teil des American way of life.

Man konnte aber auch Pech haben. In einem Brief schrieb

ich nach Deutschland: »Die Wohnung wurde vom Vorgänger als Dreckloch hinterlassen. Dieser war im Begriff, sein Augenlicht zu verlieren, und dementsprechend sah es hier aus. Mittlerweile ist gestrichen worden, und wenigstens die Teppiche in zwei Zimmern wurden gereinigt. Uns blieb nichts anderes übrig, als auf einer Plastikplane als Unterlage die erste Nacht hier zu verbringen.«

Dann aber: »Wir wohnen auf einem Hügel in einem Haus mit Garten und Pool und Terrasse und Blick bis zum Meer.« Dorthin kam die Mutter mit der Schwester. Und jetzt konnte ich mehr zeigen als nur das, was ich im Fach Schulgarten gelernt hatte. Ich zeigte Los Angeles, den Strand, die Palmen, das Meer. Ich zeigte, wie mein Leben war, dass ich es schaffte. Und wir machten unsere erste gemeinsame Reise im neuen Land. Nach San Francisco. Immer geradeaus auf dem Highway 1. Immer neue Blicke. Links der Ozean, rechts die Landschaft. Santa Monica, Santa Barbara, Big Sur, alles Namen, die die Mutter und der Vater mit dem Finger auf der Landkarte abgereist waren, damals, als sie zusammen mit Uwe Johnson kurz nach unserer Ausreise den Atlas aufgeschlagen hatten, während er in Dahlenburg von Amerika erzählte. Namen, die die Weite der Welt verhießen.

Es war fast dunkel, als wir ankamen. Hotelsuche, überall »No vacancy«. Dann doch ein Zimmer, für eine Nacht, irgendwo in der Gegend um Mission Street, vielleicht weiter südlich, jedenfalls war es kühl. Ein Obdachloser, der in einer Runde von anderen Bier aus der Dose trank, sagte »it's a good night tonight«. Was erst würde eine schlechte bringen, fragten wir uns. Am nächsten Tag natürlich das volle Programm. Lombard Street, diese blumengeschmückte Bilderbuchstraße. »Seht ihr auch Steve McQueen in einem blauen Mustang in die Lombard Street einbiegen und in Richtung Osten weiterfahren?«

Mission Dolores, diese alte spanische Mission. »Seht ihr auch Jimmy Stewart, wie er durch einen Torbogen über den Friedhof irrt und Kim Novak sucht?«

Chinatown, dieser Eintritt durch das Dragon Gate, und plötzlich waren wir in Shanghai oder Hongkong, Souvenirläden, Kräutergeschäfte, Imbissbuden, Restaurants, bemalte Tempel, Menschen über Menschen. »Seht ihr auch Harrison Ford, wie er bei strömendem Regen aus der Dunkelheit ein Restaurant betritt und mit einem Koch redet?«

Alcatraz, mit einem Boot auf stürmischer See zur Gefängnisinsel. Wir stiegen nicht aus, sahen nicht Burt Lancaster, wie er in Einzelhaft zu einem Ornithologen wird. Wir waren froh, als wir wieder festen Boden unter den Füßen hatten. Es wurde dunkel, aber wir liefen weiter. Bettler, manchmal alle zehn Meter, mit einem Becher in vorgestreckter Hand. Weiter, konnten nicht allen geben, bis in Straßen, in denen die Läden vergitterte Fenster hatten und wir die Blicke der Menschen auf uns spürten.

Ich: »Wir kehren um, ich laufe nicht weiter. Das ist hier nicht mehr sicher.«

Wir waren die einzigen Weißen dort. Für die Mutter und die Schwester ein Ereignis.

Warum ich das erzähle? Weil wieder alles das erste Mal war. Weil es die erste Reise in die USA war, die die Mutter und die Schwester machten. Weil zum ersten Mal die Mutter mir auf meinen Wegen folgte. Nicht umgekehrt. Und noch etwas: Es war der Beginn von etwas. Es setzte etwas in Gang, es kam Bewegung in die Familie. Es war, als breche ein Bann. Von da an gab es regelmäßige Besuche, immer abwechselnd, in einem Jahr nach Deutschland, im nächsten Jahr nach Amerika. Auch mit dem Vater war es so. Wir sahen uns in Amerika wieder, nachdem wir uns lange nicht hatten sehen können.

Und weil der Vater Bluesliebhaber ist, sagte ich: »Ich werde dir etwas zeigen, das du nur hier sehen wirst.«

Ich: »Die Gegend ist gefährlich, du musst immer an unserer Seite bleiben. Wenn du einmal im Club bist, geh nicht einfach so raus.«

Der Vater: »Lass uns lieber anderswo hinfahren, wo es nicht gefährlich ist.«

Ich: »Anderswo hörst du keinen so guten Blues.«

Wir fuhren dahin, wo sich, als ich in Los Angeles lebte, kaum einer hintraute, zur Central Avenue, Ecke 53ste Straße, South Central L.A., ein Synonym für Verfall und Verbrechen, Heimat der »Bloods« und »Cribs«, der Straßengangs. Das war einmal anders gewesen, in den vierziger Jahren, als dort das Blues- und Jazz-Zentrum der Westküste war, Kneipe an Kneipe, Leuchtreklamen, dass es auch nachts taghell war, Club an Club, in denen solche wie Billie Holiday, Ella Fitzgerald, Nat King Cole oder Clora Bryant ein und aus gingen. Hier hatte es das Dunbar Hotel gegeben, das einzige erstklassige Hotel, in dem Schwarze in Los Angeles unterkommen konnten.

Das Hotel, die Musikclubs und Bars, die helle Neonreklame und das tosende Nachtleben gab es nicht mehr.

Wir parkten den Wagen in Sichtweite der Eingangstür. Ein eisernes Gesetz. Das wussten wir von früheren Besuchen bei Babe's & Ricky's Inn. Aus dem einzigen Fenster drang kaum Licht, Uneingeweihte konnten nicht ahnen, was sich dahinter verbarg.

Ein kleiner, pockennarbiger, buckliger Mann mit viel zu

großer Armeejacke kam auf uns zu. Der Türsteher. Er begleitete uns bis zum Eingang, er war unsere Leibgarde, und er würde sie sein, wenn wir den Club wieder verließen. Er wünschte einen schönen Abend, und wir waren in einer Welt wie vor vierzig Jahren, verqualmt und voller Blues. Gleich hinter der Tür die Theke, davor ein paar Barhocker, gegenüber die kleine Bühne, darauf der Schlagzeuger im Kammgarnanzug, der im matten Licht abgenutzt schimmerte, der Bassgitarrist mit Jheri Curls in einem Nadelstreifenanzug, der Gitarrenspieler in Cordhose mit Schlag, kariertem Jackett und Strohhut. Drei ältere Männer, versunken in Musik.

Harten Alkohol gab es nicht. Dafür Bier. Budweiser, nicht das aus Tschechien, sondern die amerikanische Kopie, oder Coors aus der Dose, das Bauarbeiter tranken, oder Corona. Wir setzten uns, bestellten und hörten stumm vor Ehrfurcht. Irgendwo und überall dazwischen eine ältere, korpulente Dame ganz in Rot, Laura Mae Gross, die Besitzerin seit mehr als dreißig Jahren, allen Schicksalen zum Trotz, die alles überwachte, die bei jedem Gast einen Moment verweilte, ein Schwätzchen hielt oder auch nur zur Begrüßung nickte. Sie, in ihrem hautengen Kleid, mit der knallroten turbanartigen Kopfbedeckung, sie, Big Mama, die Seele des Clubs, blieb vor dem Vater stehen und sagte: »Thank you for coming.«

An jenem Abend waren wir die einzigen Weißen in dem Club. Und der Vater war der einzige weiße Gast seit langem, der über fünfzig Jahre alt war. Für uns waren die Musiker die Attraktion, er war die Attraktion für die Gäste und Gastgeber. Nach einer Weile verschwand der Vater. Blieb länger weg. Kam wieder. Das wiederholte sich, bis ich ihn fragte, wohin er ginge.

»In die Küche.« Ricky habe ihn nach hinten gebeten, zum Kühlschrank, ihm die Whiskyflasche in der braunen Papiertüte gereicht, »Cheers« gesagt und auf Freundschaft getrunken. Damit sie länger hielte, hier hinter dem Kühlschrank sei das Versteck, könne der Vater jederzeit ein Schlückchen nehmen. »My whiskey is your whiskey«, und Evans »Neckbone« Walker, der zwar nicht mehr deutlich sprechen konnte, weil er aus einem Kaffeepott, ich nehme an My whiskey is your whiskey, trank, spielte auf seiner Gitarre die Riffs wie ein junger Gott.

Später setzte sich eine Dame neben den Vater, eine wunderschöne Schwarze in einem grünen Kleid. »I hope you're having a good time«, sagte sie, und dann tranken sie gemeinsam Bier.

Ich war schon öfter dort gewesen. Zum Beispiel montags, wenn Jamsession war und es dazu frei Haus Fried Chicken gab. Oder einmal an Mama Babes Geburtstag, ich weiß nicht mehr, in welchem Jahr. Wir waren zufällig reingeschneit, weil wir Lust auf The Blues gehabt hatten. Und nachdem die Musiker auf Tischen und Stühlen, auf der Bühne und überall gespielt und gesungen hatten, gab es Soul Food für alle, Kassler mit Sauerkraut, Kartoffeln und Polentabrot. Babe servierte selber.

Nach den Unruhen im April 1992 blieben wir der Gegend fern, bis uns die Wehmut ergriff. Als wir eintraten, war der Laden fast leer, ein paar traurige Gestalten an der Bar, ein paar in den Sitzecken im hinteren Bereich. Noch immer göttliche Musik. Und noch immer Mama, diesmal in einem türkisfarbenen, mit Pailletten besetzten Kleid, die uns empfing, wie man Familienmitglieder begrüßt, deren Wiedersehen man lange ersehnt hat. Sie führte uns zu einem Tisch, wir bestellten Bier, wir rauchten, wir hörten. Stundenlang.

Als wir gingen, bat Mama Babe uns, unseren weißen Freunden zu sagen, ihrem Lokal nicht länger fernzubleiben, zurückzukommen zur Musik. Da war sie schon zweiundsiebzig. 1995 musste Babe's & Ricky's Inn schließen. Auf dem Leimert Boulevard wurde es später neu eröffnet. Dort war ich nicht mehr, aber Mama Babe ist noch dort und wacht, stelle ich mir vor. Sie ist heute neunundachtzig.

Es gäbe viel zu erzählen. Amerika steckt voller Geschichten. Oder die Geschichten stecken voller Amerika. Beides ist wahr. Auch wenn viele sagen, das gibt es doch nicht, wenn ich ins Reden komme. Wie in der Erzählung von Peter Bichsel, die ich als Kind in der DDR immer wieder fasziniert las, in der Leute, wenn sie von Amerika sprechen, sich zublinzeln und etwas von den »Staaten« oder »Drüben« sagen, von Cowboys und von Wolkenkratzern, von den Niagarafällen und vom Mississippi, von New York und von San Francisco. »Auf jeden Fall erzählen alle dasselbe, und alle erzählen Dinge, die sie vor der Reise schon wussten; und das ist doch sehr verdächtig.« Ich kann nur sagen, ich war da und erledigte das Leben. Nicht umgekehrt.

Das Café, in dem ich arbeitete, gehörte einem Perser, der aus dem Iran durch die Wüste geflüchtet war, nach West Hollywood, gleich neben eine Disco, in der von 12.00 Uhr mittags bis nachts Männer Männer betanzten und Frauen Frauen. Eine Cousine von ihm, die mit ihrem Mann aus dem Iran geflüchtet war, die ich einarbeiten musste, machte große Augen unter ihrem Kopftuch. Sie war unbeholfen, schüchtern, dabei neugierig auf die Neue Welt. Sie fragte: »Sag mal, sind die alle homosexuell?«

Ihr Mann holte sie ab, wenn unsere Schicht zu Ende war.

Dann gingen sie, sie vor ihm her in ihrem langen, dunklen Rock und einer langärmeligen Bluse. Wenn er kam, wurde sie schweigsam und senkte den Blick. Er brachte sie auch, wenn ihre Schicht anfing.

Manchmal war ich schon da.

Sie: »Ich möchte zum College gehen. Englisch lernen.«

Sie: »Ich wäre auch gerne nicht verheiratet.« So fing es an.

Eines Tages, wir servierten bestimmt schon über ein halbes Jahr zusammen, hielt sie mir ihre Finger hin. »Gefällt dir die Farbe?« Mir gefiel die Farbe, feuerrot.

Dann kam sie nicht mehr in langen Röcken, und ich sah, dass ihre Beine dick waren. Dann trug sie keine langärmeligen Blusen mehr, sondern T-Shirts, immer kürzere, und ich sah, dass sie Speck ansetzte am Bauch.

Ich: »Es ist gut, wenn du dich anders anziehen willst, aber du musst lernen, wie. Was sagt eigentlich dein Mann dazu?«

Sie zuckte mit den Schultern, strich das Kopftuch glatt. Ihr Mann holte sie von der Arbeit ab, sie ging vor ihm her.

Am nächsten Tag kam sie nicht. Auch nicht am übernächsten. Es dauerte mehrere Wochen, bis sie wiederkam. Ich stand an der Kaffeemaschine, als sie das Café betrat. Sie trug einen langen Rock, eine langärmelige Bluse. Aber ich sah, dass ihre Haare lang waren und schwarz.

Ich: »Jalaah!«

Sie: »Ich möchte lernen, wie.«

Später ist sie zum College gegangen. Später hat sie sich von ihrem Mann getrennt.

Durch Menschen wie sie, die Freunde wurden, rückte Deutschland aus dem Blick, und durch den Alltag, der zwar Alltag war, aber ein anderer als der in Deutschland. Sonniger, palmiger, meeriger, wenn man auch selten ans Meer fuhr und die Palmen nicht immer auffielen. Obgleich das Leben auch in Amerika zur Routine wurde, war gerade sie jeden Tag eine Herausforderung. Politisches Tagesgeschehen nahmen wir zur Kenntnis, aus Zeitungen, meistens ausländischen, denn aus amerikanischem Fernsehen und lokalen Zeitungen erfuhr man wenig. World News waren Local News. Die Welt war Amerika in Amerika. Sicher, es gab wichtige Ereignisse, auch 1989. Im Januar trat George Bush die Nachfolge von Reagan an. Man sprach darüber, was Amerika bevorstand, würde es schlimmer oder besser werden. Seine Parole von der »Neuen Weltordnung« flößte Angst ein. Perestroika, Glasnost hallten dagegen. Und wir lasen im Mai vom Abbau der Grenzanlagen Ungarns zu Österreich, im Juni sahen wir die Bilder vom Massaker auf dem Platz des Himmlischen Friedens in Peking. Im September hörten wir im Fernsehen von Ungarns Grenzöffnung zum Westen.

Arbeitstag im Café. Es war sonnig, warm. Es war um die Mittagszeit. Eine Freundin rief an, die für einen deutschen Korrespondenten arbeitete.

»Weißt du schon, was passiert ist?«

»Nein, was denn?«

»Die Mauer ist offen! Ich dachte, das wird dich interessieren. Wir haben die Meldung gerade reinbekommen«

»Verarschen kannst du dich selber. Ich mag solche Witze nicht«, antwortete ich, knallte den Hörer auf, bediente weiter Leute, während das Radio lief. Zur vollen Stunde die Nachrichten. Breaking News. Jetzt hatte ich ein schlechtes Gewissen der Freundin gegenüber.

Nach dem Mauerfall kam die DDR wieder ganz nah. Abends saß ich vor dem Fernseher und sah mir die Gegenwart an. Ich verfolgte die Bilder. Ohne Aufregung. Ohne

Freude. Ich wusste noch nicht, was ich damit anfangen sollte.

In jenen Tagen klingelte das Telefon unablässig, die Mutter, der Vater, die Schwester. Der Vater war zum Brandenburger Tor gegangen, mitten in der Nacht, Flasche Sekt in der Hand, hatte Leute beobachtet, wie sie auf der Mauer tanzten, sie Stück für Stück einrissen. »Ein tolles Gefühl.«

Die Mutter und die Schwester saßen tage- und nächtelang vor dem Fernseher in Düsseldorf. Flaschen Sekt und Gläser. Die Mutter hat geheult, Rotz und Wasser. »Was haben wir alles durchgemacht, und jetzt ist es soweit. Was hätte uns alles erspart bleiben können.«

Von all meinen DDR-Verwandten kam mich zuerst ein Cousin in Los Angeles besuchen. Zwölf Jahre zuvor hatten wir uns das letzte Mal gesehen, am Tag der Ausreise. Wie Fremde, die einander kennen, saßen wir uns gegenüber. Voller Worte sprachlos, eingeschüchtert durch die Zeit. Nur langsam näherten wir uns ein wenig. Ich führte ihn in Bars, die er so noch nie gesehen hatte. Ich ließ ihn Musik hören, die er so noch nie gehört hatte. Ich ließ ihn Essen bestellen, das er so noch nie gegessen hatte. Uns trennten Welten, und nach dem Urlaub kehrte er in seine zurück, die sich an die neue annähern konnte, und er mit ihr. Beneidenswert, dachte ich, weil sie nicht über ihn kam, wie es bei uns gewesen war.

Auch die anderen kamen. Zusammen mit der Tante. Auch ihnen zeigte ich Bars, die sie so noch nie gesehen hatten, ließ sie Musik hören, die sie so noch nie gehört hatten, zeigte ihnen Städte, die sie so noch nie gesehen hatten. Und auf dem Empire State Building in New York sagte die Tante: »Und das wollte uns der Honecker alles vorenthalten.« Oder war es eine Frage?

Die Verwandten fuhren wieder, ich blieb. Ein Deutschland ohne Mauer konnte ich mir nicht vorstellen, und ich sah es erst ein Jahr später, als ich in den Sommerurlaub fuhr. Aus irgendeinem Grund war die ganze Familie in Berlin, die Schwester, die Mutter, der Vater und ich. Aus irgendeinem Grund beschlossen wir, mit dem Auto nach Berlin-Köpenick ins Märchenviertel zu fahren. Die Schwester und ich saßen hinten im Auto, der Vater fuhr, die Mutter saß auf dem Beifahrersitz. Wie früher. Nur nicht mehr im froschgrünen Shiguli, sondern im Honda. Wir fuhren aus dem Westteil der Stadt in den Ostteil. Wo die Mauer verlaufen war, konnte man schon nicht mehr sehen. Verwirrend war das. Dass man von einem Teil in den anderen gekommen war, versicherten einem die schwarzen Häuserfassaden. Wir fuhren also, und plötzlich war ich wieder zwölf, die Schwester vier, die Eltern Anfang Dreißig und Anfang Vierzig, zurückkatapultiert über mehr als ein Jahrzehnt. Wir sahen das zweistöckige Haus im Märchenviertel, die Gartenpforte, den Rotdornbaum, die Fenster vom Wohnzimmer. Im Garten rechte der Hausherr Laub. Kein Trugbild, das der Wirklichkeit täuschend ähnlich war, es war die Wirklichkeit, die schon beinahe ein Trugbild geworden war. Oder, besser gesagt, beinahe geworden wäre. Damals hielten wir nicht an, fuhren schweigend daran vorbei.

Jetzt, nach dreißig Jahren, habe ich den Hausherrn, unseren Vermieter, und seine Tochter, die Freundin, wieder getroffen. Diese Begegnungen sind tröstlich, nicht nur, weil es viel zu erzählen gibt. Es tröstet auch, wenn der Vermieter sagt, dass er damals, als Männer ihn fragten, ob er in Zukunft Auskunft geben würde, nein gesagt hatte. »Ein Nein von mir ist ein Nein. Die fragten nie wieder«, sagt er.

Erinnerungen werden ausgetauscht, und Stück für Stück vervollständigt sich das Bild, wird ein Ganzes. Nicht nur das. Man holt sich ein Stück Biographie zurück. Es funktioniert nicht mit jedem. Mit dem Bruder nicht, und auch nicht mit den Cousins.

12

Nach diesem Sommer war ich froh, in Berlin gewesen zu sein, aber ich war auch froh, wieder weg zu können. Los Angeles war mein Zuhause geworden. Dort gab es auch Veränderungen. Vom College wechselte ich auf die Universität. Ich arbeitete nicht mehr nur im Café, sondern übersetzte Bücher aus dem Englischen. Wenn das nicht war, Wohnungen putzen, zusammen mit einer Freundin. Wir waren »The magic broom«, zwei Hexen, die durch Apartments in Culver City fegten, da, wo die wohnen, die in den Filmstudios arbeiten. Uns konnte nichts erschüttern. Auch nicht die Erdbeben. Jedenfalls nicht mehr.

Erschüttert hat mich das Beben, das 1992 durch die Familie ging, als mich der Anruf erreichte. Am 29. Januar, als die Mutter sagte: »Setz dich. Ich muss dir etwas sagen. Euer Onkel, der Bruder deines Vaters, mein Schwager, hat uns jahrelang ausspioniert. Sein Deckname war IM ›Schäfer‹. Auch hinter der Sache mit dir hat er gesteckt.«

Am 21. Januar um 9.00 Uhr hatte der Vater als einer der ersten in der damaligen Gauck-Behörde seine Akten eingesehen. »Es gab zwei Räume, die durch einen Durchgang miteinander verbunden waren. Dort saßen wir. Mit mir lasen noch andere in ihren Akten. Jürgen Fuchs, Katja Havemann, Hubertus Knabe, Gerd Poppe und seine Frau.

Im Lesesaal war es still wie in einer Bibliothek«, erzählt der Vater. »Wolf Biermann war auch da. Er saß in einem separaten Raum, den Gang runter, weil er so viele Akten hatte.«

Zuvor hatten die Mutter und der Vater telefoniert, etwa so:

Die Mutter: Hoffentlich findest du niemanden, den wir kennen.

Danach telefonierten sie wieder.

Die Mutter: Hast du jemanden gefunden?

Der Vater: Gott sei Dank, nein.

Am 22. Januar ging der Vater wieder um 9.00 Uhr in die Gauck-Behörde.

»An diesem zweiten Tag habe ich Karlheinz entdeckt. Ich bin irgendwann aufgestanden und zu Jürgen gegangen. Ich sagte zu ihm: Ich muss mal raus, kommst du mit? Wir haben eine Zigarette geraucht, und ich habe ihm gesagt, dass ich Karlheinz entdeckt habe. Er sagte: Du musst erst einmal nach Hause fahren, musst dich sammeln. Das habe ich gemacht. Ich ging also zu meinem Wagen und stieg ein. Ich konnte nicht losfahren. Ich verfiel in eine Art Weinkrampf. Die Frontscheibe beschlug von innen. Ich habe lange dort gesessen. Als ich mich beruhigt hatte, ließ ich den Wagen an, schaltete die Lüftung ein, die Sicht durch die Scheibe wurde klar. Dann bin ich nach Hause gefahren«, erzählt der Vater.

Am 24. Januar fuhr der Vater wieder um 9.00 Uhr in die Gauck-Behörde. Es war ein Freitag. Dann kam das Wochenende. Der Vater rief die Mutter an und sagte ihr, jetzt habe er doch jemanden gefunden. Die Mutter sagte es der Schwester. Die Mutter sagte es mir.

Am 27. Januar war der Vater wieder in der Gauck-Behörde. Er las. Die anderen lasen. Es war wieder so still wie in einer Bibliothek. Irgendwann stand er auf. »Ich sagte: Hört zu, ich muss euch eine wichtige Mitteilung machen. Ich habe in den Akten entdeckt, dass mein Bruder als IM ›Schäfer‹ für den Staatssicherheitsdienst gearbeitet hat«, erzählt der Vater. »Katja Havemann sagte, sie habe schon darauf gewartet, dass er das sage, bei ihr sei er auch drin. Dann hat Gerd Poppe gesagt, bei ihm sei er auch drin. Hubertus hat mich entgeistert angesehen.«

Ich bin froh, dass ich damals in Amerika war. Ich war nicht unmittelbar mit der Sache befasst. Zu mir drangen die Nachrichten langsam vor, per Fax, per Anruf, zeitversetzt. So erfuhr ich auch erst Tage später, dass der Vater am 22. Januar, an dem Tag, an dem er den Verrat entdeckt hatte, seinen Bruder angerufen hatte. Um 19.00 Uhr. Ob er davor x Zigaretten geraucht hat? Ich kann es mir vorstellen. Ob er zuvor das Telefon angestarrt hat? Ich kann es mir vorstellen. Ob sein Herz bis zum Hals geschlagen hat? Ich kann es mir vorstellen. Trotzdem sprach er ruhig, so wie immer:

– Ich will mit dir reden.

Karlheinz: Weil ich dir etwas verschwiegen habe?

– Mein Grund ist, ich will dir helfen.

Karlheinz: Mir ist nicht zu helfen. Ich bin auf diesen Fall vorbereitet.

– Ich kann dir geistig helfen.

Karlheinz: Gut, wir treffen uns.

Bruder und Bruder trafen sich am 23. Januar. Am S-Bahnhof Bellevue. Es war ein kalter Tag. Es war 11.00 Uhr. Sie gingen auf und ab. Sie sprachen:

– Als ich gestern die Gauck-Behörde verlassen hatte, verfiel ich in einen Weinkrampf. Weil ich in den Akten so viele

Dinge gefunden habe, die beweisen, dass du für das MfS gearbeitet hast.

Karlheinz: Ich war IM »Schäfer«. Ich habe meine Identität verspielt. Ich bin ein Nichts. Mir ist nicht zu helfen. Ich kann mir auch nicht mehr selbst helfen. Ich kann die Scham, die ich empfinde, nicht mehr ertragen.

– Wann fing die Mitarbeit an?

Karlheinz: Anfang oder Mitte der siebziger Jahre. Vielleicht sollte ich allen, denen ich geschadet habe, sagen: Ich war IM »Schäfer«.

– Ich finde die Idee, mit allen, von denen du glaubst, dass es nötig ist, zu reden, sehr gut. Das hilft ihnen, und dir hilft es auch.

Karlheinz: Das ist doch alles viel zu spät. Ich könnte jetzt Schluss machen.

– Selbstmord wäre der letzte Verrat.

Karlheinz: Ja, das stimmt.

– Fang heute damit an, dich zu offenbaren. Fang mit Katja Havemann an. Sprich mit Bettina Wegner.

Karlheinz: Mit Hubertus Knabe.

– Wie kam es zu deiner Mitarbeit?

Karlheinz: Ich wusste von einer Fluchthilfe. Meine Freundin hat einen Mann aus Hiddensee im Kofferraum nach dem Westen gebracht, und die haben erfahren, dass ich das wusste. Es kamen zwei Leute zu mir, die mich angesichts dessen zur Mitarbeit aufgefordert haben. Ich habe eingewilligt und eine Schweigeverpflichtung unterschrieben. Später kamen zwei andere, ein Mann, der sich Oberst Gutsche nannte, und eine Frau. Beim ersten Treff und später war nur noch dieser Gutsche anwesend. Er war intelligent und elegant. Wir haben oft über die Kulturpolitik diskutiert. Als ich ihn zum letzten Mal traf, hat er sich von mir mit den Worten verabschiedet: Herr Schädlich, ich habe viel von Ihnen gelernt, und sich von mir mit Handschlag verabschiedet. Später habe ich diesen Gutsche noch einmal im Fernsehen gesehen. Er stand vor dem Tor Normannenstraße, als die Bürgerkomitees hineinwollten. Er hat vor der Kamera gesagt: Bitte, gehen Sie hinein, aber Sie werden nichts finden.

Das hatte der Onkel auch gedacht. Ihm hatte man versichert, dass die Unterlagen über seine Spitzeltätigkeit in den Schredder gewandert seien. Er hatte sich in Sicherheit gewähnt, bis zum Anruf des Vaters. Der Vater musste den Onkel zur Rede stellen. Der Onkel hat sich, wie fast alle IMs, nicht selber offenbart. Wäre es nach ihm gegangen, niemand hätte von seinen Taten je etwas erfahren. Darum sein Schock über die Entdeckung. Darum hörte der Onkel auf den Rat des jüngeren Bruders. Er rief ein paar Leute an. Längst nicht alle, aber er konnte sagen, ich habe den und den angerufen. Der Vater wollte mehr, er hatte gehofft, dass sich der Onkel an der Aufklärung beteiligt. Der aber schwieg. Er sagte nicht, dass *er* dem Staatssicherheitsdienst die Meldung von der Schleusung gemacht hatte. Dass *er* Menschen ins Gefängnis gebracht hatte. Dass *er* auch in Polen und Ungarn tätig war, dass …

Ich erinnere mich an die Zeit kurz nach seinem Tod. »Das war ein aggressiver Akt«, sagte Lilo Fuchs mir zwei Tage nach dem Schuss, »der war auch gegen euch gerichtet, ganz zum Schluss noch einmal, mit einem großen Knall.« Anrufe kamen: Der Tod setze andere Maßstäbe. Verzeihen könne man auch dem Toten. Als wir zögerten, zur Beerdigung zu gehen: Täter und Opfer seien sich erschreckend ähnlich. Wir mit unserer Kaltherzigkeit. Als wir nicht kamen: Wir seien »versaute Atheisten«. Und später noch: »Spitzeljagdmob« oder »Lust an Verleumdung«.

Der Schuss hat gesessen, das Ziel nicht verfehlt.

Denen, die ihn kannten, die ihn in ihren Akten gefunden haben, konnte er nichts vormachen. Nicht der Schwester. Nicht der Mutter, der er 1992 am Telefon gesagt hatte: »Ich habe herausgefunden, dass ich der geborene Verräter bin. Andererseits habe ich auch unbedingte Loyalität bewiesen. Der Verrat, die Illoyalität war eine Bestimmungsgröße meines Lebens.«

Seinen neuen Bekannten erzählte er nicht von seinem Leben davor, von dem, was er getan hatte. Deshalb konnten sie sagen, als sie nach seinem Tod die Wahrheit aus der Zeitung erfuhren: »Ich fand seine Stasi-Geschichten nicht schlimm. Ich versuche mir kein Urteil anzumaßen, weil ich nicht alle Fakten kenne. Ich war nur bestürzt, dass es ihm damit so schlechtging.«

Ich nicht. Ich bin bestürzt über die Bereitschaft, Entschuldigungen zu finden. Nach allem, was ich gelesen habe, macht mir die Nachsicht für solche wie den Onkel angst, weil Fakten unter den Tisch fallengelassen, weil die Dinge kleingeredet werden, weil es zwischen Täter und Opfer sehr wohl einen Unterschied gibt. IM »Schäfer« hat kein Rätsel aufgegeben. Er hat uns unser Vertrauen gestohlen. Wir versuchten, mit dem Verrat fertig zu werden, unser Misstrauen nicht auch auf andere zu übertragen. Der Onkel war ein Dieb, er hat sich uns gestohlen.

Nach 1992 habe ich nicht wieder mit ihm gesprochen. Nicht wie die Schwester und die Mutter. Nicht wie der Vater, der den Onkel getroffen hatte. Jeder versuchte, das Unfassbare zu fassen. Sie in Deutschland, ich in Los Angeles. Begreifen war ausgeschlossen. Die Zeit, die verstrich, holte mich wieder zurück ins Tagesgeschehen. Es war April. Die Stadt wartete auf ein Urteil, tagelang, es gab kein anderes Gesprächsthema als das, wie das Gericht urteilen würde über die vier Polizisten, die Rodney King beinahe totgeprügelt hatten, weil er auf dem Freeway zu schnell gefahren war. »Können wir nicht alle miteinander auskommen?« fragte er im Fernsehen. Und ich dachte: »Nein, das können wir nicht.«

Viermal hörte man »Nicht schuldig«.

»Das wird böse enden«, sagte die Freundin, die neben mir stand mit einer Tasse Kaffee. Ich ging trotzdem zum College. Um die Mittagszeit trat ich aus einem Gebäude auf dem Campus, es war gesagt worden, geht nach Hause, hier ist es nicht mehr sicher. Ich ging zum Bus. Drei Blocks weiter brannte schon ein Haus. Zu Hause schnelle Telefonate. Hier konnten wir nicht bleiben. Die Flammen waren schon zu nah. Warten auf die Freundin, die noch arbeitete. Bloß nicht vor die Tür gehen. Überstürzte Fahrt mit dem Auto, als es schon dämmerte. Die Stadt roch nach Rauch, die Luft nebelig davon. Die Wut entbrannt, bis zum Morgen. Danach Ausgangssperre für mehrere Tage, die National Guard rückte ein. Bürgerkriegsähnliche Zustände. Am Ende dreiundfünfzig Tote.

Danach war Los Angeles eine andere Stadt. Danach beendete ich das College. Danach machte ich mich erst einmal auf nach Spanien. Pause von Amerika, Annäherung an Europa. Ein zaghafter Versuch. Bei dem Versuch ist es geblieben. Auch zwei Jahre später wieder, als ich nach Berlin zurückkam. Ich dachte, jetzt geht es. Ich dachte, warst lange genug weg. Wohnung in Schöneberg, wenn schon hier, dann dort. Aber es ging nicht. Warum? Vielleicht, weil am Flughafen der Uniformierte die Arme vor der Brust verschränkte und mich wie versteinert anblickte, als ich mit meinem Koffer an ihm vorbeischlenderte und sagte: »Hi.« Vielleicht, weil die Kassiererin im Supermarkt, als ich nach dem Bezahlen den Einkauf nicht einpackte, aus Gewohnheit wartete und sagte, dass in Amerika eingepackt würde, giftig zischte: »Wir sind hier aber nicht in Amerika.« Vielleicht, weil der Arzt, als ich ihm zur Begrüßung die Hand reichte und fragte, wie es ginge, sich setzte, mich verblüfft ansah und sagte: »Eigentlich schlecht.« Die Verbindlichkeit, die ich verinnerlicht hatte, den anderen, den freundlicheren Umgang mit Menschen, das Leben ein wenig leichter zu nehmen, als es ist, das passte nicht nach Deutschland. Amerika ist Improvisation, in vielen Dingen, Amerika ist Praxis, ich habe es erlebt, learning by doing, nicht das Festhalten an eisernen papierenen Gesetzen, vielleicht lag es daran. Oder an dem Einheitssog, von dem Deutschland damals erfasst war. Trotz der grenzenlosen Weite in Deutschland, beengte die Weite grenzenlos. Sofort wurde ich wieder in einen Strudel zurückgerissen. Darum war ich froh, als ich das Angebot erhielt, mich als Stipendiatin an der University of Southern California zu bewerben. Darum war ich glücklich, als ich das Stipendium bekam. Darum war ich erleichtert, als ich im Januar 1996 wieder abflog in Richtung Westen. Noch einmal verbrachte ich drei Jahre in Los Angeles, studierte und lehrte an der Universität. Erst dann kam ich erneut zurück, mit Mann und Kind nach Deutschland. Skeptisch zunächst, ob es funktionieren würde.

Es ging, sogar in einer Wohnung im östlichen Teil Berlins, das 1999 noch graueste Einöde war. In den letzten zehn Jahren hat sich einiges geändert, Kneipen, Bars, Galerien. Viele sind hinzugezogen, und doch ist es noch immer die andere Hälfte.

Noch immer existiert von der DDR ein weichgezeichnetes Bild, oder gar keins. Viele möchten sich lieber nur an das erinnern, was sie als gut empfunden haben, als an das Unangenehme. Viele unterschlagen die zerstörten Leben und die Repressionen, von denen auch die, die nicht betroffen waren, wussten, dass es sie gab.

Ich muss Jürgen Fuchs zitieren, der 1995 in einem Artikel in der *taz* schrieb: »Wem die Fremde eine Rettung war, wird vielleicht verstehen, in welche Lage man zu Hause geraten kann, wenn Stasi-Unworte wie ›Zersetzung feindlich-negativer Kräfte‹ keinen Schrei der Empörung auslösen und ein Begriff wie ›geistige Verluderung‹ ungeniert in Schwange kommt. Als sei nichts gewesen.«

Die Vergangenheit ist nicht zu Ende. Der Vater sagt: »Vor allem kann und will man nichts vergessen und lebt deshalb immer irgendwie ›aufgespalten‹. Wenn man sich dem aber stellt, hat man einen guten Überblick über sich selbst.« Ich denke: Aus Tausenden Kilometern Entfernung und nach einem Jahrzehnt bin ich wieder da, nicht mehr die aus dem Märchenviertel in Köpenick, auch nicht mehr die aus Berlin-Neukölln, sondern die aus Amerika, und auch die aus Neukölln und auch die aus dem Märchenviertel.

Das ewige Herausreißen hat Spuren hinterlassen in uns allen. Nicht nur die innere Unbehaustheit, die einen lange begleitete und die erst Jahre später verschwand. Nicht nur das Gefühl, lieber keine Freundschaften zu schließen, das Herz lieber nicht an Menschen zu hängen, bevor sie Freunde wurden, weil man nicht wusste, ob man sie nicht schon bald wieder aufgeben musste. Mir ging es lange so. Sondern auch die Fähigkeit, später Orte leichter verlassen zu können, wenn es nötig war. Ich von Berlin West nach Düsseldorf, nach New York, nach Los Angeles und wieder nach Berlin. Die Mutter von Berlin West nach Stuttgart, nach Düsseldorf, nach München und wieder nach Berlin. Nach Düsseldorf kam die Schwester mit, zurück zur Mutter, nachdem sie ein Jahr in Berlin beim Vater geblieben war. Aber herausgekommen ist auch die Fähigkeit, sich anderswo niederzulassen, wenn es sein muss, und vor allem, sich einzulassen. Ich bin froh, dass ich das jetzt sagen kann. Die Entwicklung war notwendig. Anders wäre ein Zurückkommen nicht möglich gewesen, ganz zu schweigen von einem Ankommen.

Es ist kein Zufall, dass ich, trotz der Fremdheit, die ich auch heute noch spüre, in diesem Teil der Stadt wohne, gleich um die Ecke von dem Haus, in dem sich 1975 bei Sibylle Hentschke die Schriftsteller aus Ost und West trafen und einer die Wegbeschreibung an die Bäume pinnte für die Ortsunkundigen. Es hat einen Grund, dass ich hier bin, die ich weggedrängt wurde. Sicher bin ich mir dann, wenn ich höre: »Die Westwurst schmeckt nach nischt, auch dit Brot und die Schrippen nicht. Jehnse mal zum Schlächter und sagen, Sie wollen ein Stück Lunge haben. Sie sehen auch keen Herz mehr oder so was.«

»Dit Traurige is, dass die ehemaligen Ostprodukte nur im Ostteil verkauft werden, aber wir müssen die Westprodukte och im Osten kaufen, das is unjerecht.«

Und auf die Frage nach der Meinungsfreiheit in der DDR:

»Kommt drauf an, wat man für 'ne Meinung hatte.«

Danksagung

Mein Vater und meine Mutter haben mich mit Ratschlägen und Taten vorangebracht. Sie haben mir nicht nur ihre Stasi-Akten, MfS-Telefonprotokolle und Privatkorrespondenzen für meine Arbeit zur Verfügung gestellt, sondern sie ermutigten mich, wenn ich kapitulieren wollte, sie erinnerten sich, wenn sie es lieber nicht getan hätten. Darüber hinaus war mir meine Mutter als Lektorin dieses Buches eine unschätzbare Partnerin.

Viele Bekannte und Freunde, ganz voran Lilo Fuchs und Hans Christoph Buch, waren bereit, noch einmal in eine zuweilen wenig erfreuliche Zeit zurückzureisen und mir ihre Erinnerungen zu erzählen.

Ohne Zögern haben die meisten der Menschen, die ich um ihre Einwilligung zur Akteneinsicht bat, mir ihre Zustimmung gegeben. Auf diese Weise haben sie zur Aufklärung und Erhellung von vielem beigetragen, was sonst verborgen geblieben wäre.

Sabine Schiffner von der Bundesbehörde für Stasiunterlagen (BStU) hat mir bei keiner meiner unzähligen Anfragen je das Gefühl gegeben, es sei zuviel. Sie hat mir unermüdlich geholfen, mich in den Akten zurechtzufinden, und war eine große Unterstützung.

Ihnen allen danke ich für ihre Hilfe und Mitwirkung.

Abkürzungsverzeichnis

Abt. N	Abteilung Nachrichten (MfS)
BBC	British Broadcasting Corporation
CSSR	Bezeichnung für historischen Staat Tschechoslowakei, amtlich Tschechoslowakische Sozialistische Republik
FDJ	Freie Deutsche Jugend (ehemalige Jugendorganisation der DDR)
FKK	Freikörperkultur
Gen.	Genosse
GMS	Gesellschaftlicher Mitarbeiter Sicherheit
GÜSt	Grenzübergangsstelle
HA	Hauptabteilung
HA II	Hauptabteilung des MfS, zuständig für innere und äußere Spionageabwehr
HA VII	»Abwehr« im Ministerium des Innern
HA XVIII	Hauptabteilung des MfS zur Sicherung der Volkswirtschaft
HA XX	Hauptabteilung des MfS zuständig für Sicherung des Staatsapparates, der Kirchen und des Kulturbereichs sowie die Bearbeitung des sogenannten Untergrunds
HV-A	Hauptverwaltung Aufklärung – *MfS Auslandsspionage*
IM	Inoffizieller Mitarbeiter
IMB	Inoffizieller Mitarbeiter der Abwehr mit Feindverbindung bzw. zur unmittelbaren Bearbeitung im Verdacht der Feindtätigkeit stehender Personen ab 1979; *Vorläufer IMF, IMV, IM*
IMK	Inoffizieller Mitarbeiter zur Sicherung der Konspiration und des Verbindungswesens

IMK/KW Inoffizieller Mitarbeiter zur Sicherung der Konspiration und des Verbindungswesens, *der ein Zimmer oder eine Wohnung zur Durchführung von konspirativen Treffs zur Verfügung stellte*

IMV Inoffizieller Mitarbeiter / Verdacht Feindtätigkeit

MfS Ministerium für Staatssicherheit

NSDAP National Sozialistische Partei Deutschlands

NSW nichtsozialistisches Wirtschaftsgebiet, *also westliches Ausland*

NVA Nationale Volksarmee

OV Operativer Vorgang, *konspiratives Ermittlungsverfahren gegen Unbekannt oder gegen Personen, die nach der DDR-Gesetzgebung eine Straftat begangen hatten oder dies beabsichtigten, Anlass war oft schon nichtkonformes politisches Verhalten*

SED Sozialistische Einheitspartei Deutschlands, *staatstragende Partei der DDR*

StGB Strafgesetzbuch

U-Haft Untersuchungshaft

UdSSR Union der Sozialistischen Sowjetrepubliken

VEB Volkseigener Betrieb, *Rechtsform der Industrie- und Dienstleistungsbetriebe in der DDR*

Vopo Volkspolizist

VP Volkspolizei

VPKA Volkspolizei-Kreisamt

WB West-Berlin

ZK Zentralkomitee, Bezeichnung für ein zentrales Organ einer großen Organisation. Besonders bekannt ist der Begriff als Bezeichnung für ein Gremium der meisten kommunistischen Parteien

Quellen

OV »Schädling«:
MfS AOP 15087/84/3
MfS AOP 15087/84/4
MfS AOP 15087/84/5
MfS AOP 15087/84/7
MfS AOP 15087/84/1 (aus Archiv des Vaters)
MfS AOP 15087/84/2 (aus Archiv des Vaters)
MfS AOP 15087/84/3 (aus Archiv des Vaters)
MfS AOP 15087/84/4 (aus Archiv des Vaters)

IM »Schäfer:«
MfS-AIM 153311/89 / I/1
MfS-AIM 153311/89 / II/1
MfS-AIM 153311/89 / II/2
MfS-AIM 153311/89 / II/3
MfS-AIM 153311/89 / II/4
MfS-AIM 153311/89 / II/5
MfS-AIM 153311/89 / II/6

Telefonprotokolle (aus Archiv des Vaters und der Mutter):
MfS-AIM 26100/91/3
MfS-AIM 26100/91/4
MfS-AIM 26100/91/5
MfS-AIM 26100/91/6
MfS-AIM 26100/91/7
MfS-AIM 26100/91/9
MfS-AIM 26100/91/17
MfS-AIM 26100/91/18

Weitere Akten:
MfS-AIM 299/84 I/2
MfS-AIM 9209/91/1
MfS-AIM 9195/91/1
MfS-AIM 11913/85/1
MfS KS II 302/86 (Salatzki)
MfS KS 3930/90
MfS-HA XX Nr. 10978
MfS-HA XX Nr. 17487
MfS-HA XX Nr. 10017
MfS-ZAIG 5533

Hans Joachim Schädlich: *Der andere Blick*, Rowohlt, Reinbek bei Hamburg, 2005

Joachim Walther: *Sicherungsbereich Literatur. Schriftsteller und Staatssicherheit in der Deutschen Demokratischen Literatur*, Ch. Links Verlag, Berlin 1996

Gerulf Pannach / Christian Kunert: *Pannach & Kunert*, CBS 1979

Gerulf Pannach / Christian Kunert: *Fluche, Seele, Fluche*, Mood 1981

Sabine Rieser: »Radioaktive Substanzen: Stasi nahm Gefährdung von Menschen in Kauf«, *Deutsches Ärzteblatt*, 2000

Berliner Zeitung, 2./3. Februar 2008